KB235031

숨 쉬는
인권

숨 쉬는 인권

송영현 지음

머리말

작은 숲 굽은 오솔길
문득
주인인양 맞이하는
산 새 한 마리

2012년 춘분에

송영현 지음

차례

프롤로그 — 전제와 조건

사람이 인권을 갖는다.

인권은 언제나 슬픔과 기쁨 사이에 놓였다.

무수히 많은 질문이 등장했고, 질문의 수만큼 답변이 이어졌다.

가령 다음과 같은 "어떻게 로마처럼 세련되며, 선진화되고, 발전을 이룬 인간의 권리를 소중하게 여기고, 각 분야의 천재적인 인간이 만든 걸작을 우리에게 남겨준 철학과 예술의 아름다움에 예민한 문명이, 사람 사이의 비인간적인 관계 형태인 노예제도를 허락하고 받아들일 수 있었을까?"[1]라는 질문을 앞에 놓고도 인권은 쓰일 수 있다.

인권은 아무나 테두리를 그릴 수 있으며 그 속을 채울 수 있다. '인권', 이 낱말을 떠올리는 순간 사람은 누구나 인권의 객체이자 주체가 된다. 무슨 일을 하든, 어떤 자리에 서 있든, 누군가 인권을 말한다면 그는 오롯이 스스로의 의지와 자각에 빚지고 있는 셈이다.

인권 개념 자체가 실천으로서의 법, 그리고 학문으로서의 법학과 뗄 수 없이 발전해왔기 때문에 많은 사람들은 인권을 법의 영역에서 다루어야 한다고 생각한다. 인권을 권리로 보기 때문이다. 맞는 말이

---

1) Alberto Angela, UNA GIORNATA NELL'ANTICA ROMA(주효숙 옮김, 『고대 로마인의 24시간』, 까치글방, 2012), 194쪽.

다. 그렇지만 뭔가 아쉽다.

인과의 학문인 법학에서부터 눈부시게 발전해온 인권 개념은 역설적이게도 시대의 빛을 고스란히 떠안고 있다. 기존의 근·현대 인권사가 대개 홉스, 로크, 루소 등 서구사상가의 이론적 논거와 근대 자유주의 시민혁명을 중심으로 서술되어 왔음은 그다지 의문의 여지가 없다. 하지만 그에 대한 해석은 결국 각 개별 시대의 몫이 될 수밖에 없을 것이다. '인권이 한 나라에서 일반적으로 인정되지 않거나 법적으로 구현되지 않은 때조차도',[2] 인권은 인권이 도덕적으로 정당하다고 믿는 사람들의 행동을 이끌었다.

따라서 인권과 관련된 연구에서는 무엇보다 학제적 접근이 고려되어야 하고 또 필요하다.[3] 인권에 대한 이론적 정당화를 위해서도 여러 사회과학 분과들이 함께 고민하고 더 발전적인 이론을 구성해야 한다. 사회과학들의 세밀하고 세심한 눈으로 인권을 바라볼 때 그에 대한 문제점을 올바르게 찾아낼 수 있으며 그 문제점을 해결할 수 있는 방법을 또한 찾아낼 수 있을 것이다. 정치학, 사회학, 정치사회학, 경제학, 복지학 등의 영역에서 제기되고 고민되어온 다양한 문제는 결국 인권의 문제로 수렴된다. 철학과 역사학의 도움도 있어야 한다.

이를 테면, '역사적' 방법이란 곧 지나친 추상적 개념의 사용이나 환상적 몰입과 같은 과도한 상상은 피한다는 주문과도 맥락을 같이 하는 것인데, 따라서 적어도 역사적인 부분에서만큼은 개념적인 틀

---

2) James W. Nickel, Making Sense of Human Rights(조국 옮김, 『인권의 좌표』, 명인문화사, 2010), 61쪽.

3) 사회과학에서는 대체로 인권을 무시해왔다. '과학성'에 대한 열정으로 가득 찬 사회과학자들의 눈에 법률적·도덕적 개념인 인권은 관심을 끌만한 주제가 아니었던 것이다. 그러나 물론 지금은 다르다. 오히려 법에 연동된 인권 논의를 넘어서려 하고 있으며, 넘어서고 있는 실정이다. Michael Freeman, Human rights: An interdisciplinary approach(김철효 옮김, 『인권: 이론과 실천』, 도서출판 아르케, 2005), 21∼28쪽 참조.

conceptual apparatus의 사용이 억제될 수 있다.[4] 그럼에도 이러한 기술이 가질 수밖에 없는 한계일 수도 있지만, 역사라는 말의 가장 오래된 의미가 '일의 연유를 알기 위해 조사하다'라는 뜻을 지닌 그리스어 'historein-헤로도토스의 경우에는 legein ta eonta'에서 비롯된다는[5] 사실에서 더욱 넓은 논의의 외연을 확보할 수 있을 것이다.

인권을 실현시키기 위한 민중의 투쟁과 혁명에 디딤돌로서의 철학 사상 이론이 실천적 지혜로 크게 영향을 끼친 경우는 많다. 실천 없는 사상이 때로는 피할 수 없는 현실이기는 하지만, 이것만큼 실천에 의해 빛을 발한 것도 역사 속에서는 드물지 않다. 다만, 비록 실천으로는 나아가지 못하고 머리와 가슴 속에 침잠되었을지언정 그 생각들은 존재만으로도 든든한 에너지가 되었다. 철학적 견지에서의 관념적 이론과 규범적 사상론을 함께 끌어 써 '사상'과의 화해를 이루는 시대적 현상은 흥분을 주기에 충분했다.

스스로를 보호하지 못하는 인간이야말로 가장 인간다운 인간이다. 왜냐하면 그것이 인간에 의해 만들어졌든 그렇지 않든, 단일한 것이든 복합체이든 이 세계 안에는 인간보다 강한 것들, 그리고 한 인간보다 강한 또 다른 인간이 분명 존재하기 때문이다. 따라서 인간은 스스로를 보호할 능력이 없을지라도 다른 누군가에 의하여 보호받아야 한다. 이는 인간의 권리이다. 바로 이러한 권리의 주장이 옳음을 증명하기 위한 시도에서 인권사상이 등장한다.

---

4) Hayden White, Tropics of Discourse: Essay in Cultural Criticism, The Johns Hopkins University Press, 1986, pp.126~127, Keith Jenkins, Re-Thinking History(최용찬 옮김, 『누구를 위한 역사인가』, 도서출판 혜안, 2002), 21쪽 감사의 글 인용 참조.

5) Hannah Arendt, Lectures on Kant's political philosophy(김선욱 옮김, 『칸트 정치철학 강의』, 도서출판 푸른숲, 2004), 32쪽.

사람이 숨 쉬며 살던 그 어느 시대를 보더라도 인권이 완벽하게 보장되고 실현된 경우를 찾기란 쉬운 일이 아니다. 권리 주체에 의한 스스로의 희생과 투쟁 없이 인간의 권리가 제대로 보장될 수 없었다는 것은 동서 고·근대의 역사가 입증하고 있다. 그렇다고 현대사회에서의 인권보장이 누구나 만족할 만큼 구현된 것도 아니다. 여전히 그 반대의 위치에서 더욱 치밀하게 위협받고 있다. 세계의 여러 나라들이 실질적 인권의 보장을 오히려 약화시키고 있는 경우도 비일비재하다.

언제나 인간에 대한 인간의 차별이 존재했던 시대에는 각기 다른 형태로 인권이 위기를 맞는 현상이 존재했고, 오늘의 시대 역시 이런 문제 상황에서 결코 예외가 아니다. 이를테면, 사적 영역이 공적 영역을 잠식함으로써 복지 부분에서의 인권 상황이 더욱 열악해지고 있는 점이며,[6] 제3세계 가난한 민중의 인권문제가 더욱더 악화 일로로 치닫고 있는 점도 그 같은 예에 속할 수 있다. 또한 여러 종족과 언어, 종교로 구성된 복합 사회에서의 인권문제도 별반 다르지 않다.[7]

현대의 인권 형성은 인간의 근본적인 바람을 달성해가는 과정에서, 그리고 그것이 모이는 과정에서 이루어진다. 이러한 인간 의지의 여정에서 인간에게 가장 필수적인 삶에의 권리가 주장될 때 비로소 인권이 실체화한다. 각 인간이 속한 환경의 변화, 그들 각자가 보지한 서로 다른 세계관, 이러한 안팎의 다툼 속에서도 인간은 스스로 성숙해가면서, 사회를 만들고 유지해가면서 소중한 가치를 깨닫는다. 그러므로 인

---

6) 김석수, 「자율성과 인권―칸트의 이론을 중심으로」, 『사회와 철학』 제15호, 사회와철학연구회, 2008, 28~29쪽.

7) 가령 타이족 외에 무슬림, 중국인, 인도인, 고산족, 몬족, 크메르족, 라오족, 말레이족 등이 공존하고 있는 복합사회 타이의 경우 2004년에 있었던 남부지역의 이른바 '딱바이 참사' 같은 국지적인 인권유린의 참상은 이 같은 상황을 반증하는 것이라 할 수 있다. 박은홍, 「타이 남부문제와 시민사회의 대응: 인권의 관점」, 『동남아시아연구』 17권 2호, 한국동남아학회, 2007, 173~174쪽.

권은 또한 이러한 모든 가치를 포함하는 개념으로도 이해할 수 있다.

이러한 인권 개념의 형성 과정은 인간을 인간답게 만들기 위한 인간의 힘을 보여준다. 때로는 침묵과 침잠으로, 때로는 함성과 행동으로 발현된 인간의 의지는 '같은 인간'이고자 한 경계 넘어 또 다른 인간들의 서로 다른 역사의 부름이었다.

인류사를 살펴 되짚다 보면 크건 작건 혁명이라고 호명된 사건들이 존재했다. 그 대부분은 스스로를 지옥의 나락에 던지면서까지 잃지 않았던 인간에 대한 해체되지 않은 자각과 인권을 향한 감성적·이성적 문제의식의 발로로 인해 일어난 경우가 많았다. 인간이 인간을 소유하고 억압하는 신분제도 속에서 대다수 인간은 자신의 시대를 유지하고 지속시키기 위해, 그리고 그 시대에서 살아남기 위해 희생되어야 했다. 역설이 당연한 시대에서의, 권력을 부정하는 것이었음에도 '모든 사람이 자유롭고 평등해야 한다'는 생각은 그것만으로도 사람을 자유롭게 만들었다.

인간은 누구나 다 자유로울 수도 평등할 수도 없다. 인권이 구현되는 세상으로의 초월이나 변혁을 꿈꾸지도 않고 보편적으로 인권을 구현시키기 위한 노력은 '지금 여기'의 문제로 아직 현재진행형이다.

문제는 더 지적될 수 있다. 지구촌 곳곳에서 벌어지고 있는 종교적·지역적 분쟁과 그에 따른 힘의 개입,[8] 빈곤으로 말미암은 정신적·경제적 양극화 또한 가볍게 취급할 수 없을 것이다. 가령 지구화로 인해 한 나라 안의 빈부격차는 물론 세계 중심부와 주변부의 빈부격차는 더 심각한 상황으로 빠져들고 있다. 절대빈곤[9]에 처한 이가 8억

---

8) 1948년 세계인권선언 선포 후에만 150여 차례가 넘는 전쟁에서 2천만 명에 가까운 사람이 목숨을 잃었다.

9) 사회학적으로 빈곤을 절대빈곤과 상대빈곤으로 나누는데, 절대빈곤은 육체적인 건강을 유지하기 위한 기본

명, 기아로 죽어가는 어린이가 4만 명이 넘는다. 전 세계적으로 매년 4천만 명이 굶어 죽거나 그와 관련된 질병으로 사망하고 있다. 뚜렷한 경제성장을 경험한 아시아 빈국들 사이에도 인구의 상당 부분을 괴롭히는 극단적 빈곤이 계속되고 있는데, 이러한 극단적 빈곤은 인권의 보호와 진작에 큰 걸림돌이 된다. 언제부터인가 인간은 비록 자유로워졌지만, 그러나 생계를 걱정하지 않을 수 없으며, 그래서 인간은 결국 자유롭지 못하다는,[10] 이 문제의 문제성은 분명 새로워져야 하는 인권의 모습을 상정케 한다.

사실 한 국가가 경제 성장에 의한 부국으로의 지위 향상에 한걸음 다가섰어도 그것이 곧 나라 전체에 균일하게 확산되는 경우는 극히 드물다.[11] 평균적인 경제성장이 높더라도 그 나라 안의 어떤 지역들은 수년 또는 수십 년 동안 성장에서 벗어나 있을 수 있다. 이 같은 현상들은 특히 아시아 지역에서 빈번하게 발견되곤 하는데, 이는 곧 이들 지역에 대한 지리적·정치적·문화적 조건들에 더욱 민감한 주의를 기울여야 한다는 뜻을 포함하여 제기될 수 있는 문제이다.[12] 그런데 이에 대한 분석은 오히려 선진 서구사회에 의해 이루어지는 경우가 많다. 여기서 현대의 인권문제는 국내 문제가 아니라 범지구적인 국제 문제로 우리 앞에 닥치고 있음을 알 수 있다.

인권은 하나의 개념이다. 현실에 대해서 생각하고, 표현하기 위한

적인 조건을 충족시키는가, 즉 생존이 가능한가에 관한 것이다. 충분한 음식이나 안식처, 옷과 같은 기본적인 것들이 충족되지 않은 사람들이 빈곤층에 속한다. 절대빈곤 개념은 어느 사회에나 보편적으로 적용될 수 있는 개념이다. Anthony Giddens, Sociology(김미숙 외 옮김. 『현대사회학』, 을유문화사, 2008), 283쪽.

10) 민경배. 「서구 인권사상의 역사적 발전과 현황에 대한 고찰」, 『공법학연구』 제3권 제1호, 한국비교공법학회, 2001, 321쪽 참조.

11) 우리나라의 경우도 그렇다. 인권웹진 humanrights.go.kr 참조.

12) Jeffrey D. Sachs, THE END OF POVERTY: Economic Possibilities for Our Time(김현구 옮김. 『빈곤의 종말』, 21세기북스, 2006), 113~114쪽.

하나의 장치인 것이다.[13] 따라서 인권에 대한 논의는 개념보다 범주가 더욱 확대되어야 한다. 인권에 관한한 모든 사회동반자가 연대책임을 져야 한다.[14]

국가의 힘이 커지고, 시민사회가 무력해질 때 어김없이 인권은 사각지대에 놓여 있었다. 하물며 지구화시대에서는 더 말할 나위가 없다. 현대의 인권 상황은 이를 너무나 뚜렷하게 보여준다.

세계질서를 옹호함으로써 필연적으로 발생되는 반세계화는 인권의 신장과 이를 저지하려는 모습으로 양분되기 마련이다. 강한 민족과 강대국의 소수민족과 약소국에의 무력적 개입이나 자본주의의 확대가 때로는 지역적 인권을 향상시키는 데 기여했다 할지라도 결국은 새로운 도전에 직면하곤 하는 것이 현실이다.

역사의 단계들은 과거의 사건들과 투쟁을 통해 새로운 미래로 나아간다. 과거와 마찬가지로 오늘날에도 인간의 권리를 둘러싼 사건들이 거역할 수 없는 힘으로 인간을 정의의 꿈이 피어나는 미래로 밀어가고 있다.[15]

---

13) Michael Freeman/김철효 옮김, 앞의 책, 16쪽.

14) '연대권'은 현대적 인권이론에서 인권을 개인적인 문제로만 규정하기보다 집단의 권리라는 개념이 상대적으로 중요시되는 경향에 따라 가족, 인민, 집단을 개인만큼 중요한 인권의 주체로 인정하기 시작함에 따라 나타난다. 이러한 인권 중시는 제3세계 민족주의와 관련해 민족자결권, 발전권, 전 인류 공통의 유산(자원) 향유권으로 이어진다. 1950년대 이후 연대권의 등장으로 인권이론의 틀 안에서 엄청난 논쟁이 벌어졌는데 이는 자유주의적 인권론의 기본 전제나 다름없었던 개인에 초점을 맞춘 권리이론에 심각한 도전으로 상정되었기 때문이다. 그러나 오늘날에 와서는 연대권의 일부 측면을 비판하는 목소리는 있어도 연대권 자체를 부정하는 견해는 거의 사라졌다. 제20차 UNESCO총회의 결정으로 1980년 멕시코시티에서 열린 인권전문가 토론회에서 이 같은 문제가 논의되었다. 조효제, 『인권의 문법』, 도서출판 후마니타스, 2007, 97~119쪽 참조.

15) Micheline Ishay, The History of Human Rights: From Ancient to the Globalization Era(조효제 옮김, 『세계인권사상사』, 도서출판 길, 2005), 577쪽 참조.

I. 인권의 탄생

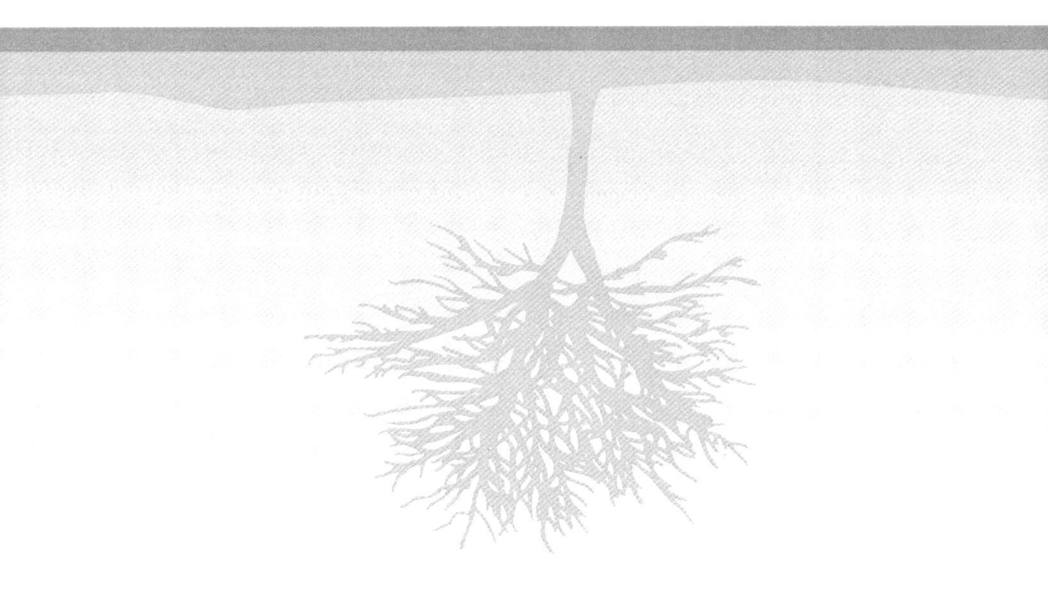

1. 인권의 개념

오늘날 '인권'이란 말은 매우 다의적인 뜻으로 쓰인다.[1] 역할에 초점을 맞춘다면 궁극적인 윤리와 정치적 이상을 떠올리면서 동시에 사회적 보호 체계로 인식하는 경우도 있고, 인간의 존엄성을 보장해주는 가치로 받아들이기도 한다. '인권은 인간에게 희망을 불러일으키고 행위를 선동하는 주체'[2]로 더할 나위 없는 모습을 보여주고 있

---

1) 인권이란 말의 역사를 먼저 살펴보는 것도 인권이 출현하는 계기를 이해하는 데 도움이 될 수 있을 것이다. 18세기의 사람들은 인권이란 말을 자주 쓰지 않았으며, 썼더라도 오늘날과는 다른 의미로 사용되었다. 이에 대해서는 Lynn Hunt, Inventing Human Rights(전진성 옮김, 『인권의 발명』, 돌베개, 2009), 27~32쪽 참조. '인권'이란 말은 토머스 페인(Thomas Paine, 1737~1809)의 『인간의 권리Rights of Man』(1791~1792)에서 처음 사용된 것으로 전해지기도 한다. 원래 이 저술은 에드먼드 버크의 『프랑스혁명에 대한 성찰』에 자극받아 등장한다. 이 책에서 페인은 버크의 보수주의 이론을 반박하여 전통이 아니라 이성이 사회와 헌법의 기초가 되어야 한다고 주장하였다. 죽은 사람이 아니라 살아 있는 사람들이 문제이며 이성은 모든 사람에게 자연권이 있다는 사실을 명시해준다는 것이었다. 파란만장한 삶을 살았던 그는 과거 독립운동의 영웅이 아니라 혐오스런 무신론자로 배척당하다가 빈곤과 고독 속에서 죽었다. 박지향, 『영국사』, (주)까치글방, 1997, 360~361쪽 참조. 토머스 페인/박홍규 옮김, 『상식, 인권』, 필맥, 2004 참조(원작은 Thomas Paine, "Rights of Man", in Common Sense and Other Political Writings, The Bobbs-Merril Company Inc., 1953년 판이나 Mark Philip ed., Rights of Man, Common Sense and Other Political Writings, Oxford University Press, 1995년 판. 박홍규 번역판은 후자를 텍스트로 삼고 있다). 이 인간의 권리를 인권이라고 해석한 페인의 우연한 실수는 150년이 흐른 뒤 주목을 받는다. Samuel Moyn, The Last Utopia(공민희 옮김, 『인권이란 무엇인가』, 21세기북스, 2011), 34쪽.

2) Samuel Moyn/공민희 옮김, 위의 책, 6~7쪽.

는 셈이다. 하지만 이러한 자리를 확보하기까지에는 아주 오랜 시간
이 필요했다.

인간은 태어남으로 자유로우며 평등한 권리를 가진다.[3]

'이 단순하면서도 위대한 문장은 귀족 엘리트들의 특권을 넘어 모
든 인간이 가지는 가장 높은 곳에 있는 권리를 주장했다. 지금껏 사
람들은 神이 내린 사회적 신분체계를 통해 매겨진 지위로 인간을 정
의해왔다. 그러나 인권이 선언되는 순간, 적어도 이론적으로나마 사
람들은 자유와 평등이라는 보편적 권리에 의해 인간을 정의하게 되
었다. 인권이 이 세상에 온 것이다.'[4] 비록 너무나 조급하게 만들어지
기는 했지만 오랜 시간 자의와 어둠의 세계에 묻혀 있었던 인간의 존
재와 가치가 이로 말미암아 발견된 것이다.

그리고 이 선언은 권리의 주체에 관한 세계적인 논란을 촉발시켰
고, 거의 두 세기에 걸쳐 보편적 인권이라는 약속을 실천한다.[5]

때로 역사는 질서를 옹호하려 하지만 '기존의 질서가 무너져 갈수
록 스스로를 해방시키려는 인간, 그것도 이른바 민중이라는 수많은
인간들이 더욱 전면에 나타난다. 그렇게 되면 모두 다 자신의 인간의
존엄을 주장하게 되며, 이제 인간의 존엄은 현실적으로 고려될 수밖

---

3) 파리의 시민들이 바스티유를 공격한 지 6주가 지난 1789년 8월 26일 프랑스 입법의회'Assmblée constituant
는 인권선언'La Déclaration des droits de l'homme et du citoyen을 통과시켰다. 이는 개인의 존재와 가치
를 발견한 근대 자연법사상과 계몽운동의 중요한 해방원칙들을 담은 역사적인 문서였다. 이 선언은 "국민
의회로 모인 프랑스 민중의 대표들은 무지와 나태함 또는 인간 권리에 대한 경멸이 정부의 부패와 사회의
공적인 재난의 유일한 원인임을 믿고 엄숙한 선언을 통해, 그리고 사회적 조직체의 모든 구성원들 앞에 언
제나 존재하는 이 선언으로 계속적으로 그들에게 그들의 의무와 권리를 일깨우기 위해 자연적이고 양도할
수 없으며 신성한 인간의 권리를 발표할 것을 결정하였다"는 문구로 시작된다. 그리고 선언 제1조에 이렇게
상상 속에 그려왔던 사상을 담았다.

4) Kirsten Sellars, The Rise and Rise of Human Rights(오승훈 옮김, 『인권, 그 위선의 역사』, 도서출판 은행
나무, 2003), 13쪽.

5) Lynn Hunt/전진성 옮김, 앞의 책, 21~24쪽 참조.

에 없게 된다.'[6]

그럼에도 누구라도 쉽게 인간이라는 존재에 맞추어진 인권의 개념을 확실하게 부여하지는 못할 것이다. 그것을 '인간의 자유'라고 한다면 인권은 인간의 존엄과 함께 그 존재 이유가 되는 것이고, 이러한 자유는 우선 강제와 구속의 부재로서의 외적 자유-칸트 식의 '소극적 의미에서의 자유'-를 떠올리게 한다. 그런데 이러한 감각적 세계의 특정한 원인으로부터의 자유는 그것이 '적극적 의미에서의 자유', '무엇을 위한 자유' 속에서 그 근거를 갖지 않는 한 쓸모없는 것이 된다.[7] 또 그것을 "인간이 이 세상에 존재함과 동시에 당연히 있는 것"이라 하더라도 '인간'과 '이 세상'에 대한 실체를 다채로운 관점과 영역에서 밝혀야 함에 그리 간단한 작업이 될 수는 없을 것이다.

어쨌거나 인권이란 관념은 18세기 서구의 계몽 운동 시대에 비로소 등장한다. 인간의 이성이 종교를 압도하기 시작하고, 개인적 자유와 사회적 평등에 대한 자각이 일어나면서 생겨난 것으로 그 개념화하는 과정 자체가 하나의 '사상'이라고 불러도 손색이 없을 정도였다.[8]

많은 이들이 '인권'이라는 것을 '인간이기에 당연히 갖는다고 생각되는 권리', 또는 '인권사상을 바탕으로 하여 인간이 인간이기 때문에 당연히 갖는다고 생각되는 천부적인 권리'라고 말한다.[9] 이러한 논급은 인간의 존재와 동시에 인권은 존재하였다고 하는 말과 동일시된다.

---

6) Hans Ryffel, Aspekte der Emanzipation des Menschen, in: Archiv für Rechts und Sozialphilosophie, Bd. 52(1966), S.10(Werner Maihofer, Rechtsstaat und Menschliche Würde, 심재우 역, 『법치국가와 인간의 존엄』, 삼영사, 1994, 10쪽 재인용).

7) Arthur Kaufmann, Rechtsphilosophie(김영환 옮김, 『법철학』, 나남출판, 2007), 499쪽 참조.

8) Kirsten Sellars/오승훈 옮김, 앞의 책, 13쪽.

9) J. Roland Pennock, "Rights, Natural Right, and Human Right-A General View", in *Human Rights*, ed., J. Roland Pennock and John W. Chapman, New York University Press, 1981, p.5.

애초에 인권사상은 인권을 자연권이라 여기고 이에 기반을 둔 인간 탐구의 여정에서 발현된 것으로 서구사회의 지적 모험가들[10]에 의해 조심스럽게 서서히 시간을 빛으로, 시대를 요람으로 삼아 배양된다. 그런데 여기서 이른바 헌법이 보장하는 국민의 기본적 권리가 스며든다.

흔히들 인권과 구별되는 개념으로 '기본적 인권' 또는 '기본권'이라는 말을 쓰는 경우가 있다.[11] 또한 기본권을 실정법적 권리로, 인권을 자연권으로 살피는 경우도 있다. 또한 헌법에 근거를 요하는 '기본권'과 국가권력을 전제로 하지 않고 인간의 이성에 근거를 두는 '인권'을 나누어 보기도 한다.

따라서 각자의 견해를 피력함에 어떤 부분에 중점을 두느냐에 따

---

10) 이 문제는 아주 중요한 의미를 내포한다. 사실 인권의 개념이나 관념이 서구의 전통과 사상을 반영하고 있다는 데 이의를 제기하기는 어려울 것이다. 서구 인권 개념의 일반적 속성은 대체로 서구 중심적 인권. 인권의 발전에 대한 낙관. 즉 인권의 제도화와 인권 규준의 확대적용. 규준 성취의 단위로서 개인 또는 평가단위로서 단일한 인권 규준. 인종 중심적 인권–인간은 목적이며 자연은 수단이라는 태도, 서구인의 개인에 대한 인식이 전제된 인권 개념. 경쟁시스템 내의 수직적 사회구조에 개인주의를 배합시킨 인권 개념–집단의 권리를 무시한 개인적 인권 강조–. 그리고 자비·전지·전능의 국왕 이미지 속에서 만들어진 국가개념의 구성에 기여–국가는 국민에게 보호를 약속하고 국민은 국가의 권위에 서약– 등을 들 수 있다. 이러한 서구 인권 개념이 등장하게 되는 사상적·관습적 배경으로는 공간적으로 서양을 중심에 두고 나머지 세계를 주변부에 위치시키는 서구 중심주의와 이에 근거한 서구 중심적 선악관. 시간적으로 목적적 상황을 향해 수렴하며 진보한다는 낙관·진보주의. 원자적·연역적인 구조를 가지는 지식관. 동물을 인간이 원하는 대로 조정할 수 있다는 자연관과 대자적 존재로서의 자연 이해, 신체에 대한 소유감. 초자아에 대한 개체적 관계, 신체와 초자아에 대하여 사유화하는 인간관. 이 같은 인간관의 귀결로서 빚어지는 개개인의 신체와 신성성, 승자와 패자를 규정하는 경쟁시스템 안의 수직성에 개인주의를 배합시킨 사회관. 초개인적·초월적 원리(신. 왕. 국가. 국민, 국가조직 등)를 전제하는 관점 등이 제기될 수 있다. Johan Galtung, Human Rights in Another Key, Polity Press(Cambridge), 1994, pp.13~17.

11) 한편 법률상 권리와 구별하여 헌법이 보장하는 권리라는 의미로 사용하는 이 '기본권'이라는 말에 들어맞는 영어식 표현도 모호하기는 마찬가지다. 가령 미국 헌법 해석상 'individual rights'는 특별한 법률 용어라고 보기 어렵지만 헌법 조항 가운데 통치기구에 관한 것을 제외한 국민의 권리를 보장한 부분을 지칭할 때 주로 사용한다. 'Civil Rights'라는 용어도 비슷한 의미로 사용되지만 여기에는 헌법상의 권리 조항. 즉 헌법 개정 제1조부터 제10조. 제13조부터 제15조, 제19조에 의하여 보장되는 권리 외에도 선거법이나 민권법 같은 법률이 보장하는 권리도 포함한다. Civil Rights는 특히 참정권이나 평등권. 적법절차 영역에서 많이 사용한다. Civil liberty는 정부의 간섭을 거부하는 시민의 자유로서 헌법 개정 제1조의 언론과 종교의 자유 영역에서 주로 사용한다. 이에 따라 '기본권'이라는 말의 미국 문헌에 따른 용어를 'individual rights'로 보는 경우는 박종보, "미국헌법상 기본권의 체계와 이론적 특징". 『미국헌법연구』 제17권 1호, 미국헌법학회. 2006, 45쪽 참조.

라 인권은 시간적·공간적 제약이 없는 보편적 신성 불가침적임에 반해, 기본권은 법적·제도적으로 보장된 인권으로서 그 타당성 또한 예의 그 시공성에 따른 제약을 받는다고 설명하기도 하는 것이다.[12] 이렇게 본다면 인권이 제도화하였을 경우 법적으로 보면 기본권이고, 사상적으로 보면 인권이 되는 것으로도 볼 수 있는 것이다. 물론 이를 자연법과 이성법의 이론적 기초로서 도덕적·윤리학적 효력 개념을 동원하여 살필 수도 있을 것이다. 그러나 법적 효력과 연계하여 우리는 우리의 권리를 우리에게 인정된 권력이라는 의미로 이해한다. 금지하기는커녕 법은 우리에게 자유의 영역을 결정해준다. 따라서 권리를 소유한 누군가가 합법적으로 그 권리를 행사하는 것은, 말하자면 인간은 말할 나위 없이 어떤 것도 그 권리의 행사를 방해할 수 없다는 사실을 전제로 한다.[13] 그런 까닭에 이런 전제를 받아들인다면 기본권은 인권뿐만 아니라, 국법에 의하여 비로소 형성되거나 구체화한다. 이렇게 볼 때 엄격한 의미에서 기본권과 인권은 동일한 것이 아니다.

하지만 각국의 헌법에서 보장하고 있는 기본권은 자유권을 중심으로 다양하게 존재하며 그러한 권리들은 인권사상을 바탕으로 한 인간의 권리와 밀접한 관련을 가지고 있으므로 양자를 같게 보는 경우도 있다.[14] 물론 법이 보호하는 자유만을 중시하기에는 현대사회가 무척이나 다양한 가치와 함께하기에 이에 대해서는 더욱 세심한 주의가 필요하다.[15]

---

12) 민경배, 앞의 논문, 298~299쪽 참조.

13) Arnaud Guigue, Droit, Justice, État(민혜숙 옮김, 『법, 정의, 국가』, 동문선, 2003), 7쪽.

14) 인권과 기본권을 동일시하여도 무방하다는 견해는 권영성, 『헌법학원론』, 법문사, 2008, 285쪽 참조.

그리고 오늘날과 같이 다원적이고 기능적인 고도의 산업사회에서 국가로부터의 자유에 의해서 과연 무엇이 얻어질 수 있는지도 생각해봐야 한다. 자유 이외에도 빵과 재난으로부터의 해방을 동시에 요구하는 현대인의 욕구를 충족시켜주기 위해서는 국가의 '생존배려의 가마솥'이 계속해서 끓어야 되는데 그러기 위해서는 국가의 사회정책적·경제정책적·노동정책적·조세정책적·교육정책적 생활간섭이 불가피하게 되는 것도 현실이다.[16]

이 같은 문제를 전제한다면 인류의 도도한 지적 유희의 흐름 속에서 인권사상의 싹을 찾아 역으로 인권의 개념을 찾아볼 수도 있을 것이다.[17] 비록 인권이 유래하는 공간적·시간적 제약성으로 인해 서구사회의 전통적 자연권 개념과 자연법사상에서 그 연원을 추출해보는 시도가 일찍부터 있기는 했지만,[18] 자연권 개념은 그 자체로 완결

---

15) 성낙인, 『헌법학』, 법문사, 2008, 298~300쪽 참조.

16) 허영, 『헌법이론과 헌법』, 박영사, 2007, 371쪽. 물론 허영 교수의 이러한 논지는 Carl Schmitt가 자유권만을 중시한 나머지 사회적 기본권을 소홀히 했다는 비판의 맥락에서의 언급이다.

17) 니콜로 마키아벨리(1469.5.3.~1527.6.22.), 그의 성격이 꼭 그렇듯이 행복과 불행, 꿈과 현실, 저열함과 위대함 등이 뒤섞인 속에서, 그리고 가난했던 것을 한탄했던—이탈리아 문학사를 통틀어 가장 아름답고 유명한 1513년 12월 10일자 편지(교황청 대사였던 친구 프란체스코 베트리에게 보낸)에서 '내가 가난하다는 사실이 바로 내가 진실하고 바르다는 증거가 아니고 뭔가'라는 구절을 발견할 수 있다— 속에서 탄생한 그의 『군주론』에서조차도 그러한 생각의 일단을 엿볼 수 있다. Lorenzo di Piero de' Medici에게 바치는 헌정사에서 그는 '벼슬이 낮고 가문 또한 보잘 것 없는 인간이 감히 군주의 행실을 시험한다든지 그에게 율법을 제시한다면 당연히 주제넘은 짓이라고 생각하는 사람이 있겠지만, 저는 그와 같은 사고방식에 찬성할 수가 없습니다. 왜냐하면 지도를 그리는 사람이 산과 봉우리의 본디 모습을 파악하려면 평지에도 내려와 보고 평지를 파악하려면 산 위에도 올라가 보는 것과 마찬가지로, 백성의 본심이 무엇인가를 알려면 군주의 입장에 서 볼 필요가 있는 것이요, 군주의 본심을 이해하려면 백성의 입장에서 볼 필요가 있는 것이기 때문입니다'라고 했으며, 제19장에서는 '백성들이 군주에게 경도되어 있을 때에는 모반을 걱정할 필요가 없습니다. 그러나 백성들이 군주에게 비우호적이고 그를 미워할 경우 군주는 모든 사람과 모든 일을 두려워하지 않을 수 없습니다. 더 나아가서 훌륭하게 조직된 정부와 지혜로운 군주는 상류 계급들이 절망을 느끼지 않도록 하는 동시에 백성들을 만족시키고 그들이 흡족하도록 만들어주기 위하여 성실하게 노력했습니다. 이 점이야말로 군주가 다루어야 할 가장 중요한 문제 중의 하나입니다'라고 이르고 있는 것이다. Roberto Ridolfi, VITA DI NICCOLO MACHIAVELLIE(곽차섭 옮김, 마키아벨리 평전, 아카넷, 2000), 233~248쪽; Niccolo Machiavelli, IL PRINCIPE(신복룡 역주, 『군주론』, 을유문화사, 2007), 13~15·138~156쪽; 김영국, 『마키아벨리와 군주론』, 서울대학교출판부, 1995, 15~41·170~184쪽 참조.

18) See Jack Donnelly, The concept of Human Rights, St. Martin's Press, 1985, p.46.

된 전통을 갖는 것이 아니라 그보다 선행하는 자연법 전통에 연결되어 있고, 자연법 전통에 포함되어 전승되어온 자연권 개념은 다시 15세기경부터 근대 자연법 학자나 이론가들이 자연법 개념에 바탕을 두고 전개하는 인권 개념의 내용과 성격에 직접적 혹은 간접적인 영향을 미침에 따라 인권 또는 그 개념의 사상적 기원을 추적하는 데는 우선적으로 자연법 전통과 자연권 전통에 포함되어 있는 인권 개념의 씨앗을 헤아려보아야 하는 것이다.

2. 인권의 특성

    인권은 박탈할 수도 없고, 양도할 수도 없는 인간이 인간답게 생존할 수 있는 조건인 기본적인 권리를 뜻하기도 한다. 근대의 자연인권사상은 무엇보다 이러한 천부인권사상이라는 형태로 발전되었다.[19] 즉 모든 인간에게는 태어나면서부터 당연히 부여되는 권리가 있으며, 이러한 권리는 국가권력에 우선하는 것이므로 국가권력이 함부로 할 수 없다고 생각하였던 것이다. 이 자연적인 권리는 자연에 의해 수여된 권리이다. 그러므로 이러한 권리는 실정법이나 다른 사람들의 권리에 의해서 제한을 받지 않는다. 그러므로 나의 힘과 욕망이 확장되는 만큼 멀리까지 확장될 수 있다. 나에게 권리를 주는 것은 나의 필요와 열망이다. 그러므로 나는 나의 본성, 즉 나의 능력이 나에게 부

---

19) 다시 이에 대해 부정적인 해석을 덧붙이자면(이 문제에 대해서는 앞으로 계속 논의가 되겠지만), 겉으로는 신에게서 부여받은 것으로 포장되었지만 필요한 경우에는 무력으로 빼앗아 신분, 종교, 인종, 스스로에게 부여한 시민권 등에 바탕을 둔 우월적 지위를 주장함으로써 유지해나가던 시기가 있었다. 그 같은 시기에는 '양도할 수 없는 권리'가 아니라 권리의 양도alienation of right가 규칙이었던 것이다. cf. Harlan Cleveland(statement), Reconciling Human Rights and US Security Interests in Asia, House Committee on Foreign Affairs, Subcommittees on Asian and Pacific Affairs & Human Rights and International Organization, 12.15.1982, pp.490~491.

여하는 모든 것을 할 권리가 있다.[20]

이렇듯 인권을 모든 인간의 권리로 이해할 때 국적이나 인종에 상관없이 모든 인간에게 적용되는 이른바 보편성을 갖게 되는데 이는 현재의 인권을 이해하는 좋은 특성이 된다. 왜냐하면 인권은 구체적 현실상황의 고려보다는 인권사상 또는 인권 이념의 실현에 더 큰 비중을 둔다고 할 수 있으며 추상적·이념적 성격이 강하고, 따라서 각 국의 현실적인 상황과 구체적인 이념·문화와 충돌할 수 있는 여지가 상존하고 있어 역으로 인권보장의 특수성 문제를 낳게 되기 때문이다.[21]

한편으로 법적 근거 지움과 구별되는 구체적인 형식으로서 권리의 근거 지움에 대한 정당화 문제로 인권을 상정할 수가 있을 것이다. 인권의 권리성으로서 근거 지움이 문제가 되는 것은 인권의 정당화 과정이 역사적으로 인간의 본질 혹은 본성이라는 가치에서 출발하기 때문이다. 그리고 그 인간의 본질은 자연권 이론과 관련되어 국가가 성립되기 이전에 이미 인간에게 존재하는 권리이기에, 국가가 성립하면서 비로소 인정될 수 있는 다양한 권리를 어떻게 정당화할 수 있는가의 문제와 연동되어 인권의 정당화 문제가 제기될 수 있기 때문이다.[22]

---

20) Arnaud Guigue/민혜숙 옮김, 앞의 책, 39쪽.

21) John Rawls(1921~2002) 같은 이는 인권의 특징을 말하면서 인권의 주체인 인간을 도덕적 인격체이며 동등한 가치를 가졌다거나 혹은 인간을 특정한 도덕적·지적 능력을 보유하고 있어 당연히 인권에 대한 권한을 주장할 수 있거나 하는 등의 어떤 포괄적인 도덕적 원리나 인간본성에 관한 철학적 개념에 의존하고 있지는 않다. 그러면서 '기본적 인권이란 정의로운 국제 정치사회의 정규 구성원이 되는 모든 국가들이 질서정연한 정치적 제도들을 갖추기 위한 최소한의 기준'을 뜻하는 것으로 본다. 나아가 인권의 특징을 합당하게 정의로운 자유적·정치적 정의관에 속한 것으로 그리고 입헌자유민주정체에 사는 모든 자유롭고 평등한 시민들에 보장되는 권리와 자유들에 속하는 온당한 부분집합으로 간주한다. John Rawls/정태욱 역, 「만민법」, 스티븐 슈트·수잔 헐리 엮음/민주주의법학연구회 옮김, 『현대사상과 인권』, 도서출판 사람생각, 2000, 89~90쪽; John Rawls, The law of peoples: with The idea of public reason revisited (장동진 책임번역, 『만민법』, (주)이끌리오, 2000), 111~112쪽 참조.

22) 김현철, 「권리에 대한 법철학적 연구」, 서울대학교 대학원 박사학위논문, 2000, 175~176쪽 참조.

어떤 방식으로 정의되든 운명이란 바뀌지 않는 것이며, 신의 형상화된 표현보다도 우월하다고 믿었던 고대인들은 자신이 취할 수 있는 가장 현명하고도 유일한 태도는 복종이라고 생각했다. 이 같은 체념은 인도와 같이 신분제도가 엄격했던 문명 속에서는 상당히 넓게 퍼져 있었다.[23] 고대 인도에서는 카스트 제도로 인해 환생에 대한 믿음과 사회적 숙명을 연결 지어 생각하였기 때문에 이러한 환경에서 영원히 가치 있는, 결정적으로 정해진 질서만을 받아들여 자신의 욕망을 가능한 한 억제하여 운명에 순종하는 것이 운명에 대한 올바른 태도라고 생각하게 되는 것이다.[24] 하지만 문제는 지금의 사회-국가-에서는 개인이 포기한 자유로서 이러한 순종이 국가의 힘에 의하여 영속화한다는 것이다. 즉 이러한 넓은 의미의 자연권을, 가령 자연법으로부터 유추하려는 움직임 속에는 자연권의 혁명적 과격성을 감추기 위한 교묘한 시도 또한 있을 수 있게 된다.

그러나 자연법 전통에는 그 누구도 거스를 수 없는 인류보편의 상위질서 관념이 짙게 드리워 있고 그 내용은 인류보편의 복리를 위해서 세속적 정치질서가 어겨서는 안 되는 도덕률이 대부분이라는 점

---

23) 따라서 비단 인도뿐만 아니라 고대 그리스와 로마에서 쓰였던 '자유'라는 개념도 이와 같은 맥락에서 살필 수 있을 것이다. 대저 '복종'이 무엇이란 말인가? 그것은 너그러움이 포괄하는 자유의 어두운 아가리 속에 갇혀 있는 악어새의 눈물이 아니던가! 이 시기 자유민libertus은 free man이 아니라 freed man, 곧 해방된 노예를 이르고 있었다. 그들은 더 이상 노예는 아니었지만 그렇다고 로마 시민이라고도 불릴 수 없는 별도의 부류였다. 그렇다면 자유는 예속상태에서 풀려남을 의미해야만 했고, 결국 노예라는 신분을 상정시켜야만 발견할 수 있는 것이었다. 문지영, 「'자유'의 자유주의적 맥락-로크와 로크를 넘어」, 『정치사상연구』 제10집, 한국정치사상학회, 2004, 172쪽 참조.

24) Jean Grenier, Entretiens sur le bon usage de la liberté(장희숙 옮김, 『자유에 관하여』, 청하, 1992), 116~117쪽 참조. 이러한 카스트 내에서도 스스로 희망의 빛을 만들어낸 이들도 있다. "그렇다. 나는 마하르 카스트 출신이다. 내 아버지는 간신히 문맹을 면했고 변변찮은 막일로 가족을 먹여 살린 보잘 것 없는 노동자였다. 내 조상들은 불가촉천민이다. 그들은 침이 땅을 더럽히지 않도록 오지항아리를 목에 걸고 다녔고 발자국을 즉시 지울 수 있게 엉덩이에 비를 매달고 다녔다. 그리고 그들은 마을의 하인이 되어 이글거리는 태양 밑을 입에 거품을 물고 숨이 끊어지도록 달려서 관리들의 행차를 알려야 했다. 그래서 뭐 어떻다는 말인가? 나는 내 힘으로 존엄성을 입증하지 않았던가?" Narendra Jadhav, Untouchables(강수정 옮김, 『신도 버린 사람들』, 김영사, 2008), 296쪽에서 인용.

에 유의할 필요가 있다.[25] 따라서 자연권 역시 자연법 질서의 존재를 전제하지 않고서는 성립될 수 없는 것이기도 한 것이다. 여기에 덧붙여 자연법 개념과 자연권 개념의 연계는 인권의 보편화한 개념 형태인 권리 개념의 역사적 기원에서도 나타난다. 주지하다시피 자연법에 대해서는 다양한 견해가 표출되어 있다. 그럼에도 많은 이들이 자연법을 신, 우주, 자연의 움직임에 질서를 부여하는 영구불변의 법으로 이해하고 있으며 그것은 최고의 상위법으로 인간의 도덕적, 정치적 질서의 원형이 되는 것으로 헤아리고 있다.[26] 바로 이러한 토대 위에서 홉스에서 로크로 스며드는 전통적 자연권 개념이 오늘날 인권사상과 권리의 근대 자유주의적 초석을 마련하게 되는 것이다. 특히 로크의 자연권 개념을 통해 보편타당한 합리성을 중심으로 하는 자연법 개념과 근대 자유주의에 바탕을 두고 있는 인권 개념이 싹을 틔우게 된다.[27]

---

25) 물론, 자연법도 인간의 사회생활을 인도하는 것이고, 그렇게 되기 위해서는 어떤 방법으로든 그 법이 밝혀져야 하며, 그것은 또한 정당한 권위에 의해서 법제화하고, 알려지고, 인정되고, 인준될 필요가 있을 것이다. 그렇다고 종교적 견지에서 이러한 자연법만으로 충분한 것은 아니다. 교황 바오로 6세(1963년 콘클라베에서 선출되었고, 1978년까지 교황으로 신을 대리하였음), 「자연법의 개념」, 『경향잡지』 1970년 5월호, 한국천주교중앙협의회, 6~9쪽.

26) 김용민, 「자연법이론과 루소의 정치사상」, 『한국정치연구』 7집, 서울대한국정치연구소, 1997, 212~213쪽 참조.

27) 이봉철, 현대인권사상, 아카넷, 2003, 105~130쪽 참조.

3. 인권의 내용

자명한self-evident 진리로서 확립된 노예제 사회에서[28] '자명한' 진실로서의 평등 사회로 이행된 사회에 사는 우리 인간은 권리의 평등이라는 그 의식의 산물 또한 의심 없이 받아들이게 되었다. 한때 노예소유주였던 사람, 귀족이었던 사람이 '모든 사람의 양도할 수 없는 권리'를 자신의 의식 속에서 평등의 관념으로 정착시키기는 쉬운 일이 아니었을 것이다. 특정한 시기와 장소에서 누군가가 품었고, 가졌고, 밝혔던 사상들이 보편적으로 인정되기까지에는 사상의 생로병사가 무수히 반복되었을 것이다.

1789년 7월 14일 하늘이 막 선사하는 여명을 가르며 바스티유에서 깨져 울린 혁명[29] 전의 자연권에의 구호가 인간의 권리human rights, rights of mankind, rights of humanity와 동적인 의미와 내용을 가지게 되면서 인권이라는 낱말은 이제 자신을 위해 행동하게 하는 목적이 된

---

28) *See* Orlando Patterson, Freedom in the Making of Western Culture, Basic Books, 1991; vgl. Luger Kühnhardt, Die Universalität der Menschenrecht, München, 1987, S.40.

29) 이의 여파에 대해서는 杉原泰雄, 人權の歷史(석인선 역, 『인권의 역사』, 한울, 1995) 참조.

다. 인간으로서 더 이상 받아들일 수 없는 마지막인 그 무엇으로부터 지켜내야 하는 것, 그것이 바로 인권이다. 그렇기 때문에 인권은 이성만큼이나 감정에 의존한다. 인간 내면의 감정, 인간 내면의 확신은 인권의 내용을 기름지게 하는 것은 분명하다. 각 사람은 하나뿐이며 타인과 구별된 개인이다.

전통적인 견지에서 인권은 인간의 사회적 속성과는 관계없이 인간의 자연적 평등성을 근거로 도출될 수 있는 권리로 강한 도덕적 위상을 부여받게 되어 불가양적inalienable이고, 소멸불가능imprescriptible하며, 불가침적inviolable이고, 보편적universal이며, 독립적independent이라고 간주되어 왔다.[30] 이렇게 본다면 다음과 같은 경험적 가설도 인권 개념의 분화를 설명하는 데 유용한 도구가 될 수 있을 것이다. 먼저 사적인 경제 활동에 참여하는 이들이 많아질수록 표현의 자유에 대한 법적 보장이 더 많아지는 경향이 있었다는 것, 또 시민들이 평등한 권리를 요구할수록 국가는 더 강력해진다는 것, 이어 엘리트들이 대중의 지지를 받기 위해 경쟁할수록 더 많은 대중참여와 시민평등권을 고취시킬 수 있다는 것, 그리고 정치에 빈곤층이 참여할수록 경제적·사회적 권리는 더 많이 이행되는 경향이 있다는 것[31]이 그것이다. 인권 개념의 발현과 관련한 한 유형으로 소유-재산-와 관련한 논증들이 다채롭게 펼쳐지고 있음을 고려할 때 이 같은 역사비교의 전제에 의한 설정은 나름대로 의미가 있으리라 본다.[32]

---

30) 박정순, 「인권 이념의 철학적 고찰」, 『철학과 현실』 2006년 봄호, 철학문화연구소, 2006, 38쪽.

31) Richard P. Claude, The classical model of human rights development, In R. P. Claude (ed.), Comparative Human Rights, Johns Hopkins University Press, 1976, pp.6~50.

32) 물론 '소유'의 의미에 부착된 인권의 맥락을 살피기 위해서는 더 많은 논증 틀이 필요하다. 특히 뒤에서 논급할 로크의 경우도 그렇지만 17~18세기 서양에서는 삶과 자유와 같이 자신의 것이라고 주장할 수 있는 모든 것을 포함할 정도로 상당히 총체적 의미에서 '소유'라는 단어가 사용되었다. 어느 면에서 인권

이렇게 본다면 인권의 내용을 살피는 작업은 차라리 인권 목록을 제시하는 일이자 인권 범주의 윤곽을 그어보는 일이 될 수도 있다.[33] 이 같은 작업을 통한 해답을 보면 추상적인 인권사상 논의에 이어진 인권의 실제에 접근하는 방법보다 훨씬 더 간편하고 이해가 쉽다. '도대체 무엇이 인권인가?'에 대한 대답에 뚜렷한 답변이 될 수 있기 때문이다. 우리나라 「국가인권위원회법」은 제2조 제1호에서 "'인권'이라 함은 「헌법」 및 법률에서 보장하거나 대한민국이 가입·비준한 국제인권조약 및 국제관습법에서 인정하는 인간으로서의 존엄과 가치 및 자유와 권리를 말한다"고 밝히고 있다. 이러한 정의만 가지고는 인권의 실체를 파악하기는 힘들다. 역시 법문언의 테두리를 벗어나지 않기 때문이다. 인권은 그것이 고정의 보편만도 아니고 개별의 구제만도 아니며, 오로지 근원의 발로·전개의 과정 속에서 보편의 구체화라는 흐름 위에 유형으로 파악되어야 하는 것이다.[34]

인권도 다양한 접근 경로를 통해서 그 맥락을 짚을 수 있다고 본다면 다음과 같은 인권의 개념적 특성을 예로 들어 그 내용을 파악해보는 것도 의미가 있을 것이다. 첫째, 인권은 인간이 가진 권리로 그에 상응하는 의무를 발생시키고, 둘째, 인권은 법적인 권리인 동시에 도덕적 권리이며, 셋째, 인권은 고도의 우월성을 가진 권리로 확고한 정당성을 가지며, 넷째, 인권은 최소한의 도덕적 보장으로 그것은 최악의 경우를 방지하기 위한 것이지 최상을 실현하기 위한 것은 아니라

과 관련된 근대사상은 '소유'의 확대 해석 때문에 매우 복잡해졌다고도 할 수 있다. Richard Pipes, Property and Freedom(서은경 옮김, 『소유와 자유』, 나남출판, 2008), 10쪽.

33) 흥미롭게도 'human rights'라는 말도 복수형으로 씀으로써 인권의 종류가 여럿임을 암시한다. 조효제, 앞의 책, 113~119쪽 참조.

34) 金智洙, 「인권의 법철학적 근거」, 『기독교사상』 1974년 2월호, 37쪽.

는 견해가 그것이다.[35] 그럼에도 현대는 그 어느 때보다도 인권의 뚜
렷한 목표와 인권 개념의 분명한 설정을 요구하고 있다. 이는 반성을
함축한 인권의 현대성에 한 걸음 더 가까이 다가가기 위한 시도이자
인권에 대한 재인식의 출발점을 만들기 위한 것이기도 하다.

인권에 대해 품었던 생각들에 대한 의문은 그것이 표현됨으로써
비로소 하나의 주장으로 전개될 수 있다. 생각의 윤곽을 맴도는 묵인
의 신호는 암시에 불과할 뿐이다. 거리낌 없는 생각의 표현은 그 어
떤 현상들에 대한 설명에서보다 인권문제에서 필요하다. 때때로 인권
을 규정하기 위해서는 더 많은 인간에 대한 인간의 요구가 전제되어
야 한다. 그래서 인권을 규정하는 일에는 인간이 할 수 없는 일보다
는 할 수 있는 일에 더 초점이 맞추어져야 한다.

무릇 상대적으로 해석될 여지는 충분히 다양하지만 이러한 논의의
전개를 위해 먼저 국제인권법상[36] 인정되는 하나의 인권목록을 미리
제시해보면 다음과 같다.

1. 차별금지 2. 생명권 3. 자유와 인신의 보호 4. 노예와 예속금지 5.
고문 금지 6. 법적 인격 인정 7. 법의 평등한 보호 8. 법적 구제 9.
자의적 체포, 구금, 추방 금지 10. 독립적이고 불편부당한 재판 11.
유죄로 판결날 때까지 무죄추정 12. 소급입법 금지 13. 사생활, 가
정, 통신의 자유 14. 거주·이전의 자유 15. 국적 보유의 권리 16.
결혼과 가족 구성 17. 가족의 보호와 지원 18. 자유로운 동의에 의
한 결혼 19. 결혼 생활 내의 남녀평등 20. 사상, 양심, 종교의 자유
21. 견해와 의사표현의 자유 22. 언론의 자유 23. 집회의 자유 24.
결사의 자유 25. 통치에의 참여 26. 사회보장권 27. 노동할 권리 28.
강제 노동 금지 29. 공정하고 양호한 노동 조건 30. 노동조합 31. 휴

---

35) 박정순, 앞의 논문, 38~40쪽.

36) 이와 관련하여 우리나라가 가입한 국제인권조약 현황은 humanrights.go.kr(국가인권위원회 웹 사이트) 참조.

식, 여가, 유급휴가 32. 적절한 생활수준 33. 교육 34. 문화생활에의
참여 35. 자기결정권 36. 어린이·청소년의 보호와 지원 37. 굶주림
으로부터의 자유 38. 보건·의료의 권리 39. 피난처를 구할 권리
40. 소유권 41. 의무교육 42. 자유를 박탈당했을 경우 인도적 처우
43. 채무를 근거로 한 구금 금지 44. 법에 규정된 경우에만 외국인
추방 45. 전쟁책동과 차별선동 금지 46. 소수문화 보호 47. 사적 의
무 위배를 근거로 한 구금 금지 48. 공공 서비스 접근권 49. 민주주
의 50. 문화·학술 활동에의 참여 51. 지식 재산권 보호 52. 권리를
보장할 국제적·사회적 질서 53. 정치적 자기결정권 54. 경제적 자
기결정권 55. 여성의 권리 56. 사형제도 금지 57. 인종차별정책 금
지 58. 성적 자유 지향 59. 양심적 병역 거부 60. 장애인 권리[37]

물론 앞서 언급처럼 이러한 목록이 인권의 전부가 되지는 않는다.
이 가운데에는 실정법적 맥락에서, 선언적 맥락에서 살필 수 있는 목
록도 있다. 그뿐만 아니라 여전히 경계가 모호한 지점에 위치하고 있
는 것들도 있다. 그럼에도 이를 통해서 인권의 범위가 외연적으로 확
대일로에 있음을 알게 된다.

한편 경험적 차원에서 합의된 인권 규정은 바로 세계인권선언과
그 이후의 국제협약들을 들 수 있다. 주지하다시피 1944년 10월 세계
대전의 종식을 앞두고 미국·영국·소련·중국의 대표들은 국제사
회의 평화를 유지하기 위한 강력한 집단 안보체제의 구축을 열망하
면서 새로운 국제기구의 설립을 제창하였고, 이어 1945년에 발효된
유엔헌장을 통해 세계평화와 안전의 유지, 나라와 나라 사이의 우호
관계의 발전과 나라 간 분쟁의 평화적 해결, 인권과 기본적 자유를
천명하였다. 이후 1946년 유엔인권위원회가 창설되었고, 여기에서 새
로운 인간의 권리를 담아내기 위한 선언을 제정하기 위해 논의가 이

---

37) *See* Todd Landman, Studying Human Rights, Routledge, 2006(조효제, 앞의 책, 115쪽 재인용).

루어진다.[38) 그 결과로 선포된 세계인권선언과 연관시켜 또한 인권의 내용을 나눌 수도 있다. 첫 번째는 시민적, 정치적 권리이다. 이 범주의 권리는 세계인권선언 제3조에서 제21조에 해당하는 권리로서 신체의 자유와 사상의 자유로 구분된다. 이들 권리는 국가권력의 부당한 인권침해를 방지하고 국민 개개인의 자유를 증대시키기 위한 인류투쟁의 산물이다. 이를 보통 '자유권'이라고 말하며, 통상 '국가로부터의 자유'라고 일컬어지며, 이 때문에 대국가적 방어권 또는 소극적인 권리로 분류된다.[39)

두 번째는 경제, 사회, 문화적 권리이다. 이 범주에는 동 선언 제22조에서 제27조에 규정된 사항들로 인간이 인간다운 생활을 누릴 수 있어야 한다는 생각에 기초하고 있는 일련의 권리들이 이에 들어간다.[40)

세 번째의 권리 영역은 연대와 단결의 권리이다. 이는 집단권이라고도 일컬어지는데, 현대사회에서 개인을 중심으로 한 인권이 집단중심으로 옮겨오고 구조적인 문제로 중심축이 변해가는 것을 보여준다.[41)[42)

---

38) 물론 이 과정에 아프리카와 아시아의 많은 나라가 식민지 상태였기 때문에 참여가 불가능하였고, 이데올로기 대립으로 인해 공산권 국가들이 표결과정에서는 기권을 하는 경우도 있었다. 이에 대해서는 유네스코한국위원회 엮음. 『인권이란 무엇인가―유네스코와 세계인권선언의 발전과 역사』, 도서출판 오름, 1995 참조.

39) 이러한 권리에는 생명과 자유, 안전에 대한 권리, 노예나 노예적 예속상태로부터의 자유, 고문, 비인간적인 처우나 처벌로부터의 자유, 자의적인 체포, 구금, 또는 추방으로부터의 자유, 법의 동등한 보호를 받고 공정하고 공개적인 재판을 받을 권리, 프라이버시에 대한 권리, 사상·양심·종교의 자유, 표현의 자유, 평화적 집회 및 결사의 자유, 자유로운 선거를 통해 정부에 참여할 수 있는 권리 등이 포함된다.

40) 이러한 권리에는 사회보장을 받을 권리, 노동할 수 있는 권리, 실업으로부터 보호받을 권리, 유급휴가 등 휴식과 여가를 누릴 권리, 의식주와 의료 등 적절한 생활수준을 누릴 권리, 교육에 대한 권리, 문화에 대한 권리 등이 포함된다.

41) 이러한 권리를 제3세대 인권으로 부르기도 하며 자결권(정치적 지위를 자유롭게 결정하고 경제·사회·문화적 발전을 자유롭게 추구할 수 있는 권리, 부연하면 경제개발에 참여하고 개발이익의 분배에 참여할 권리를 규정한 발전권까지도 해당한다), 평화에 대한 권리, 인도주의적 재난구제를 받을 권리, 문화유산에 대한 공유의 권리, 지속가능한 환경에 대한 권리 등을 포함한다.

42) 이들 권리는 각각 1세대, 2세대, 3세대 인권이라고도 불리기도 한다. 이와 같이 권리 영역을 나누는 것은

물론 이러한 분류마저도 다양한 이유로 논박당하기도 하며,[43] 이 외에도 세계 인권의 역사를 제1차 인권혁명을 거쳐 제2차 인권혁명기를 지나는 것으로 보면서 인권의 발전을 '컬러 코드color code'에 견주어 이를 살피는 경우도 있다. 그것은 첫째, 제1차 인권혁명을 주도했던 부르주아들이 주창했던 청색인권The Blue, 둘째, 노동자, 농민, 무산계급이 주도한 경제·사회적 운동을 적색인권The Red의 상징으로, 셋째, 여성, 아동, 소수자, 이주자, 원주민 등이 요구한 권리와 발전권·환경권·평화권 등은 녹색인권The Green으로, 그리고 넷째로 비서구권 제3세계에서 내세운 자기결정권과 문화상대주의는 갈색인권The Colored으로 해석하는 것이다.[44] 따라서 인권 역사를 통해 제시할 수 있는 고전적 인권이론은 청색인권에, 사회주의적 인권이론은 적색인권에, 페미니즘과 환경운동에 기인한 인권이론은 녹색인권에, 그리고 상대주의에 입각한 인권이론은 갈색인권에 대응시킬 수 있는 셈이 된다.[45]

그럼에도 국가질서 속에서 구체적, 현실적으로 법에 의하여 보장되는 권리는 위와 같은 추상적, 이념적 인권과는 다를 수 있다. 인권의 내용은 고정되어 있는 것이 아니다. 과거에 인정받지 못한 권리들

프랑스의 법학자 Karel Vasak의 3단계 인권론에 근거한 것이다. 바삭은 프랑스혁명의 세 가지 테마인 자유, 평등, 박애에 영감을 받아 분류하였으며, 이 같은 인권 개념은 순차적으로 등장한다. K. Vasak, "The 30-Year Struggle: The Sustained Efforts to the Give Force of Law to the Universal Declaration of Human Rights", UNESCO Courier(nov. 1977), pp.29~32; 박구용, 『우리 안의 타자: 인권과 인정의 철학적 담론』, 철학과현실사, 2003, 176~181쪽; 박병도, 「연대의 권리, 제3세대 인권」, 인권법교재발간위원회 편저, 『인권법』, 아카넷, 2006, 164쪽. 물론 이러한 분류가 절대적인 것은 아니다. 예컨대 바로 이어질 다음의 논의처럼 저명한 인권학자 요한 갈퉁은 독특한 상상력을 발휘하여 인권의 발전을 컬러 코드로 정의한다.

43) 이에 대해서는 박정순, 앞의 논문, 41~46쪽 참조.

44) *See* Johan Galtung, supra note 7.

45) 조효제, 앞의 책, 229쪽.

이 기본적 인권으로 보장되는 것처럼 새롭게 인권의 내용은 수정될 수 있다. 즉 각 국가의 헌법에 의해 실정화한 국민의 권리는 보편적인 인권과 편차를 보일 수 있다. 따라서 헌법이 보장하는 권리를 기본권이라 할 때 기본권의 보장은 보편성을 가지는가 아니면 개별성을 가지는가의 문제가 제기될 수 있다. 이 속에는 권리장전의 기본권 목록에서 나라에 따라 차이를 가질 수 있는가 하는 문제와 같은 이름의 기본권이 기본권 목록에 포함되어 있다고 하더라도 그 기본권의 구체적인 내용에서는 나라에 따라 달라질 수 있는가 하는 문제를 포함하고 있다.

기본권의 보장이 보편성을 가지는 경우란 공동체의 구체성과 특수성을 초월하여 인정되는 경우를 말하고, 개별성을 가지는 경우란 공동체의 구체성과 특수성에 의해 다른 공동체의 경우와 차이를 가지는 경우를 말한다. 물론 보편성을 가진다는 것이 다른 나라의 헌법이나 국제법규에서도 동일한 권리를 규정하고 있다는 의미는 아니다. 성질상 공동체의 구체성과 특수성을 초월하여 인정되는 경우를 말하는 것일 뿐이다.[46] 즉 어떤 특수한 입장에 있는 개인이나 집단의 실증적 권리는 다른 사람의 권리나 공동의 이익을 위하여 필요한 만큼 제한되어야 하고, 인권은 법률과 관습의 정당성을 판단하는 기준이 되어 근본적으로 국가권력을 제한한다.

인권은 모든 장소의 모든 인간이 평등하게 향유하는 것이어야 하고, 모든 특권 개념과 반대된다. 따라서 인권은 내재된 권리 일부의 구현으로는 보장될 수 없다. 따라서 그 전체가 실현될 때만 완전히

---

46) 정종섭, 『헌법학원론』, 박영사, 2006, 223~228쪽 참조.

보장된다. 인권의 불가분성이 이를 보충한다. 시간의 설정은 무의미
하다. 공간의 설정도 무의미하다. 그래서 기본적 인권의 본질적 내용
은 깨질 수 없다. 자체분화를 통한 증식만 있을 뿐이다. 따라서 인권
을 규정하는 일이란 이러한 과정을 확인하는 일이다.

4. 인권과 역사

    인권사를 쓰는 일은 곧 세계사를 쓰는 일이라 할 수 있다. 인간의 정신적·신체적 능력의 전개와 관련된 그 어떤 영역이 그런 것처럼, '인권' 또한 지극히 '역사적 산물'로 볼 수 있기 때문이다.

    인권은 사람이 태어나면서부터 받은 하늘의 선물이었음에도 누구에게나 주어진 것이 아닌, 처절한 민중의 투쟁 속에서 쟁취되어온 역사적 산물이기도 하다. 그렇기에 너만도 아니고 나만도 아니며, 그들만도 아니고 우리만도 아닌 모두가 사람이라면 누구나 다 사람이기 때문에 내세울 수 있는 주장으로서 인권은 씨앗이기에 역사의 대지 위에 뿌려져야 하며, 보편의 인간본성도 역사의 현재 안에서 부단히 구현되어야 한다.[47]

    인권을 말할 때 부단히 '역사'를 거슬러 올라가야 하는 이유는 인권의 개념이 역사적으로 형성된 것이기 때문이기도 하거니와, 그것이 곧 현대적 의미를 획득하는 가장 효율적인 수단이 되기 때문이기도

---

47) 金智洙, 앞의 논문, 36~37쪽.

하다. 현대성의 이론이 반성철학의 근본개념들, 즉 인식, 의식화, 그리고 자기의식의 개념들에 방향을 맞추고 있는 한 현대적 속성의 이성의 개념, 합리성과의 내면적 연관관계는 분명하다.[48] 하지만 그 역사를 '기술'하는 것은 그리 간단하지 않다. 인권을 둘러싼 수도 없이 많은 이해관계의 상호작용이 워낙 복잡하기 때문이다.

자유롭고 평등한 각각의 인간에서 나아가 사회나 국가의 성립이 이루어지게 되는 것은 자유로운 상품교환의 관계가 전 사회적 규모로 인정되게 된 자본주의 사회에서였다. 중세에도 자유가 있었지만 그 자유는 도시의 자유, 귀족의 자유, 기사[49]의 자유였다.[50] 국왕은 이들과 군신관계를 맺고 있었지만 권력을 독점하지 못한 기사이자, 영주였던 봉건적 지배자 가운데 한 사람에 불과했다. 하지만 봉건지배층은 인민과는 동떨어진 신과 가까운 존재로 여겨졌다. 이들은 종교적인 서약으로 영주와 그 귀족들 간의 상호의무를 확인하였고, 특권을 이용하여 법을 제정하였고, 이들에 의해 배타적으로 행해지는 정치는 윤리와 종교에서 분리되지 않은 채 자의적인 지배 수단의 다른 이름으로 행해지고 있을 뿐이었다.[51]

---

48) Jürgen Habermas, Der philosophische Diskurs(이진우 옮김, 『현대성의 철학적 담론』, 문예출판사, 2002), 102~110쪽.

49) 중세사회는 귀족, 자유인(시민도 포함), 가사(家士, ministeriale), 반예속민, 예속민 등 다섯 가지의 신분이 있었는데 가사가 속한 미니스테리알레는 본래 자유롭지 못한 신분과 자유인, 그리고 귀족의 일부를 포함한 계급이다. 12세기 이전에는 아직 기사라는 신분이 완전히 형성되기 전이어서 부자 농민이 무기를 갖추고 전쟁에 참가하면 주변 사람들에게 기사로 인정받기도 했다. 적어도 12세기 이전까지는 열린 계급이었던 셈이다. 그러다가 성직자, 기사, 농민 세 가지 신분으로 서서히 정착된다. 阿部謹也, 甦える中世ヨーロッパ(양억관 옮김, 『중세유럽산책』, 한길사, 2005), 221~224쪽 참조.

50) 더 구체적으로는 귀족, 성직자, 기사 등 봉건 지배자의 '특권'이었다. 참고로, '기사'라는 단어에는 말을 탄다는 뜻이 들어 있다. 곧 기사는 말을 소유한 사람이 되는데, 여기서 말은 전투마를 가리킨다. 그 말은 경주마도 아니고 아랍 순종마도 아닌, 힘이 센 전투마 데스트리에destrier였다. 이는 매우 중요한 의미를 가지는데 마상경기처럼 말을 타고 싸우는 전투 덕분에 갖가지 발명품이 개발되고, 이전에는 알지 못했던 동작들이 만들어졌기 때문이다. Gacques Le Goff, LE MOYEN ÂGE EXPLIQUÉ AUX ENFANTS(안수연 옮김, 『중세여행』, 에코리브르, 2008), 21~30쪽 참조.

이런 중세 유럽의 봉건사회는 14세기에서부터 수세기 동안에 걸쳐
해체의 과정을 밟기 시작한다.[52] 이때 유럽에는 아시아에서 침투되
어 1347년 키프로스 섬을 강타하며 시작된 페스트가 수세기 동안 유
행하여 급격한 인구의 감소를 낳았다.[53] 그리고 이와 함께 백년전쟁
(1337~1453)과 장미전쟁(1455~1485), 종교전쟁(1561~1598)을 비롯
한 크고 작은 전쟁의 재난이 전 유럽을 휩쓸었다. 여기에 십자군 전
쟁의 진행과 마무리는 사람들이 보여주는 삶의 태도와 정신적 가치
의 새로운 기준을 마련해줄 수밖에 없었다. 그러면서 빚어진 봉건질
서의 해체 과정은 농민들 사이에도 부유한 자와 빈곤한 자가 함께 등
장하도록 했고, 노동력의 부족은 노동자들의 기질을 거칠고 반항적으

---

51) 인권사상의 눈으로 본다면 중세는 참으로 암담한 시기였다. 봉건제에서 비롯되는 봉건영주는 생산수단인
   토지를 독점적으로 소유했고, 그들이 지배하는 토지를 장원이라고 불렀으며 그 장원은 모든 경제 · 정치
   적 관계가 형성되고 운영되는 자립경제 단위이자 폐쇄적인 소우주였다. 그렇다고 그 시대사적 의미마저도
   외면할 수는 없다. 오래된 鄕愁, 이미 극복된 미발달의 단계로도 생각될 수 있는 시기지만, 유럽 중세의
   유산은 음으로 양으로 현대 유럽 세계의 사고형태와 생활양식 안에서 여전히 살아 있고 오늘날까지도 영
   향을 미치고 있다. 현대의 유럽은 다양성을 간직하면서도 하나의 통일성을 가지고 있는데, 이러한 통일성
   은 중세 시대에 유럽이 공통의 역사적 기반을 가지고 있었던 것에서 유래하는 것이다. 그리고 이 시대야
   말로 크리스트교와 고전 고대의 두 문화적 세력이 처음으로 만나는 시점이기도 했다. Klaus Riesenhuber,
   CHUUSEI SHISOU SHI(이용주 옮김, 『중세사상사』, 주식회사 열린책들, 2007), 5쪽.

52) 일부 역사학자들은 중세가 18세기 말까지 지속되었다고 주장한다. 이 시기에 들어서면서 세 가지 큰 사건
   으로 사회생활이 바뀌기 때문인데 첫째 사건은 과학의 진보, 둘째는 더욱 효율적인 기계의 제작과 사용에
   따른 너 빠른 생산 기법의 발명, 셋째는 프랑스혁명을 비롯한 여러 정치혁명이 그것이다. 특히 프랑스혁명
   은 '앙시앵레짐'이라는 구체제와 '추악한' 중세의 상징이 되는 봉건제를 종결시키게 된다. 물론 여기서
   '사회생활'의 수식어로는 유럽, 특히 영국, 프랑스, 북유럽 같은 좀 더 선진화한 일부 국가가 된다.
   Gacques Le Goff/안수연 옮김, 앞의 책, 12~13쪽 참조.

53) "연대기 작가의 과장도 다소 있겠지만 사망률은 대단했다. 촌락에는 시체를 묻어 줄 생존자가 없었고, 죽
   어가는 사람이 자신의 무덤을 팠으며 농토는 그대로 방치되고 주인 없는 양떼가 들판을 헤맸다고 한다.
   아마도 유럽 인구의 3분의 1인 약 2,500만 명이 사망했을 것이다. 영국에서는 특히 이 병이 지속적이었
   다. 1349년에 어느 정도 종식되었다가 그다음 해에 다시 맹위를 떨쳐 영국의 인구는 약 250만 명으로
   감소되었다. 이러한 급격한 인구감소는 심각한 경제변동을 초래했다." Andre Maurois, Histoire
   d'Angleterre(신용석 옮김, 『영국사』, 홍성사, 1986), 166쪽. 당시 페스트에 대해서 취해야 할 조치를 다룬
   한 소논문은 태우거나 바르는 향료를 비롯한 모든 소독 방법들을 열거한 후 마지막 페이지에서 정직하게
   다음과 같이 털어놓고 있다. "가장 좋은 처방법은 멀리 도망갔다가 아주 늦게 돌아오는 것이다." 다른 사
   람에 비해 유독 겁이 많았다고는 할 수 없는 몽테뉴도 그러한 점을 잘 알고 있었다. Georges Duby ·
   Robert Mandrou, Histoire de la civilisation francaise(김현일 옮김, 『프랑스 문명사(상) 중세-16세기』, 도
   서출판 까치, 1995), 333쪽.

로 만들었다.[54] 또한 도시와 상업이 발전하여 이제 더 이상 현물지대로는 수입이 보장되지 않게 되는 상황을 낳아 화폐경제를 발전시키게 된다. 이런 상황들 속에서 장원경제, 현물경제를 중심으로 유지되던 봉건사회는 위기를 맞게 되고, 그 위기를 해결하는 과정을 통해서 자본주의 상품경제를 구성하는 요소들이 등장하게 된다.

이와 함께 봉건적 신분질서는 급속히 해체되거나 지역에 따라서는 봉건지배층의 반동이 일어나게 된다. 17세기 이후에는 봉건질서가 더 이상 대세일 수 없었으며, 자본주의는 거역할 수 없는 역사적인 흐름이 되었다.

자본주의는 이와 같이 봉건사회의 태내에서 탄생을 준비하게 되는데, 인권의 전제가 되는 자유로운 근대적 인간도 이때 태어나게 된다. 그리고 이들 인간에 의해 인권이 소유되고 인권을 소유한 인간들에 의해 역사는 또 진전되게 되는 것이다.

인권의 기본 축이라고 할 수 있는 자유와 평등의 관념에 익숙하지 않았던 중세사회 속에서는 당연히 인권이라는 개념이 일반화할 수 없었다. 겨우 근대에 들어서기 직전에야 성곽 외곽의 상인들이 모여 작은 도시를 이룩해가고[55] 이들 도시인들이 기존 특권계급들에 저항하면서 시민계급으로 호명된다.[56] 이 같이 특유한 경제적 이익의 실현을 위한 행동과 그에 따르는 정치상황의 변화 속에서 새로운 시민

---

54) 위 같은 곳.

55) 인권에 대한 논쟁이나 상호작용의 영역들은 각 시대별로 경제적·공적 영역의 활동중심들과 대응되는 경향이 있다. 중세기에는 농촌이 대중적 활동의 중심영역이었다. 이러한 중세의 농경사회적 지형에서 도시의 점들이 찍히고, 그러한 점 속에서 사람들 간의 의사소통이 급속히 진행되면서 상업, 그리고 17~18세기에 등장한 개인적 권리에 근거한 인권투쟁이 획기적 발전을 이루게 된다. Micheline Ishay/조효제 옮김, 앞의 책, 527~535쪽 참조.

56) *See* Charles Taylor, Philosophical Arguments, Harvard University Press, 1995, pp.210~211.

계급들과 민중들이 자유를 주장하고 평등의 사고를 현실에서 구현하고자 시작한 것이다.

구세력을 전복시키고 근대 시민혁명의 주도권을 장악한 시민계급은 혁명 후에 자유와 평등을 법 제도 속으로 편입시킨다. 비로소 이익이 법적 권리로 이행된다. 하지만 그것조차 모든 인간들의 권리라기보다는 오로지 시민계급의 이익을 대변한 시민권이라는 이름의 권리일 뿐이었다. 그것은 재산을 중심으로 한 소유의 자유, 그리고 경제적인 활동의 자유 등을 중심으로 한 이익으로서의 자유와 생래적·사회적·경제적 약자에 대한 고려와 배려가 없는 형식적인 평등을 내용으로 한 허울 좋은 인권이었다. 물론 이러한 권리는 법에 의해 보호된다는 측면에서 예전에 비해 진보한 것임에는 틀림없었고, 의미 있는 발전이었다.

하지만 농노나 도시빈민들은 그때까지 그들을 결박하고 있던 봉건적 제도나 인습으로부터 해방되기는 했어도 그 해방은 단지 자유롭게 자신의 노동력을 팔 수 있는 산업노동자로의 해방에 지나지 않았다. 이를테면 그러한 시대적 의식의 일단으로 영국에서는 영주들과 의회가 규칙과 법률로 경제체제의 자연현상을 억제하려고 애썼는데 의회는 60세 이하 농사노동자는 페스트가 발생했던 1347년 이전의 임금으로 농역에 종사해야 한다고 규제한 노동자조령Statute of Labourers을 가결했다. 영주들은 이전에 그의 농노였던 사람을 농역에 이용하는 데 우선권을 가지게 되었고 이를 거역하는 사람은 투옥시킬 수 있었다.[57] 심지어 곡물 생산 대신 양모를 생산하여 수출하는

---

57) Andre Maurois/신용석 옮김, 앞의 책, 167쪽.

것이 더 많은 이득을 담보하게 되자 영주들은 강제로 농민들을 쫓아내기까지 한다.[58]

농업부문의 혁신으로 산업화의 길을 선도하였지만 소득 증대를 모색하던 지주들은 구식 촌락 공동체 농업생산 방식의 한계를 뛰어넘기 위해 인클로저enclosure, inclosure체제를 고안한다.[59] [60] 프랑스는 이와는 달리 소규모 농민들이 인구의 40% 이상을 차지하는 상황을 낳았지만, 어쨌거나 강제로 토지에서 쫓겨난 농민들은 도시로 진입하여 빈민층을 형성하게 된다.

절도와 구걸이 일상인 환경에서 일자리조차 마련되지 않았지만, 이들은 신분상으로 자유를 획득하여 이제 자유롭게 계약에 의해 자신의 노동력을 상품으로 팔 수 있는 노동자로 전화할 준비를 갖추기에 충분한 상황이 되었다.

형식적인 자유와 평등을 얻었지만 생존의 위협에 시달렸던 이들은 이후 봉건 지배세력에 의해 위험집단으로 분류되었고, 이런 노동빈민들을 가혹하게 강제 수용하는 근대적 의미의 사회복지 시설과 감옥이 출현하게 된다. 이처럼 자유로운 인격의 근대적 인간은 그 역설적인 비참한 모습으로 나타나게 되었다.

---

58) 16세기 초에 영국의 풍경에서 가장 두드러진 측면은 한 사람에 세 마리 꼴로 양을 소유했다는 점이다. 나라 전체에 겨우 250만 명 내지 300만 명이 살고 있었던 데 비해, 양은 800만 마리에 이르렀다. 정주와 고된 노동으로 점철된 1,000년의 세월이 지난 후에도 영국은 여전히 식민 경제였다. 인구가 너무 적어서 전체 풍경을 문명화할 수도 없었고 대규모 산업도 발전시키지 못했다. William George Hoskins, The Making of the English Landscape(이영석 옮김, 『잉글랜드 풍경의 형성』, 한길사, 2007), 209쪽.

59) Micheline Ishay/조효제 옮김, 앞의 책, 215쪽.

60) 토머스 모어가 '유토피아'에 남긴 그 유명한 "양이 사람을 잡아먹는다"는 말이 바로 인클로저 운동에서 비롯된다. 이는 주로 영국에서 볼 수 있었던 토지경영의 현대화 현상으로, 둘러치는 토지의 종류·목적, 그리고 방법 등도 가지가지였다. 영국에서는 대략 12세기에 시작되어 가장 활발하게 시행된 것은 15~16세기와 18~19세기의 두 시기였고 이것이 크게 사회문제화한 것은 15세기 말 이후였다. 전자는 주로 장원의 영주들이 자신들의 목축에 쓸 수 있는 시간을 늘리기 위한 것이었고, 후자는 농지의 효율성을 높이려는 데 목적이 있었다. 브리태니커·동아일보, 『브리태니커 세계대백과사전』 18, 1993, 307쪽 참조.

이제 봉건사회 질서가 밑으로부터 급속하게 해체되지만 여전히 구체제인 봉건질서를 유지하려는 세력과 자본주의적 질서를 형성하려는 세력 간의 투쟁은 18세기 후반으로 치달아가게 되는 것이다. 그 시간의 어둠 속에 숨어 있던 자본주의와 비세속화의 물질적인 만남은 확실히 시대착오적이었다. 이러한 현상들은 사람들에 의해 목격되었고 비판되었다.

아무튼 인권의 역사가 다시 한 번 큰 발걸음을 내디딘 것은 자본주의가 발전하면서 형성된 거대한 산업노동자들 덕분이었다. 경제적, 사회적, 문화적 권리라는 인권의 새로운 범주가 생긴 것이다. 이 권리는 19세기 초반에 유럽을 휩쓴 사회주의사상과 1871년의 파리코뮌을 거쳐 서서히 현대 자본주의 국가들의 복지이념으로 채택되어 전 세계로 확산되었다.

역사는 언제나 인권을 새롭게 변모시켰다. 그것이 비록 힘을 가진 자들의 외양의 치장과도 같은 일시적인 은혜의 베풂에 그쳤을지라도 그를 바탕으로 또 다른 권리를 찾기 위해 사람들은 노력했다. 그러한 노력조차 없었다면 거대한 물줄기로서의 항거와 투쟁은 애초에 존재하지도 않았을지 모른다.

이렇듯 인권보장은 오랜 시간 개인들의 자각과 국가와 권력에 대한 항거의 결과로 이루어진 것이다. 그것이 비록 현실에서는 각기 다른 모습으로 나타나기는 했지만 인간의 존엄과 가치에 대한 자각이 없는 곳에 인권은 보장될 수 없었고, 나아가 인권보장을 확립하기 위해서는 자신들의 권리를 유지하려는 지배세력에 대한 끊임없는 투쟁이 필요하였던 것이다.[61] 비록 역사 속의 인간으로서 누구나 다 같은 권리의 주체가 될 수는 없었어도 한 사람 한 사람의 외침이 누구나

다 같은 사람이라는 인식을 얻게 하는 원동력이었다.

이런 역사를 보는 눈, 그리고 그 속의 역사를 거쳐 오늘날 현대사회를 조직하고 있는 자유와 평등, 민주, 정의, 복지 등 여러 가치들이 그 실천적 의미를 부여받고 동시에 종합적으로 귀속되는 곳, 모든 정치적·사회적 가치들의 도덕성과 정당성을 확보해주고 그 실천 반경을 정해주는 투묘지 같은 곳, 그곳에 인권이 있는 것이다.[62]

무릇 우리가 역사를 살피는 것은 지나간 과거를 위해서가 아니라, 미래를 위해서이다. 그렇다고 과거를 들추면 저절로 미래가 열리는 것도 아니다. 과거의 사실들은 그저 잠자고 있는 사건의 무덤에 지나지 않는다. 죽어 있는 과거에 생명을 불어넣어 미래의 삶을 바르게 인도하는 것이 바로 과거에 대한 해석이다.[63] 인권 역사의 가치 또한 이에서 비롯된다.

---

61) 육종수, 「현대 인권제도와 자연법사상」, 『헌법학연구』 제1집, 한국헌법학회, 1995, 218쪽.

62) 이봉철, 앞의 책, 43쪽.

63) 한영우, 『다시 찾는 우리 역사』, 경세원, 2008, 49쪽.

5. 인권 역사의 가변성

모든 사람이 어떤 근본적인 방식에서 똑같은 것으로 보일 수 있어야만 모든 사람은 동등한 권리를 가진다. 그래서 평등은 단지 추상적 개념이나 정치적 구호가 아니다. 진정한 의미의 인권 개념이 싹텄을 때도, 오늘날에도 모든 사람이 실질적으로 평등한 것은 아니다.

인권 개념의 근저에 마련된 인권사상의 역사는 인류의 역사와 그 궤를 같이 하고 있지만 인권의 관념이 체계적으로 정립된 것은 18세기경에 이르러서였다. 18세기는 개인주의사상과 평등사상이 형성·발전되는 시기였고, 절대적 진리에 대한 회의가 고개를 들면서 인간 이성에 기초한 국가와 사회의 재편성에 대한 목소리가 어느 때보다 강하게 울리던 시기였다.[64]

개인의 자율성과 공감, 신체적 보전이라는 새로운 문화적 관행에서 싹이 튼 인권은 역사 속에서 수도 없이 선언되어 왔다.[65] 더 높은

---

64) 권영성, 앞의 책, 286~287쪽 참조.

65) 영어 단어 선언(declaration)은 프랑스어 déclaration에서 유래했다. 프랑스어에서 이 단어는 원래 봉건영주에게 충성선서를 한 대가로 주어진 땅의 목록을 일컬었다. 그 뒤 17세기 동안 그것은 왕의 공적인 명령에

권력에 대한 요청이나 호소를 의미하면서 선언은 진부하고 복종하는 분위기를 떨쳐버리고 주권을 잡으려는 의도로 표명된다. 가령 미국의 독립 선언은 자신들의 주권을 가진 독립된 국가를 가질 것을 선언했고, 프랑스 인권선언은 인권이 정부의 기초를 구성한다는 것을 천명했다. 이는 곧 인권의 선언이 역사 속에서 정부의 권력 제한의 원칙을 제공하면서 이룩되는 것을 뜻한다. 따라서 인권이 정부의 정당성의 기초라면 무엇이 연령, 성, 인종, 종교, 부의 차이를 가진 사람들에게 제한을 가하는 것을 정당화할 수 있는가에 대한 물음, 그리고 무산자, 종교적·인종적 소수자의 권리 등이 부연된 문제로 제시된다.

역사적으로 보건대 부르주아 계층은 자신들의 경제활동에 국가권력이 직접적으로 개입하지 않아도, 그리고 각자의 이기심을 최대한 좇아도 시장의 원리에 따라 사회 전체의 차원에서 자연스럽게 조화와 질서가 형성된다는 믿음을 가져왔다. 자유자본주의 시장질서는 그런 원리가 작동하는 질서라고 본 것이다.[66] 물론 이러한 사상은 그 자체로 권력화한다.

선언이 이어질수록 그 추상적 성격은 결국 구체적으로 요구되는 것들에 대한 급진적 해석을 담아냈다. '배제'를 설명하는 근거도 해명되어야 했다. 왜 남성과 여성, 백인과 흑인, 기독교인과 유대인 중에서 전자가 우월한가를 설명해야 했으며 권리가 보편적이고 평등하고 자연적인 것이 아니라는 걸 증명해야 했다. 아이러니하게도 인권을 창조한 개념, 바로 그것이 치명적인 형태의 성차별주의, 인종주의, 반

속했다. 즉 선언하는 행위는 주권과 연관됐다. 권위가 봉건영주로부터 왕에게로 옮겨졌듯이 선언하는 권력 또한 그랬다.

66) 이상돈, 인권법, 세창출판사, 2005, 5쪽.

유대주의의 문도 함께 열게 된 것이다.

배제된 이들의 인권투쟁은 선언에 새겨진 추상적 평등을 더욱 구체적이고 위협적인 것으로 만들었다. 새로 등장한 권리는 결국 개인들의 감정, 확신, 그리고 무수한 행동으로 가장 잘 지켜질 수 있다는 것을 인권의 역사는 보여준다.

예전의 역사에서 인권문제는 국가작용의 과정에서 야기되는 위법하고 부당한 권력의 행사에서 비롯되었다.[67] 입법과정은 왜곡되었고, 인권은 지나친 엽관적 폐습 속에서 스스로의 이권으로 악용되었고 남용되었다. 원칙이 무시되는 분위기는 도처에 상존했고, 인권이라고 하는 것이 이름 없는 대중의 소유가 아니었다.

인권의 보장제도도 이러한 사회분위기에서는 형해화한 상징에 불과했다. 물론 이 문제는 권력에 대한 견제와 통제를 가할 수 없는 당시의 현실과 맞물려 있다. 인권의 문제는 언제나 한 시대의 권력구조와 맞물려 있었던 것이다.[68] 사람들이 관료와 권력자에게 사정하고 호소하는 일보다는 인민대중 스스로의 노력과 투쟁으로 관철해야만 했고, 때때로 그들 스스로에게는 그 자체가 궁극적 목표가 되기도 했으며 이는 곧 인권 역사의 문제성으로 담보되게 되는 것이다. 물론 이러한 문제점에는 인권의 외연과 관련된 보편성이라는 또 다른 축이 올곧게 자리매김하여야 그 문제성을 더욱 확연히 인식할 수 있을 것이다.

---

67) 문제는 현대사회다. 과거에는 인권문제가 국가 내의 작용으로 이해되어 다른 나라의 인권문제에 간섭하는 것은 주권을 침해하는 것으로 여겼으나, 현대에 와서는 이러한 시각이 변한다. 인권문제도 한 나라의 국가작용의 문제에서 국제적인 문제로 확대되고 있는 것이다. 전학선, 「국제인권법과 헌법재판」, 『미국헌법연구』 제19권 제1호, 미국헌법학회, 2008, 171~172쪽 참조.

68) 김석수, 앞의 논문, 29쪽.

인권이 시대적 상황에 따라 부침을 거듭하던 현상은 보편적 인권에 관한 논의가 다시 역사의 전면에 떠오르게 되면서 새로운 전기를 맞는다. 제2차 세계대전이 있었고, 1945년에서 1946년에 걸친 뉘른베르크 재판이 있었으며 1946년 6월 엘리노어 루스벨트를 위원장으로 하는 유엔인권위원회가 설치되었다. 그리고 1948년 12월에 '세계인권선언'이 유엔총회를 통해 선포된다.[69]

동시대의 보편적 시대정신과 맞물린 사상의 발현은 때때로 그 시대를 살아가는 구성원 각자의 힘을 반영하기도 한다. 인권사상 또한 이러한 맥락에 빚지고 있는지도 모른다. 그렇다면 인권의 경우는 어떠한가? 무릇 인권이 갖는 특성 가운데 무엇보다도 중요한 것이 바로 이 보편성이다.

인권의 보편성이란 어떠한 사회적 조건에 있든 모든 인간이 누구라도 단지 인간이기 때문에 평등하고 불가양의 권리를 가지고 있다고 하는 것을 의미한다.[70] 즉 누구나 자신의 존엄성을 유지하기 위해 보장받아야 할 권리가 인권이기 때문에 인권은 어떠한 상황에서도 누구에게나 차별 없이 평등하게 보장되어야 한다는 것이다.

개인에 구유된 그 무엇에 따른 어떠한 차별도 없이 누구나 보편적으로 향유해야 할 권리가 바로 인권인 것이다. 이러한 의미로 볼 때

---

69) 김민수, 「인권의 보편성과 실천성에 관한 연구」, 동국대학교 대학원 박사학위논문, 2003, 92~98쪽 참조. 이 위원회의 위원들은 극히 다양한 문화적·철학적 배경을 가지고 있었다. 중국의 유학자이자 외교관으로서 위원회의 부위원장을 맡았던 조앙펑츈(張彭春, 1892~1957)과 레바논의 실존철학자로서 위원회의 보고관으로 활약한 말리크(Charles Malik, 1906~1987) 사이의 끊임없는 철학적 논쟁, 프랑스의 법학자이자 유대인으로서 유대국가 창설의 지지자였던 카생(René Samuel Cassin, 1887~1976, 카생은 1968년 노벨평화상을 받는다)과 아랍연맹의 대변인이었던 말리크 사이의 정치적 긴장에도 불구하고, 이들은 선언의 성안작업을 끝까지 해냈다. Micheline Ishay/조효제 옮김, 앞의 책, 55~57쪽 참조. 이러한 과정 자체가 인권사상의 진전에 큰 보탬이 되었는지도 모른다.

70) 정진성, 「인권의 특수성과 보편성」, 『한국인권재판 편, 21세기의 인권 I 』, 한길사, 2000, 94쪽 참조.

인권이란 그 본질상 보편적 권리인 셈이다. 바로 그러할 때 인권은 의미를 갖는 것일 수도 있기 때문이다.[71]

하지만 이러한 논의의 과정에서도 인권 개념의 윤곽이 뚜렷하게 그려지지는 않았다. 그것은 인권이 가지는 그 속성처럼 지속적으로 그 범위가 확대되고 있기 때문이기도 하다. 이러한 까닭에 UN 차원에서도 인권의 개념을 설정하지는 않고 있다.[72] 물론 세계인권선언 제1조가 규정하고 있는 "모든 인간all human beings은 날 때부터 자유로운 존재로 태어났고, 한 사람 한 사람의 존엄과 권리는 모두 똑같다. 사람은 이성과 양심을 가지고 있으므로 서로 상대방을 형제자매애brotherhood의 정신으로 대해야 한다"라는 명문과 함께 그 밖의 조문에서 인권의 개념을 도출해볼 수는 있을 것이다.

다만 여기에서 또 하나 이끌어낼 수 있는 국제사회의 합의는 바로 그 보편적인 성격일 것이다. 다원화한 현대사회에서는 물론 특히 국제 간 다툼의 과정에서 인권에 관한 보편적 합의를 찾기란 쉬운 일이 아닐 것이다. 따라서 그 대안으로 보편적 합의를 찾는 방법을 모색해볼 수도 있을 것이다. 가령 생존권, 평등권, 자결권 등의 인권을 규정하기 위해서라면 이를 인징해주면서도 책임을 질 수 있는 구성원들 사이의 합의가 있어야 하며, 이러한 합의가 공동체 내에서 제도적·법적으로 구체화할 때 진정한 의미의 인권이 상정될 수 있기 때문이다.

'우리가 상상하는 것은 반드시 구체적인 형태를 지녔다고 할 수 없으며 실체를 가진다고도 볼 수 없다.'[73] 그럼에도 대체로 인권과 인

---

71) 임르 스자보, 「인권의 역사적 기초와 그 전개」, 카렐 바삭 편/박홍규 역, 『인권론』, 실천문학사, 1986, 60쪽.

72) 박경서, 「인권에 관한 논의」, 강남식 외, 『NGO시대의 지식 키워드 21』, 아르케, 2003, 220쪽.

73) 이고르 스트라빈스키의 「음악의 시학」에서 인용. Robert Root-Bernstein · Michéle Root-Bernstein, Sparks of genius: the thirteen thinking tools of the world's most creative people(박종성 옮김, 『생각의 탄생』,

권 개념의 보편적 합의 과정은 철학적 정당화와 경험적 정당화의 두 차원에서 살펴볼 수 있을 것이다. 철학적 정당화 차원에서의 논의는 앞에서 언급한 존 롤즈라든지 찰스 테일러 같은 이의 주장을 들 수 있을 것이고,[74] 경험적 정당화 차원에서의 확인은 세계인권선언을 비롯한 각종 인권 규범의 존재가치와 각 나라의 승인 정도를 통해 가능할 것이다.

롤즈는 그의 『만민법』에서 국내의 경우처럼 국제사회에서도 중첩적 합의overlapping consensus를 통해 '만민의 법'이 도출될 수 있다고 주장하면서 만민법의 주된 내용이 '인권'임을 강조했다. 여기서의 중첩적 합의는 인권의 이념을 다양하고 포괄적인 문화적·종교적 가치관과 교설들과 양립 가능할 수 있는 최소한의 독립적이고도 공통적인 근거를 통해서 그 정당성을 확보하려 한다.[75] 이러한 의미에서 롤즈의 중첩적 합의는 정치적 정의관이며, 이에 근거한 공적 이성을 통해서 인권의 이념을 정당화한다는 것이다.[76] 이는 국제사회에서 사회나 국가들을 대표하는 당사자들이 합리적 행위자라는 점을 강조하여 이러한 합리적 행위자들이 무지의 베일에 의해서 규정되는 적절한 근거에 따라 행위하고, 한 사회에서 중요시되는 책무나 의무를 다

에코의서재, 2007) 참조.

74) 물론 로버트 노직 같은 자유지상주의자와 토머스 포기, 찰스 베이츠 등의 반론도 제기된다. Robert Nozick, Anarchy, State and Utopia, Basic Books, 1974, p.169·171·238; 박정순, 앞의 논문, 59쪽 참조.

75) 찰스 테일러도 롤즈의 중첩적 합의 개념을 받아들여 서로 다른 집단, 국가, 종교 공동체, 문명들은 신학, 형이상학, 인권 등에 대해 서로 양립할 수 없는 근본적인 견해를 갖지만 인간 행동에 적용되어야 하는 규범에 대해서는 합의가 가능하리라고 생각한다. 합의된 규범이 왜 옳은지에 대해서는 사회마다 문화마다 의견이 다를 수 있지만 합의된 규범 그 자체는 존재할 수 있을 것이라는 주장이다. 그리고 이러한 비강제적인 국제적 합의의 내용이 바로 '인권'임을 제시한다. 서로 다른 언어, 종교, 문화, 전통, 역사, 관습을 지닌 집단들과 개인들이 최소한으로 합의할 수 있는 기본적 기준이 인권이라는 것이다. 찰스 테일러, 「인권에 대한 비강제적 합의의 조건」, 한상진 편, 『현대사회와 인권』, 나남출판, 1996, 84~87쪽 참조.

76) John Rawls, The Law of Peoples, Havard University Press, 1999, p.80; 박정순, 앞의 논문, 58~59쪽.

른 사회에 강요하지 않으며 세계 공동체의 공동 질서를 위해서 합당하게 합의해나가면 그 결과는 정의의 관점에서 정당화될 수 있을 것이라는 주장으로 연결된다.[77]

우리는 인간에 대한 인간의 억압과 착취 그리고 폭력이 종식된 세계를 갈구한다. 이것은 역사가 빚어낸 근대 계몽주의의 희망이었고,[78] 지금도 여전히 우리 앞에 놓여 있는 실천의 문제다. 실천 이전에 이론적으로도 철학적 정당화와 경험적 정당화에 의한다면 인권은 현대사회의 보편적 개념으로 인간의 보편적 요구와 발전과 이를 수용하고 정당한 것으로 인정해주는 사회적 여건의 변화에 따라 발전해온 역사적 성취물인 동시에 모든 인간과 집단에서 보편적으로 중첩 합의되는 영역이라 할 수 있다.[79]

그러나 인권담론에서도 자연법이나 이성법의 전통 위에서 원자적 개인주의와 주관성의 패러다임에 묶인 채 더욱 강한 보편주의를 주장하는 이들이 있는데, 이 경우 인권이 소유의 개인주의라는 비판을 극복해야 하는 과제를 안게 된다.[80] 더불어 인권에서의 보편주의가 다양한 문화들이 지닌 색깔의 차이를 보지 못한다는 견해에도 주의해야 한다.[81] 여기에 권리의 측면에서 주권은 국가민의 것이 아닌 개인의 것일 수도 있어야 하고, 이러한 개인의 것이 인간 안보human securities[82]의 차원에서 인권으로 전화하여 그 본질적인 보편성을 띠

---

77) John Rawls, A Theory of Justice(황경식 역, 『정의론』, 이학사, 2003), 87~98쪽 참조.

78) 이유선, 「인권문제에 대한 로티의 실용주의적 관점」, 『사회와 철학』 제9호, 사회와철학연구회, 2005, 32쪽.

79) 송현정, 「현대 시민교육의 목표로서 인권에 관한 연구」, 서울대학교 대학원 박사학위논문, 2004, 63~66쪽.

80) 박구용, 「인권의 보편주의적 정당화와 해명」, 『사회와 철학』 제7호, 사회와철학연구회, 2004, 157쪽.

81) 장은주, 「인권의 보편주의는 추상적 보편주의인가?: 비판에 대한 응답」, 『사회와 철학』 제5호, 사회와철학연구회, 2003, 95쪽 이하 참조. 물론 이 글은 제목이 은유하는 것처럼 다양한 역사적·문화적 맥락을 존중하면서도 인권이 추구하는 보편주의적 이념을 옹호할 수 있다는 태도에서 기술된 것이다.

는 것으로 이해할 수도 있어야 한다.

인권 역사의 문제는 이 같은 주장들과 견해들에 의해 인권의 개념은 물론이거니와 그 개념을 근거지우기 위한 역사의 정합성까지도 재해석될 수 있다는 데 있다. 더군다나 각 시대적·지역적 고유성에 비견되는 인간본성의 탐구가 얼마든지 다를 수 있다는 인식이, 앞서 논급한 철학적 정당화와 경험적 정당화의 차원에서도 충분히 해명되지 않은 채 파급된다면 이러한 문제는 오래도록 문제로 남게 될 것이다.

---

82) 인권과 인간 안보를 구분하여 어느 것이 더 넓은 개념인가를 살피는 일도 의미는 있을 수 있으나 양자를 합목적성이 충족하는 범주 내에서 이해하여 해석해보는 것도 의미를 가질 수 있을 것이다. 인간 안보의 개념에 대해서는 김성민, 「인간안보 실현에 관한 연구」, 고려대학교 대학원 석사학위논문, 2003, 6·33~35쪽 참조.

6. 인권 개념에 대한 성찰

역사는 완결도 없고, 종말도 없으며 무한히 진보한다. 그 진보가 직선적으로만 나타나는 것은 아니다. 때로는 굴곡과 퇴보를 거치기도 한다. 하지만 긴 안목으로 보면 인류가 생존하는 한 진보는 끊어지지 않을 것이다.[83]

어찌 보면 인권에 대한 주장은 이런 역사 속의 진보라는 가장 실질적인 이름이 될 수도 있을 것이다. 인권에 대한 주장은 진보였지만, 나타난 현실은 왜곡되었고, 굴절되었으며 심지어 퇴보하기까지 했었다.

인권사상의 전제는 '자유'와 '평등'이다. 이것이 사회 현실로 요구되기 위해서는 모든 사람의 권리가 원칙적으로 같아야 한다는 인식이 일반화해야 한다. 역사는 저마다의 시대에 살아 숨 쉬는 주체들의 몸부림에 일방적으로 순응하기만 한 것은 아니었다. 따라서 그러한 흐름을 거스르려는 노력도 서슴지 않는 경우가 허다했던 것이다.

역사는 전체적으로 보면 대체로 이성의 지배가 증대하여 가는 것

---

83) 한영우, 앞의 책, 56쪽.

을 보여주고 있다. 하지만 이것은 단지 거대한 충동적인 집단화의 경향을 통해서, 또 이들 간의 이해관계의 조정을 통해서 이념과 가치의 획득이 증대하는 데에 근거해서만 가능한 것이다. 충동세력에 대한 순수한 의지의 직접적인 투쟁, 다시 말해서 이념의 제시 내지 표상의 제공 또는 박탈이 없는 투쟁이란 불가능하다. 그러한 직접적인 투쟁이 의도되는 경우, 그 투쟁은 오히려 충동을 더욱더 그의 일면적 방향으로 촉진시키게 된다.[84]

인권 전개의 실질적 단초였던 근대 시민혁명이 가져온 인권보장체계에 밝은 면만 있었던 것은 아니다. 자유와 평등이 근대 시민혁명의 핵심적 이념으로 제기되었음에도 불구하고 혁명이 끝난 이후 자유와 평등은 상당 부분 굴절 또는 축소되는 과정을 겪어야만 했다.

이 과정에서 만들어진 근대 시민헌법은 무엇보다도 권력의 부당한 간섭과 억압으로부터의 불간섭을 요구하는 '자유권' 중심의 인권보장체계였고, '평등' 또한 선언적인 규정을 두었을 뿐이다. 근대 시민혁명과정을 통해 모든 인간의 이름으로 선언된 권리가 실제적으로는 '능동적 시민'과 '수동적 시민'의 도식하에 부르주아계급 남성이라는 능동적 시민의 권리를 인정한 것에 불과했다.

이제 한 걸음 더 나아가 경제활동의 자유가 아닌 정신활동과 신체의 자유를 강화하는 것, 시장에 대한 일정한 개입 혹은 시장의 극복을 통해 실질적 평등을 확장하는 것, 시민의 권리 행사를 가능케 하는 교육을 실시하는 것, 압제에 대한 봉기를 인정하는 것, 형식적인 대의제가 아닌 직접민주주의를 실현하는 것 등을 목적으로 하는 또

---

84) Max Scheler, Die Stellung des Menschen im Kosmos(진교훈 옮김, 『우주에서 인간의 지위』, 아카넷, 2003), 114~115쪽.

다른 운동과 혁명의 가능성은 사회적 약자를 보호하기 위한 권리로서 '사회권'이라는 이름으로 인권의 영역에 들어오게 만든다. 이 새로운 권리는 국가의 방임이 아니라 분배의 정의를 이루려는 국가의 간섭을 필요로 하는 것으로서, 노동자를 포함한 모든 국민에게 인간다운 생활을 보장하는 헌법과 제도로서 구체화되었다. 이어 대다수의 나라가 19세기까지 일관되게 견지했던 자유방임적 자세에서 벗어나 시장에 대해 일정하게 개입함으로써 사회경제적 약자들에게 최소한의 인간다운 생활을 보장하고자 하는 사회국가-복지국가-의 이념을 도입하게 된다. 1918년 11월 11일 콤핀Compiegne 숲에서 세계대전의 휴전조약이 체결되었고, 이듬해 베르사유에서 평화조약이 맺어졌으며, 1919년에 바이마르헌법이 제정되었다. 바이마르헌법은 민주주의의 첫 시도였다.

이후의 인권 전개는 언제나 바로 지난 시간들에 대한 성찰에서 비롯되어 점차 범지구적으로 확산되기에 이른다. 인권의 보편적 적용이 이루어지기 시작하는 것이다. 하지만 인권의 보편성이 확보된다 하더라도 그것이 일반적으로 실천되기 위해서는 인권사상의 역사에 대한 진지한 성찰과 다채로운 인식을 통하여 앞으로 인권의 나아갈 방향을 알 수 있어야 한다. 그 역사가 현재화하기 위해서도 더욱 그렇다.

II. 인권과 인권사상

1. 인권사상의 신화

    인간과 신이 함께 생활 속에 존재하던 시대는 참으로 행복하였을 것이다. 인간의 모든 문제가 신에 의해 주어지고 신에 의해 해결되었던 시대라면 굳이 인간의 권리 같은 개념을 상정할 필요조차 없었을 터, 인간의 권리란 것도 그저 신들의 유희 속에나 있었을 법한 작디작은 신 아닌 것들의 투정쯤으로 치부되었을 것이고, 신들이 잠깐 떼어주었다 언제든 다시 찾아올 수 있는 신들의 권리였을 것이기 때문이다.

    따라서 신화의 세계 속에서는 욕망과 이성, 본성과 규범, 자연과 당위가 혼연일체가 되어 등장한다. 이는 그리스신화에서도 마찬가지다.[1] 따라서 이 같은 시기에서는 자연적으로 존재하는 질서와 인간에 의해 수립된 질서는 아직 분화되지 않는다.[2]

---

1) 이상영 · 이재승, 『법사상사』, 한국방송통신대학교출판부, 2005, 19쪽.

2) 자연법칙 또는 자연법으로 불리는 자연적으로 존재하는 질서 physis와 인간의 관행 또는 실정법이라 불리는 인간에 의하여 수립된 질서 nomos의 분화는 훨씬 더 시간이 흐른 다음에야 이루어진다. 근대 이성법론자들이 쓰고 있던 자연법이라는 말과는 달리 그리스 소피스트들이 사용하고자 했던 자연법을 한스 벨첼이 '실존적 자연법'이라고 부르고자 했던 것도 용어야 어떻든 생각해볼 일이다. vgl. Hans Welzel, NATÜRRECHT UND MATERIALE GERECHTIGKEIT, Vandenhoeck & Ruprecht, 1962, S.11f. 이 책은 박은정 교수에 의해 번역되었고 동 삼영사(2005) 판으로는 20~21쪽 참조.

인간의 권리라는 관념은 고대사회에서는 출현할 수 없었다. 사실상 인간에 대한 개념도 최근의 산물이다. 그것은 인간에 대해 인간이 인정하는 지위를 결정하는 세상의 어떤 표현이다. 그럼에도 고대의 여러 전통 속에는 인권사상의 일단이라 불릴 만한 암시가 존재했었다. 자유만 해도 그렇다.[3]

고대 그리스 사상에서 인간은 이성, 즉 로고스,[4] 프로네시스phronesis, 라치오ratio, 멘스mens의 소유로 말미암아 인간이다. 이 가운데 로고스는 만물의 본질Was을 파악하는 말인 것과 마찬가지로 만물의 본질을 파악하는 능력도 의미한다.[5] 그런데 그리스 사람들에게 만물로서 자연이란 목적론적인 원리에 순응하는 것이었다. 각 존재는 질서정연한 세상 가운데 고유한 장소와 기능을 부여받고 있다고 여겨진다. 모든 존재는 자연 속에서 그가 지니고 있는 지위로 인해서 특수하게 부여된 목적을 실현하려고 한다. 그것은 사람들을 시민과 노예로 구분한 사실이 잘 보여주고 있다. 그것은 작위적인 제도가 아니라 자연적이라는 것이다. 이러한 이유로 사회는 사실상 자연적인 것이 되었다.[6]

그럼에도-이 단어를 말함에 그 얼마나 현대적인 사고에 찌들어 있는가!- 고대 그리스인들은 민주주의를 실천한 사람들로서 어쨌든 인권의 개념을 구축하는 데 현저한 기여를 하였다. 산이 많은 지형의 영향으로 사람들은 도시를 만들고 그것을 기반으로 국가를 만들었다.

---

3) Micheline Ishay, The History of Human Rights(조효제 옮김, 『세계인권사상사』, 도서출판 길, 2005), 72쪽.

4) logos의 원래 의미는 헤아리기, 계산, 설명, 정당화 등이고 이로부터 관계, 비율, 해명, 논증, 이성, 보고, 언명, 말, 표현, 담화의 대상 같은 의미들이 파생된다. 강영계, 『헤겔 절대정신과 변증법 비판』, 철학과현실사, 2004, 21~22쪽 참조.

5) Max Scheler, Die Stellung des Menschen im Kosmos(진교훈 옮김, 『우주에서 인간의 지위』, 아카넷, 2003), 17~18쪽.

6) Arnaud Guigue, Droit, Justice, État(민혜숙 옮김, 『법, 정의, 국가』, 동문선, 2003), 40쪽.

그리고 여러 개의 작은 도시국가들은 잘 발달된 시민문화를 가지고 있었다. 그들은 어떤 정치체제가 가장 이상적인 것인가를 알기 위하여 정열적으로 정치를 논했다. 대부분의 도시국가들은 자유 시민에게 언론의 자유isogoria와 법 앞의 평등isonomia 등을 부여하였다. 특히 고대 아테네에서 자유 시민들의 모임ecclesia은 정치의 중심이었다. 6세기의 클레스테네스의 개혁 이래 군역과 정치 참여권은 가난한 시민들에게까지 확장되었다. 5세기의 페리클레스는 모든 자유 시민들이 참여하는 민주정치를 가능하게 하였다. 아테네의 민주정치에서 훌륭한 시민은 자신을 위하는 것은 물론이고 공동체의 선을 위하여 권리를 사용하는 것을 당연시하였다.[7] 아테네 사회에서는 관행에 대한 존중이 유덕한 생활태도로 권장되었고, 오래되고 좋은 법이라는 관념이 지배했다. 현실과 이념 또는 관행과 이상이 조화를 이루는 이 같은 세계에서는 진정한 의미의 자연법이 존재할 수 있는 자리를 찾기는 어려웠다.[8]

그럼에도 고대 아테네는 보통 사람들의 인간의 가치와 존엄성을 높이 평가했다는 점에서 현대국가보다 훨씬 진보된 인권사상을 가지고 있었다. 아리스토텔레스는 정의가 인간사에서 중요한 역할을 해야 한다고 보아 사회적·경제적 평등을 강조하였고, 사회의 명예와 부도

---

7) 물론 그것은 현대적인 의미와는 다르다. 여자는 차별을 받았으며, 앞서 언급처럼 노예를 소유하는 것은 당연시되었다. Plato는 세 가지 사실에 대해 감사했다고 한다. 우선 여자로 태어나지 않은 사실, 당시 사회에서 여성은 사람 취급을 정상적으로 받지 못했다. 다음은 노예로 태어나지 않은 사실, 당시의 노예는 매매와 상속의 대상이었다. 그리고 아테네 시민으로 태어난 사실에 감사했다고 한다. 하지만 우리의 Aristotle는 권리의 개념과 그것을 표현할 언어를 가지고 있었다. '정당한 요구'라는 뜻을 가진 토 디카이온to dikaion이라는 표현은 오늘날 권리라고 바로 번역할 수 있는 표현이다(Michael Freeman/김철효 옮김, 앞의 책, 32쪽 참조). 그는 공정하지 못한 사람은 다른 사람과 똑같이 나누는 것을 싫어하는 사람이라고 하였다. 그는 세습에 의해서 사회적 지위가 결정되는 것에 반대하였다. 불공정한 것은 불평등한 것이었다. 평등과 불평등은 중요한 의미를 내포한다. 즉 공정한 것은 평등한 것이 된다.

8) 이상영·이재승, 앞의 책, 19~20쪽.

개인이 보여준 능력과 노력에 따라서 분배되어야 한다고 주장했다.

한편 로마인들은 그리스 문화를 서구로 전파하였다는 점에서 서구 문명의 진보에 크게 기여하였다. 로마인들은 새로운 사상의 창시자는 아니었지만 실용적인 법을 중시하고 그것을 실천하려고 했다. 로마인들은 이미 기원전 5세기에 법을 정하고 적절한 재판의 필요성, 증거의 제시 등과 같은 법정에서 필요한 절차를 매우 중시하였다. 그들은 이탈리아 전 지역으로 로마의 시민권을 확장하고, 나아가서 로마제국 전체로 시민권을 확장함으로써 인권에서 중시하는 자유의 신장을 가져왔다. 이런 맥락에서 로마는 그들의 통치에 반대하지 않는 한 로마제국 내의 사람들을 노예로 만들려고 하지 않았다.

고대의 붕괴 후 수세기 동안 중세 유럽의 대부분의 지역에서 새로운 삶으로 소생하도록 하는 운명이 로마법에 지워진 것도[9] 바로 이 같은 까닭에서라고 할 수 있다. 그리고 로마 도시국가의 시민들과 인접 공동체의 시민들 사이의 초기 상업관계에서도 이미 외국인들에게 법률관계의 교류와 권리의 보호에 대해 관여할 수 있도록 유도된 것도[10] 이러한 맥락을 더욱 굳건히 해주게 된다. 사실 로마의 번성 와중에 영토가 확장되고 이민족과의 교섭이 빈번하여짐에 따라 형식주의의 엄격한 준수가 점점 어렵게 되자 형식을 완화하여 현실에 적응시킬 필요성이 대두된다. 이러한 수요에 따른 로마인의 태도는 형평의 관념으로서 법의 흠결을 보충하는 것이었다.[11]

로마인들은 이렇게 자신들의 법이라기보다는 국민들의 법jus gentium

---

9) Max Kaser, Römische Rechtsgeschichte(윤철홍 역주, 『로마법제사』, 법원사, 1998), 1쪽.

10) 위의 책, 207쪽.

11) 최종고, 『법사상사』, 박영사, 2003, 34쪽.

을 제정하고 그것을 실시하려고 하였다. 로마의 법은 어떤 장소, 어떤 시대에도 지켜져야 할 최소한의 보편성을 기준으로 하였기 때문에 평등의 원리를 따르려고 하였다. 제정 초기 아우구스투스와 티베리우스 황제 치하에서 활약한 법률가 Ateius Capito는 "lex란 정무관의 제안에 따른 국민 전체의 또는 평민의 일반적 명령"이라는 말로 조금 더 정확하게 법을 개념지우고자 했으나 그렇다고 이렇게 일반명령성을 강조한 것만으로 그 내면에 이르렀다고는 볼 수 없는 것이었다.[12]

그럼에도 법의 확실성은 로마인이 생각하는 '이상'의 다른 이름이었다. 로마의 법률가들은 추상적인 이론과 그리스 철학자들에 의해 만들어진 법철학의 장비를 싫어했다. 그들에게 개인의 자유라는 이상의 확실한 특성은 곧 법의 확실성에 있었던 것이다.[13]

---

12) 최병조, 『로마법연구(Ⅰ)』, 서울대학교출판부, 1995, 67쪽.
13) Bruno Leoni, Freedom and the Law(정순훈 역, 『자유와 법』, 자유기업원, 2000), 124~126쪽 참조.

2. 자연법에의 이상

　자연권의 생각이 법의 언어로 표현되는 생각들은 그리스인들이 발전시켰던 자연법$\phi v \sigma \iota \varsigma$ 개념에서 서서히 싹을 틔운다. 소포클레스(B.C. 496~406)가 쓴 희곡 안티고네에서 그에 대한 사고가 펼쳐진다. 소포클레스는 이 작품에서 실정법 이전에 자연법이 존재한다고 역설한다. 크레온 왕은 전쟁에서 죽은 Polynikes를 까마귀밥이 되도록 매장을 금지했다. 이에 누이인 안티고네가 크레온 왕이 죽은 사람을 묻어주어야 할 매장의 권리를 위반했다고 비난하면서 왕의 포고를 무시하고 오빠의 장례를 치른다. 왕이 국법을 위반하였다고 추궁하자 안티고네는 항변한다. 바로 이 안티고네의 항변에서 실정법과 자연법의 대립이 시작되고, 실정법과 자연법이 견주어지면서 자연법이 빛을 발하기 시작하는 것이다.[14]

---

14) 안티고네의 항변은 이랬다. "네, 그 법은 제우스신께서 만든 법이 아니니까요. 하계의 신들과 함께 계신 정의의 신도 이런 법을 세상에 반포하신 적은 없습니다. 인간의 글로 쓰지는 않았으나 영원한 하늘의 법을 어길 수가 있을까요? 저는 왕께서 정하신 법이 하늘의 법과 같은 힘을 지니고 있다고는 생각지 않습니다. 하늘의 법은 어제, 오늘에 생긴 것이 아니며 아무도 그 법이 언제 생겼는지 알지 못합니다. 저는 인간의 자존심은 두려워하지 않지만 신 앞에서 하늘의 법을 어겼노라고 대답할 수는 없습니다." 한편 안티고

안티고네의 항변은 비록 그것이 현대적 관념에 따른 것일지라도 자연법이 무엇인지에 대한 의미 부여를 시도한 최초의 발화라고도 할 수 있겠으나, 전혀 다른 맥락으로 해석하는 경우도 있다. 가령 '안티고네는 신의 법을 이야기한 것이지, 자연법을 말한 것이 아니다. 더욱이 그가 제기한 신성한 법이란 자신의 가문과 혈통에 대한 충성심을 빗댄 비유일 뿐, 일반적이고 보편적인 의미에서 인권에 대해 이야기한 것이 아니다. 역사가에게 안티고네의 말은 인권사상을 입증하는 증거가 될 수 없다'는[15] 견해가 그것이다. 이 같은 해석은 '인권의 역사를 곧 인간의 역사'라고 보는 듯한 식의 진술이 저지르는 잘못을 지적하는 것으로 나름대로의 의미를 가진다고 할 수 있다. 또한 안티고네가 크레온의 명령을 거부한 것은 오빠의 시신을 묻을 권리가 있다고 생각해서가 아니라, 종교적 '의무'가 있다고 생각했기 때문으로 이 극화를 오늘날의 우리가 종교행사의 자유와 관련한 인권문제로 볼 수는 있을지언정 소포클레스가 인권문제를 이러한 방식으로 표현했다고는 볼 수 없다는 해석도 제기된다.[16] 그럼에도 안티고네의 항변을 법철학자는 물론 심지어 정치가와 문학가들까지 신의 법칙 또는 자연의 법칙을 설파하는 것으로 해석하려 한다.[17]

이와 같은 시기를 거쳐 스토아학파는 자연법의 이상을 인정하였다. 정의는 신에 의해서 부여된 이성적 법의 자연스러운 표현이다. 스토

네를 반정부주의자로 저항을 의미하는 페미니즘의 아이콘으로 보려는 경우도 있다. 이에 대해서는 Judith Butler, Antigone's Claim(조현순 역, 『안티고네의 주장』, 동문선, 2005); 한정숙, 『여성은 이렇게 말했다』, 도서출판 길, 2008 참조.

15) Elaine Pagels, "Human Rights: Legitimizing a Recent Concept", Annals of the American Academy of: olitical and Social Science, Vol.442, 1979, p.58.

16) Michael Freeman/김철효 옮김, 앞의 책, 31~32쪽.

17) Kirsten Sellars/오승훈 옮김, 앞의 책, 9~11쪽 참조.

아학파는 인류 전체가 가족과 같은 공동체 정신 속에서 결속될 수 있는 합리적 법칙에 의해서 활성화되는 '하나의 세계'를 이상적인 것으로 제시하였다. 그들은 그리스인은 세계의 중심(Hellenism)이고 그 이외의 외국인은 모두 야만인(barbarian)이라는 종래의 그리스적 주장을 거부하고 인간은 누구나 평등하다고 보았으며 또한 동등하게 완전한 삶을 향유할 수 있는 인간과 신의 세계, 즉 코스모폴리스를 모색하였고 그 입장에 섰다.[18]

그리하여 그들은 신은 만인의 아버지이고, 인간은 누구나 평등한 형제라는 사상을 획득한다. 스토아학파는 자연법의 철학적 전통을 세우고 하나의 본질적인 정신적 예정 조건을 확립시켰다. 인간평등이라는 그들의 학설은[19] 이 세계는 현실의 공동체 외에 하나의 또 다른 나라, 곧 이성의 나라를 가정한다. 이 이성의 나라에서는 각자가 세계 이성의 소유자이고, 모든 인간에게 동일한 방법으로 이성이 부여되어 있는 까닭에 개개의 인간은 동등한 권리를 가지게 된다는 것이다.[20] 이러한 사고방법은 결국 자연법론의 확고한 도덕적 기초가 될 수 있었다.[21] 이런 점에서 스토아학파의 인권사상은 시대를 앞선 것이라고 볼 수 있다. 다만 그들은 현실 정치와 일정한 거리를 유지하였기 때문에 이런 사상을 권력 작용에 개입시키기 위해 제도로 제시하기보다는 개인적 수준에서 실천하였다는 사실도 함께 생각해야 할 것이다.

---

18) 최종고, 앞의 책, 29~30쪽.

19) 사실 앞에서 든 아리스토텔레스 같은 그리스 철학자들은 반민주적 정체를 제시함과 동시에 소피스트의 계몽화한 자연법에 기초한 선천적 평등, 영적 동질성에 반대하여 노예제를 최상의 국가가 필요로 하는 요건일 뿐만 아니라 자연에 일치한 제도로 합리화하였다. 그러나 이 같은 주장에 대해 스토아 사상가들은 인간 이성의 균등적 배분에 의한 실천적 평등론을 제시, 비판을 가했다. 조남진, 「스토아사상과 초기 크리스트교 노예해방에 관한 연구」, 고려대학교 대학원 박사학위논문, 1988, 1쪽.

20) 민경배, 앞의 논문, 300~301쪽 참조.

21) 이상영·이재승, 앞의 책, 45~46쪽.

이 같은 스토아학파의 사상은 로마에까지 전파되었고, 로마제국에서도 지배적인 사상으로서 로마 법학자들에게 큰 영향을 미쳤다. 로마의 자연법사상도 스토아학파의 기본사상을 대체로 반영하였다.

특히 법률가가 아닌 키케로나 세네카에 의한 자연법적 법률개념이 더욱 정교하게 다가온다. 키케로의 자연법에 대한 정의는 무척이나 주목할 만한 것이었다.[22] 그는 인간의 도덕적 완성을 목표로 하는 최고의 규범이 존재하는 것으로 보고 이를 선honestum으로 표현하였다. 그러므로 모든 국민들이 시대와 장소를 가리지 않고 보편적으로 지킬 수 있는 법은 이성적으로 이해하고 따를 수 있는 법, 곧 진정한 법(인간의)은 자연의 조화에 의존하여야 하는 것이었고,[23] 그것은 자연법에 기초한 것임을 의미하였다. 이 점에서 로마제국의 국민들은 그들이 로마에 있건 혹은 그 이외의 지역에 있건 모두 로마의 법을 따르려고 하였다.

---

22) 키케로(Marcus Tullius Cicero, B.C. 106~43)는 자연법사상을 발전시킨 카이사르 시대의 매우 중요한 정치가였다. 흔히 키케로가 자연법lex naturalis이라는 표현을 사용한다는 점에서 그를 자연법론자로 평가한다. 그러나 그의 법 이론을 전체적으로 파악해보면 적어도 오늘날 우리가 이해하는 자연법론과는 상당한 차이를 보인다. 오세혁, 『법철학사』, 세창출판사, 2004, 43쪽. 그럼에도 키케로는 자연법을 믿었다. 그에 의하면 모든 인간에게 보편적인 자연법사상은 "로마에 특정한 법이 있고, 아테네에 또 다른 법이 있음을 인정하는 깃이 아니라, 이 법은 오늘도 그리고 내일도 언제나 하나의 법으로 존재할 것이다"라고 말하게 하였다. 자연법의 근간을 이루는 정신을 키케로는 만인의 평등이라고 보았다. "우리가 인간을 어떻게 정의하든, 하나의 정의는 모든 인간에게 적용될 것이다. 인간 사이에 질적인 차이는 존재하지 않는다. 만약 차이가 존재한다면 하나의 정의가 모든 인간에게 적용될 수 없을 것이다. 그리고 인간을 동물의 수준 이상으로 끌어올리고 추리하고, 추론하고, 증명하고 위증하고, 문제를 논의하고 해결하고, 결론에 다다르게 하는 이성은 인간 모두에게 공통적이다. 이성이 배우는 정도에 있어서 다양할지라도, 그것을 배우는 능력의 질에는 차이가 없다. 동일한 상황이 감각과 그것을 자극하는 것에서도 지각된다. 지각이 인간의 마음에 각인되는 것은 질적으로 같다. 비록 단어의 선택에 의해서 언어가 달라지긴 할지라도, 표현된 감각의 내용sentiments은 같은 것이다. 어느 인간일지라도 안내를 받는다면 그는 덕을 얻지 못하지는 않는다"는 말도 음미할 만하다. De Republica de Legibus, trans. Clinton Walker Keyes, New York, 1928, p.109. 철저한 로마인이었던 키케로는 그리스 사상의 영향 아래서 시대와 장소를 초월하여 모든 인간에게 적용될 수 있는 영원히 변하지 않는 자연법사상을 발전시켰다. 키케로에게 자연법은 공간과 시간을 초월하여 자연에 심어진 최고의 이성이었다. 그는 법을 따르지 않는다면 자신을 부정하는 것이며, 나아가서 인간본성을 거부하는 것이라고 보았다.

23) MARK TEBBIT, PHILOSOPHY OF LAW, Routledge, 2005, pp.12~13.

이러한 로마법은 앞서의 논급처럼 그 정신과 사상이 인도주의적이고 신의를 존중하는 자연법을 기반으로 하고 있었으며, 로마법대전 특히 『학설휘찬』에서의 법의 일반규정이 자연법적 규정이었던 까닭에 교회법의 발전에도 기여하게 된다.[24] 로마법은 널리 계수되었고 비견될 수 없는 보편성과 우수성으로 계수되는 곳마다 각 지역의 고유법을 밀어내고 보통법으로서의 지위를 차지한다.[25] 로마의 법은 로마 정치가와 동료 시민들이 임의적으로 권력을 행사하거나 그 이외의 불법적 행동이나 행위를 반대하는 효과적인 방패가 되었다.

그러나 이런 로마도 제정 말기로 오면서 여러 방면에서 위기의 징후를 드러내기 시작했다. 황제들 사이의 알력과 군사적 전제정치, 국가 재정의 파탄, 과중한 세금, 시민계급의 몰락 등으로 인해 로마제국은 정치적으로도 경제적으로도 쇠락의 단계로 내몰리고 있었다. 따라서 국가의 안정을 꾀하려는 황제들일수록 여러 종교들에 대한 전통적인 로마 특유의 관용성에서 벗어나 황제 숭배와 국가적 신들에 대한 숭배를 강요하고, 그런 종교정책에 의존하여 제국 내부의 통일을 강화하려고 했다.[26]

자연스럽게 개인으로서 인간의 설 자리는 좁아지고 사회의 구성원들은 그 사회를 유지하는 제도의 장벽을 넘어 현실에의 도피로 더 높은 차원의 구원에 의지하려는 경향이 퍼져나간다. 물론 이 같은 움직임 또한 완전하지는 않았지만 많은 부분에서 인권사상의 보편적 전파와 발달에 일조를 하는 전기가 된다.

---

24) 김상용, 『법사와 법정책』, 한국법제연구원, 2005, 181쪽.

25) 오세혁, 앞의 책, 50쪽.

26) Klaus Riesenhuber/이용주 옮김, 앞의 책, 44~45쪽.

3. 권력 제한과 권리 보장

    인권의 역사는 인간의 존엄성을 회복하고자 '인간'으로서 대접받지 못했던 인류의 구성원들이 동등한 권리의 주체로서의 승인을 요구하는 오랜 과정을 거치게 한다. 이러한 시간의 흐름은 권리를 보장받기 위한 사회적 조건을 마련하려는 역사로 현현된다. 고대라는 긴 터널을 인간은 그렇게 벗어난다.

    권력을 제한하려고 하는 움직임은 잉글랜드에서 출현하였다. 특히 1215년 존 왕(King John)[27]의 자유대헌장Magna Carta Liberatatum[28]은

---

27) 잠시 그 당시로 눈길을 돌려보자. 1199년 대축일에 존은 차양을 든 자신의 신하 네 명과 함께 웨스트민스터 대성당에 갔다. 형이 10년 전에 했던 것처럼 주 제단에 무릎을 꿇고 평생 신과 교회를 위해 평화, 명예, 위엄을 지키고 휘하의 사람들을 공정하고 평등하게 대하며 이 땅에 도입되는 좋은 법은 지키고 악법과 악습은 타파하겠다는 세 가지 대관선서를 했다. 그가 속옷까지 모두 벗자 캔터베리 대주교 휴버트 월터가 신성한 기름을 머리, 가슴, 손에 발랐다. 머리의 성유가 없어지지 않도록 7일 동안 턱 밑에 끈을 묶는 두건을 썼다. 성유식은 새 통치자가 신에게서 왕권을 허가받는 것으로, 대관식에서의 대관 절차보다 중요하게 생각되었다. 그 다음 존은 법의를 입고 대주교에게 정의의 검을 받았다. 대주교는 그를 주 제단으로 인도하고, 맹세한 서약을 진심으로 지키지 않으려면 왕관을 받아서는 안 된다고 엄명했다. 존은 신의 도움으로 그 모든 것들을 지키겠노라 대답했다. 대주교가 그에게 왕관을 씌어 주었다. 왕관은 너무 무거워서 백작 두 명이 거들어야 쓰고 있을 수 있었다. 마지막으로 대주교는 의식의 지팡이인 장과 홀을 주고, 존 왕은 옥좌에 올라 미사를 드렸다. 봉헌 때에는 주교의 인도로 주 제단에 순금 인장을 올린 다음 다시 왕좌로 되돌아왔다. 미사가 끝나자 왕관을 쓰고 왕홀과 왕장을 든 후 궁전으로 돌아와 대관식 연회에 참석했다. 이때만큼은 가벼운 보관과 법의를 입을 수 있었다. 워스터서에서 구입한 살찐 황소 21마리는 연회 시간에 맞춰 배달되었다. 이듬해 반란군을 진압하기 위한 존 왕의 용병이 벌이는 끔찍한 만행은 다음

대단히 주목할 만한 권력 제한의 전거였다. 마그나카르타는 총 63절로 구성되어 있지만 여러 세기 동안 다음 두 절이 인류의 자유를 강한 어조로 대변하고 있다.

Nullus liber homo capiatur, vel imprisonetur, aut disseisiatur, aut utlagetur, aut exuletur, aut aliquo modo destruatur, nec super eum ibimus, nec super eum mittemus, nisi per legal judicium parium suorum vel per legem terre. Nulli vendemus, nulli negabimus aut differemus rectum aut justiciam.[29]

왕에 의해 수락된 유럽 역사상 최초의 이 성문 법전에는 왕권을 제한하려는 내용이 포함된다. 영국의 귀족, 주교, 대주교들이 당시 왕으로 군림하고 있었던 국왕 존에게 백성을 혹사하는 행동을 금지할 것을 요구한 것이다. 여기에는 국왕이 적합한 절차 없이 영토를 빼앗을 수 없도록 하는 규정과 적법한 재판 없이 국민을 불법 구금하는 일을 금하는 규정이 포함되어 있었다.[30]

과 같이 묘사된다. 메뚜기 떼 같은 악마의 팔다리가 온 나라를 뒤덮었다. 이들은 손에 칼을 든 채 마을, 집, 공동묘지, 교회에 쳐들어가 여자, 아이를 가리지 않고 닥치는 대로 강탈했다. 왕의 적을 쇠사슬에 묶은 후 무거운 몸값을 요구했다. 교회의 신부까지 붙잡아 고문하고 강탈했다. 기사와 군사들은 발과 다리, 손과 손가락, 엄지손가락만으로 공중에 매달았고, 눈에 소금과 식초를 뿌렸다. 불타는 석탄에 글린 다음 찬물에 내던지기도 했다. 몸값을 지불할 때까지 아무도 풀려날 수 없었다. 존 왕은 1216년 10월 18에서 19일 밤 죽었다. John Gillingham · Danny Danziger, *1215: The Year of Magna Carta*(황정하 옮김, 『1215 마그나카르타의 해』, (주)생각의나무, 2005), 211~212 · 352~353쪽 참조.

28) 문서로서 대헌장은 처음에는 자유헌장이라고 불리다가 몇 년 후 마찬가지로 중요하면서도 훨씬 짧은 동시대 법령인 삼림헌장과 구분하기 위해 '대헌장'이라는 의미의 마그나카르타로 불리기 시작한다. 1215년에 제작된 대헌장의 사본이 몇 부나 있었는지는 알려져 있지 않지만 현재 4부만 남아 있다. 한 부는 링컨 대성당, 또 한 부는 솔즈베리 대성당에 있고, 나머지 두 부는 영국국립도서관이 소장하고 있다. 마그나카르타는 미국 독립선언문에서도 진가를 발휘해서 실제 독립선언문의 작성자는 선언문을 작성하기 전에 마그나카르타를 정독했다고 공헌할 정도였다. 위의 책, 13~14쪽.

29) 번역하면 다음과 같다. "자유민은 누구를 막론하고 자기와 같은 신분의 동료에 의한 합법적 재판 또는 국법에 의하지 않는 한 체포, 감금, 점유침탈, 추방 또는 그 외의 어떠한 방법에 의하여서라도 자유가 침해되지 아니하며, 또 짐 스스로가 자유민에게 개입되거나 관헌을 파견하지 아니한다(39절)." "짐은 누구를 위하여서라도 정의와 재판을 팔지 아니하며, 또 누구에 대하여도 이를 거부 또는 지연시키지 아니한다(40절)."

30) 이는 배심재판의 선구가 되었다. 그러나 그 내용의 대부분은 여전히 신분상 특권층만이 누릴 수 있는 권리와 의무를 보장하는 법일 뿐이었다. Gehard Oestreich, *Geschichte der Menschenrechte und*

이 대헌장은 여러 가지 특색을 가지고 있었다. 첫째, 존 왕이 그 이전의 여러 헌장이나 보통법으로 승인되고 있던 영주와 귀족들 등 자유민의 권리·자유를 회복하고 앞으로의 처지까지 보장한다는 것이다. 둘째, 이들에 대한 불가침영역의 보장, 또 그 권리와 이익을 침해하는 경우에는 적정한 절차에 따른 다는 것, 대표 없이는 과세가 없다는 원칙의 승인, 법에 의한 왕권의 규제 등이다. 이러한 내용들은 비록 대헌장을 특정한 신분만을 위한 문서로서의 기능을 확보하기 위한 것으로 쓰려고 했음에도 후대에 가서는 모든 국민들을 위한 것으로 확대 해석되어 근대 시민헌법에서 인권보장의 중추가 되는 것이었다. 셋째, 중대한 침해가 야기될 때마다 영국인이 대헌장의 원칙을 재인식하고 거기에 새로운 권리·자유를 부가하여 왔다. 권리청원, 권리장전, 인신보호법, 왕위계승법 등이 그 성과물로의 성격을 지니고 있다.[31]

하지만 이와 같이 영국에 출현한 역설적인 권리보장제도는 근대 시민헌법의 인권보장과 두 가지 점에서 큰 차이를 보이고 있다. 첫째, 권리장전 등에 규정되어 있는 권리·자유는 모두 일부 사람들만이 가지고 있던 기존의 권리·자유만을 확인하고 보장하는 것이었고, 둘째, 권리장전 등에 정해 있는 권리·자유는 어떠한 권력으로도 침해할 수 없는 인간의 권리는 아니었으며 입법권에는 대항할 수 없었다.

Grundfreiheiten im Umriss, Berlin, 1978, S.26.

31) 역사적 역설이 보여주는 또 다른 단면이기는 하지만, 마그나카르타는 이렇게 영국 자유의 주춧돌이라는 신화적 존재가 되었지만, 1215년 당시의 마그나카르타는 대실패로 끝났다. 마그나카르타는 본질적으로 왕과 귀족 간의 갈등에 종지부를 찍는 평화조약이었지만, 러니미드 초원의 회의가 있은 지 석 달도 안 되어 다시 내란이 발생했기 때문이다. 사실 1215년 6월에 만들어진 마그나카르타는 실패할 수밖에 없었다. 어떤 왕도 동의할 수 없는 문서에 강제로 존의 동의를 얻어냈기 때문이다. 아무도 존이 진심으로 마그나카르타를 따르리라고는 생각하지 않았다. John Gillingham · Danny Danziger/황정하 옮김, 앞의 책, 345쪽.

이렇게 볼 때 마그나카르타의 내용과 당시의 시대적 상황에 견주어 과연 이것이 인권을 지향한 선언일 수 있을까 하는 의문이 들게 된다. 적어도 영국의 모든 인간에게 적용되는 인권에 관한 내용이라고 볼 수는 없기 때문이다. 역시 이러한 생각을 반영하듯, 영·불 전쟁과 장미전쟁 등을 비롯하여 혼란 상황에서 권리보장에 관한 여러 문서들은 통용력을 상실하고 있었다. 그럼에도 대헌장은 성문법에 의해 왕권을 규제한 최초의 문서였고 전거였다. 대헌장으로 인해 왕의 권한은 줄어들었고 귀족과 성직자들의 권리는 크게 늘었다. 이는 곧 의회의 탄생으로 이어졌다. 대헌장 이후 왕권을 견제하기 위한 입헌주의적 전통이 수립되어 가기 시작한 것이다.

이와 같이 영국에 출현한 권리보장제도는 비록 근대 시민헌법의 인권보장의 핵심을 포함하고는 있었지만 그 자체로만은 아직 근대 시민헌법의 인권보장이 될 수는 없는 것이었다. 특히 머지않아 나타나는 근대 시민헌법의 인권보장과는 다른 것이었다.

사실 천부인권사상은 그 기원이 고대에까지 거슬러 올라갈 수 있는데, 근대적인 천부인권사상은 영국에서 홉스의 자기보존권과 자연적 자유권, 로크의 재산권과 저항권, 프랑스 루소의 평등권사상 등 근대 자연법론과 국가계약설에 의하여 형성되면서 17~18세기 영국·미국·프랑스에서 시민혁명의 사상적 지도이념이 되었으며, 시민혁명의 성공으로 근대 입헌민주주의 헌법상의 기본적 인권보장으로 성문화하고 확립되었다. 문서로 국민의 권리를 보장하는 제도의 출현이야말로 근대적인 인권보장의 첫걸음이라고 할 수 있다.

1689년 영국의 권리장전, 1776년 미국 버지니아 주 헌법의 인권선언과 미국 독립선언, 1789년 프랑스의 인권선언에서 표현된 자연권사상은 제도화의 과정 속에 차차 모든 입헌국가의 헌법에서 기본적 인권이라는 실정법적 권리로 보장되는 근거가 되고,[32] 현대에 이르러 UN헌장(1945)과 세계인권선언에서도 확인되고 있다.

이 같은 인권사상은 1789년 프랑스혁명을 통해 왕권신수설의 지배에서 세속적 국가의 해방, 신권정치에서 인간의 자율과 자립의 정신으로 나아가게 하였고, 미국 독립선언문에서 '우리는 모든 사람이 평등하게 창조되었고, 조물주에 의하여 일정한 불가양의 권리가 부여되었으며, 그 가운데에는 생명·자유 및 행복의 추구가 포함되어 있는 것을 자명의 진리로 믿는다'라고 언명으로 진전되었으며, 프랑스 인권선언 前文에서 '누구라도 침범할 수 없는 자연적인 인권', 제1조에서 '사람은 나면서부터 자유이며 평등한 권리를 가진다', 제2조에서 '모든 정치적 조직의 목적은 인권의 옹호에 있으며, 인권은 자유·재산·안전 그리고 압제에 대한 반항의 권리를 보유하는 데 있다'라고 표명된다. 프랑스혁명이 파괴하고자 했던 대상은 인간이 아닌 원리였던 것이다.[33]

하지만 앞에서 살펴 본 영국의 권리보장은 두 가지 점에서 머지않아 출현하는 근대시민헌법의 인권보장과 달랐다. 하나는 권리장전 등에 규정되어 있는 권리와 자유는 영국 인민들 또는 그 일부 사람들만이 가진 기존의 권리·자유만을 확인하고 보장하는 것으로 근대시민

---

32) 흥미로운 사실은 미국 헌법이 성립하기 전의 각 주 헌법에서는 이른바 권리장전에 관한 규정이 있었음에도 정작 합중국헌법에는 이것이 없었다는 점이다. 물론 헌법 속에 권리장전을 포함시키자는 주장이 없었던 것은 아니지만(물론, 그 반대 주장도 있었다. 코네티컷 주의 Roger Scherman은 주 헌법에 권리보장규정이 있으므로 연방 헌법에는 필요 없다는 주장을 했고, 이에 대부분이 찬성하였다. John A. Krout, The American Bill of Rights, MacIver ed., Great Expressions of Human Rights, 1950, p.136.), 아무튼 '천부인권을 선언하는 따위의 규정은 전혀 없었다.' 문홍주, 『기본적 인권연구』, 해암사, 1991, 70~71쪽 참조.
33) Thomas Paine/박홍규 옮김, 앞의 책, 109~110쪽.

헌법에서와 같은 보편적인 인간의 권리, 인간이 태어날 때부터 가지고 있는 자연권, 더욱이 평등한 시민의 권리를 선언하지는 아니한 것이었고, 또 하나는 권리장전 등에 정해 있는 권리와 자유는 어떠한 권력으로도 침해할 수 없는 인간의 권리는 아니었으며 더욱이 영국에서는 명예혁명으로 인해 의회주권이 수립되어 있어 입법권에는 대항할 수 없었다는 점이다.

이러한 사상은 시민혁명 이전부터 오랜 세월에 걸쳐 점차로 발전되어온 것이며, 특히 영국에서는 앞서 살펴 본 대헌장(1215), 권리청원(1628) 등의 문서에서 人身의 자유 보장, 대표기관이나 의회의 존중이란 형태로 일찍부터 주장되어온 것이다. 그리고 명예혁명 후의 권리장전(1689)에서 인권존중과 의회제 민주주의 정치방식이 겨우 인정되었다.

더불어 이러한 사고방식은 18세기 1970년대의 미국 독립선언서[34]와 각 주의 권리장전 및 헌법, 프랑스의 인권선언에서 자연권·자연법이란 이름 아래 자유·생명·재산의 보장이라는 형태로 다시금 확인되는 것이다.

---

34) 오늘날 독립선언서(정식 명칭은 아메리카 13개 연합주의 만장일치 선언, IN CONGRESS, JULY 4, 1776)는 미국의 세 개 자유헌장 가운데 하나로 국립문서고에 연방헌법, 권리장전과 함께 미국인들의 자랑스러운 긍지의 표상으로 전시되어 있다. 아이러니하게도 독립선언서가 작성될 당시부터 그런 야망이 있었던 것은 아니다. 본래 그것은 일종의 언론 발표였으며 대륙회의가 독립에 찬성투표를 했다는 것을 널리 알리고 미국의 대의에 지지를 얻기 위해 작성되었던 것이다. 독립선언서가 막 독립한 식민지 전역 곳곳에서 처음으로 낭독되었을 때는 찬사를 받았지만 이후 50년 동안은 실질적으로 잊혀졌다. 많은 이들이 독립선언서를 혹은 독립선언서의 처음 몇 문단을 대단한 것으로 보게 된 것은 강력한 사상을 간결하면서도 우아하게 요약한 토마스 제퍼슨의 글 솜씨 때문이기도 하다. 그의 훌륭한 산문 덕분에 거의 한 세기 후에 에이브러햄 링컨과 여타 사회운동가들이 독립선언서에서 약속한 바를 옹호하게 되었다. 독립선언서에 대한 대중의 관심이 퍼지게 된 것은 앞부분의 몇 문단 때문이다. 하지만 문서 전체가 명문이며, 강력한 수사학적 효과를 거둘 수 있도록 아름답게 구성되어 있다. 또한 그것은 어떤 정부가 더 이상 인민의 의지를 대변하지 않을 때 그 정부를 전복하는 것이 정당하다는 급진적인 텍스트이다. 독립선언서의 유명한 내용과 마찬가지로 그것이 완성되는 과정에 대한 이야기는 하나의 국민국가가 탄생할 당시의 혼란과 흥분을 고스란히 보여준다. Stephanie Schwartz Driver, The Declaration of Independence(안효상 옮김, 『세계를 뒤흔든 독립선언서』, 도서출판 그린비, 2005), 9~10쪽.

4. 시대적 조건으로 근대

근대modern times는 15세기 말 유럽인들의 아메리카 대륙 도착과 종교개혁, 인본주의, 합리주의 그리고 르네상스와 함께 시작된다.[35] 그런데 '근대'에서 유입된 근대화modernization라고 하는 말은 매우 다의적이며 동시에 함축적이다. 그것은 발전된 사회의 한 상태를 뜻하기도 하고 또한 사회발전의 과정 그 자체를 가리키기도 한다. 물론 이를 구분하는 일조차 쉬운 것은 아니다. '근대화'는 어느 시점에서 종결되고 완성되는 것이 아니라 항상 더 나은 것, 더 근대화한 것으로 계속 움직여가기 마련이다. 따라서 가장 근대화한 사회에서도 그 사회의 한 이면에는 여전히 근대화의 과정이 진행되고 있는 셈이다.[36] 그럼에도 우리는 이를 서방사회가 르네상스 이래 종교개혁과 계몽시대, 산업혁명과 시민혁명을 거치면서 이룩한 체제의 내용을 받

---

35) 현실적인 생활을 강조하는 인간관의 전환이 일어나면서도 아이러니하게 그 인간관의 理想像을 고전 고대의 문화에서 찾으려는 움직임이 생기는 시기도 이 무렵이다. Klaus Riesenhuber/이용주 옮김, 앞의 책, 15~17 · 309쪽.

36) 이경일, 「근대화의 일연구」, 계명대학교 대학원 박사학위논문, 1992, 1 · 6~16쪽 참조.

아들이는 것을 의미하는 것으로 이해하기가 쉽다. 물론 그 특징을 사회정치적인 면에서 끌어들인다면 그것은 민주주의, 혹은 민주주의혁명의 진화에도 근접한다. 이 말에는 언뜻 근대적 인권사상의 전개에서 그것이 근대 이래의 민주적 정치발전과도 밀접하게 결합되어 있다는 맥락이 담겨 있다.[37]

근대성을 바탕으로 한 사상의 귀환, 학문의 성장, 과학과 기술의 진보 같은 발전적 현상들이 봉건사회의 잔재를 점차 압도하면서 구대륙은 18세기 말과 19세기 초에 걸쳐 프랑스혁명과 산업혁명을 겪게 된다. 이를 계기로 19세기에는 상당한 수준의 '근대적' 사회가 유럽에 등장하는데, 이렇게 본다면 유럽의 근대화는 그것이 비교적 이른 시기에 스스로 발생했던 영국과 프랑스의 경우 4세기가 넘는 장기간에 걸친 발전의 과정이었음을 알 수 있다.[38] 여기에 신성로마제국의 쇠락과 민족주의적 주권국가의 탄생, 그리고 종교개혁으로 말미암아 신의 대리인으로서 공정한 중재자의 역할을 수행해온 교황의 세속적 권한이 약화되면서 이제 국가들은 새로운 법을 필요로 하게 된다. 유럽에서 교황권 우위의 국제질서가 무너지고 주권국가들이 명실상부한 국제사회의 주체로 등장하게 되는 것도 근대화의 중요한 특징이 된다.[39] 어느 면에서 종교적 제도와 행위, 의식이 사회적 의미를 상실해가는 과정을 세속화라고 한다면, 이러한 세속화에 대한 정의를

---

37) 장영수, 『헌법학』, 홍문사, 2006, 422쪽.

38) 이경일, 앞의 논문, 2쪽.

39) 특히 30년 전쟁을 종결지은 1648년 웨스트팔리아 조약과 이 조약을 계기로 유럽에 프로테스탄트 국가가 등장하면서 교황의 중재자로서의 권위는 실추되었고, 유럽 내 정치권력은 신성로마제국의 황제와 교황으로부터 영토에 기초한 민족국가로 이동하게 된다. Richard A. Falk, Revitalizing International Law, Iowa State University Press, 1989, p.14; 이는 또 국제법이 시작되는 중요한 분기점이 되기도 한다. Peter Malanczuk, Akehurst's Modern Introduction to International Law, Routledge, 1997, p.9.

근간으로 하여, 19세기 이래 일련의 사회과학자들은 근대사회 연구에 적용하기 위한 분석적 개념으로 이를 채용하여, 어느 특정 사회의 근대성 여부를 가늠하는 척도의 하나로 삼기도 하였다. 그리하여 한 사회의 세속화가 어느 정도로 이루어졌는가, 다시 말해서 한 사회가 어느 정도 탈종교적, 탈신학적인가에 따라 그 사회가 근대사회로의 진입을 했는가에 대한 평가를 하곤 했다. 대체로 이러한 세속화는 역사적 맥락에서 근대의 산물로 전제하는 인식이 강했던 것이다.[40]

이 같은 시대적 진전과 세속화에 견련된 개개인을 인간으로서 그 인격을 존중하고 사회관계를 구성하는 바탕 위에서 이루어지는 근대적 인권의 사상과 제도는 저 멀리서 내려다보는 신의 질서하에 농경사회 신분지배의 특권자적 윤리와는 결코 양립할 수 없었다. 이러한 배경을 가진 채 등장한 권리에 대한 담론 또한 근대적인 현상이다. 인간이 자신의 행위를 정당화하기 위해서 권리라는 말을 사용하기 시작한 것도 근대라는 시간적 상황에서 연유된다. 근대는 인간 이성 자신이 법치의 제작자이자 수행자였던 경우이다.[41]

12세기부터 시작된 담론으로서 권리에 대한 함유가 근대적인 의미에 부합한다는 주장도 있지만,[42] 이는 이때에 이르러 비로소 권리라는 개념이 형성되기 시작한다는 의미이지, 그것이 도덕적·정치적·법적 담론으로 부상한다는 뜻은 아니다. 이렇게 볼 때 다시 수세기를 더한 시기에 들어서야 인간의 자유, 그리고 자기지배라는 의미의 권

---

40) 이화용, 「서양 중세후기 세속화의 이해: 파리의 존(John of Paris) 논의를 중심으로」, 『한국정치학회보』 제39집 제3호, 한국정치학회, 2005, 83~85쪽 참조.

41) 김석수, 앞의 논문, 43쪽.

42) Richard Tuck, Natural Rights Theories: their Origin and Development, Cambridge University Press, 1979, p.13.

리라는 말이 담론으로서 자리를 잡게 된다고 볼 수 있다.

그렇지만 이 권리라는 말에 기대어 인간의 자유가 전반적으로 신장되었는가는 당시의 시대상에 비추어 그 의미 추론에 따른 각기의 고찰이 필요하다. 그 개념이 쓰여 논해진 교회의 청빈논쟁이나 노예계약의 유효성 문제, 정부의 정당성 문제, 그리고 정부권한의 범위에 대한 문제 등에서 비록 권리라는 말이 그 대답의 단초로 사용되고는 있지만 개별 논증의 말미는 달리 해석되고 있기 때문이다. 이를테면 자연법적 규범을 발견하는 데도 중세에서 근대로 넘어오는 과정에 놓이는 이러한 과정에서의 사상적 흐름이 크게 작용한다. 개인으로서의 주체가 그의 특수성 그리고 자유가 하나의 본질적인 국면으로 나타나게 되는 것이 그것이다.[43] 더불어 인권의 근본적인 전제에 관한 질문에서 인권이 절대적인 개념으로 제시되어 '보편성'을 획득하게 되고, 보편적 인권 개념이 국민 개인의 자유제한의 한계로 또 국가행동의 한계로 이어지는 시기도 바로 근대국가가 구성되려는 이즈음이었다.

---

43) 그 철학적 경향은 유명론이다. 유명론이 함축하고 있는 사회적 의미는 수미일관되게 개인주의였다. 그것은 일체의 질서, 즉 논리적, 언어적, 자연법적, 윤리적 질서가 일체 개별 주체로서 인간에 의하여 만들어져야 하고 인간에 연관되어야 한다는 것이었다. 박은정, 『자연법사상』, 민음사, 1987, 87쪽.

5. 인권과 제도

인권이 점차 전 세계적 인정을 받고, 정부의 행동과 정책에도 영향력을 끼치기 시작하면서 인권을 정치 현실 속에서 바라보고, 나라들 사이의 인권보장 제도와 기구가 각국의 상황에서 어떻게 다르게 작동되는지, 또는 왜 비슷하게 수렴되는지 그리고 국제관계의 역학성을 살펴 실제로 국가라는 행위자가 국경을 넘어서까지 인권을 도외시하지 못하게끔 의론을 끌어낸 것도 이 무렵부터이다. 누가, 언제, 어떻게, 얼마나 인권을 보장받을 수 있는지, 인권의 실현을 방해하는 제도와 장애가 무엇인지에 대한 천착도 '근대'라는 시간 속에서 이루어진다.

이 근대에서의 국가구성 원리는 개인의 권리와 의무, 국가의 의무와 권리가 서로 맞물리는 구조를 가지고 있다. 그것을 바탕으로 한 사람 한 사람이 국가의 정당한 구성원으로서 권리를 누릴 수 있다. 이러한 권리의 보장은 권위 있는 구속력을 필요로 하였으며 그 기본을 헌법에 규정할 필요가 있었고 그것의 적용을 위해 형사 관련법 등 여러 법률이 동원되었다. 물론 앞서 언급한 민족국가들의 등장으로 생겨난 전통적인 의미에서 국제법은 국제사회를 국가 간의 관계로 보아 개인과 인권은 무시하고 오직 주권국가만을 중요시하였다.[44)]

서양의 근대 시민혁명 성과인 입헌주의의 인권보장제도라고 하는 것은 바로 이러한 시대적 견련성과 그에 빚진 시대사상에 기인하고 있는 것이다. 문서를 통해 구체성을 갖추어 인권을 불가침의 권리로 정하고 정부권력의 인권보장 책무를 명시하였고, 나아가 정부의 권력 남용이 법의 이름으로 자행될 경우에 악법에 대한 저항은 당연한 권리로 인정된 것이다. 이를 위해 시민들은 자기의 인권을 보존 실현하는 정치의 주체로서 지위가 주권자라고 하는 이름으로 확인되고 있는 것이다. 따라서 당초부터 근대법의 권리 보장구조는 권력자에 대한 불신과 시민에 의한 견제와 감시통제를 전제로 하는 제도운영의 구성을 원리로 하고 있다.

어떠한 어려운 물음에 직면해서도 이성을 사용하는 습관을 일찍이 서구정신에게 길러준 것이 아주 앞선 시대의 스콜라철학이었다면 이 이성으로 하여금 인간이 따라야 할 정적·우주적 질서원리를 단순히 관망하게만 하지 않고 여기에 사회를 변화시키는 에너지를 불어넣게 하는 것, 그것이 근대사상이 가진 독특함이었고,[45)] 실천적 원력이었다. 이를 통해 인권 개념이 바로 서고,[46)] 서론에서 논의한 것처럼 인권 개념의 철학적 기초를 자연법론에 의지한다면 인간은 인간이라는

---

44) Bentham은 1789년의 『도덕과 법원칙 입문』에서 오늘날 보편적 용어로 사용하는 '국제법international law'이라는 개념을 소개하였는데 그는 국제법이란 국가 간의 권리·의무에 관한 법이며 개인들의 권리· 의무와는 관계가 없다고 하였다. *See* Mark W. Janis, *op.cit.*, pp.228~231.

45) 박은정, 앞의 책, 98쪽.

46) 서구사회의 근대적 인권 개념이 정치적으로는 자유주의와 자연법론, 경제적으로는 자본주의의 기반 위에서, 그리고 기독교와 같은 숭고윤리Hochethik의 문화적 기후 속에서 성장하였다는 주장도 이러한 맥락의 일환이라 할 것이다. 이상돈, 앞의 책, 3쪽.

이유만으로 천부의 권리를 마땅히 누린다고 보아 이 같은 인권사상이 근대국가의 형성과 더불어 각국의 근대헌법에 구현된다.

이는 역시 1776년 미국 버지니아 인권선언과 1789년 프랑스혁명이 시발점이다. 혁명기 프랑스 국민의 마음은 개인에 치중한 동기보다 더 고상한 동기에 의해 움직였고, 적 한 사람의 굴복으로 인해 얻을 수 있는 정복보다 더 고상한 정복을 추구했다.[47] 그러한 마음은 이미 근대로의 초대를 알리는 전주였고, '인간과 시민의 권리선언'에 담겨 "인간의 자연적이고 양도 불가능하고 신성불가침한 제 권리를 엄숙"히 선언하면서(전문), "인간은 자유롭고 평등하게 태어나며 생존한다"(제1조)고 천명하여 자연법사상을 실정법적으로 연주한다. 그리고 시간이 흐른 다음 '기본권'이라는 표현으로 독일의 바이마르헌법에 등장하고, 기본권론은 자연권사상에 바탕을 둔 천부인권론에 기초해 헌법에서 보장하고 있는 일련의 자유와 권리에 관한 규범적 이해의 체계라고 설정되며 인간의 권리와 시민의 권리를 동시에 담고 있게 되는 것이다.

근대 시민혁명의 결과로 출현한 인권보장의 체제는 틀림없이 인간 해방의 역사에서 새로운 단계를 연 것이었다. 그러나 그것은 동시에 새로운 비참한 사회관계·계급관계를 만들어내기도 했다.[48] 이러한 실상을 타파하기 위한 시도는 법률의 단계에서 이미 19세기 후반에 시작되었다.

---

47) Thomas Paine/박홍규 옮김. 앞의 책, 109~110쪽.

48) 그것이 바로 파리코뮌, 러시아 혁명이다. 그래서 자본가 쪽은 자본주의 체제를 부정하는 계급투쟁과 사회주의 혁명을 어떻게 회피하고 체제 내로 끌어들여 안정된 이윤추구를 확보하느냐 하는 새로운 대응을 고민하고 있었다. 그러기 위해서는 근대시민헌법적인 인권보장의 형태를 수정하여 자본주의 틀 안에서 노동자에게 인간다운 생활을 보장하는 것이 당연히 불가결한 것이었다.

　　그리고 구체적으로는 제1차 세계대전 후의 각국 헌법의 변화에서 나타난다. 즉 자본주의의 틀 안에서 근대 시민헌법의 인권보장에서는 볼 수 없는 대응을 하게 되는데 그러한 예가 국가로 하여금 모든 국민에게 인간다운 생활을 보장하게끔 그 역할을 명시했다는 점이었다.

6. 인권사상의 정착

오늘날 자유주의에 대한 지배적인 견해는 공통성을 도외시하고 차이성에만 집착하려는 회의적이고 비판적인 정신에 이를 부분적으로 국한시켜 버리는 경향이 있다. 유사성과 차이성에 대한 동시적 긍정이야말로 이런 경향에 대하여 분명하게 이의를 제기할 수 있을 것이다.[49]

또한 자유는 법에 선행하는 것으로 이해된다. 그리고 같은 법체계를 유지한 나라 내에서도 역사적으로 그 시기에 따라 자유는 다른 의미를 지닐 수도 있다.[50] 법은 외부로부터의 자유에 대하여 한계를 설정하고 또 제한을 가하면서 자유에 부수된다. 특히 국가 차원의 그리고 국제적 차원의 인권선언과 기본권선언들은 그와 같은 자유 이해를 위한 사상적·실천적 준거를 포함하고 있다. 이러한 선언들은 국가의 위압적 권력과 자유를 무시하는 법으로부터 인간을 해방시키려는 노력 속에서 성립되었다.[51] 선택할 수 있고, 포기할 수 있고, 참여

---

49) William Theodore De Bary, The liberal tradition in China(표정훈 옮김, 『중국의 '자유' 전통』, 도서출판 이산, 1998), 12쪽.
50) Bruno Leoni/정순훈 역, 앞의 책, 59쪽.

할 수 있고, 이탈할 수 있는 자유는[52] 법 바깥에 존재하는 인간 존재의 원형이다.

자유주의적 사상·제도가 정치세계에서 결정적으로 중요한 위치를 차지하게 된 것은 역시 시민계급에 의한 전제적 절대군주정치의 훼쇄에 따른 근대국가의 형성기라 할 수 있다. 곧 17~18세기 시민혁명 이후의 일이다. 자유주의 국가는 지배하는 군주가 아닌, 통치하는 국가를 설립하는 것을 의미한다. 군주, 귀족, 농민이 있어야 할 곳, 해야 할 행실은 무엇인가? 하는 질문은 어떻게 하면 가장 작은 힘을 통해 가장 큰 통치효과를 볼 수 있는가? 하는 질문으로 바뀐다. 그리고 18세기 중농주의자들이 주장했던 새로운 통치방식인 자유주의는 하나의 이론, 혹은 이데올로기와 같은 내용물이 아니라 끊임없는 계산을 통해 조절되는 행동방식, '실천'들을 생산했다.[53] 16세기 말에 이르도록 자유는 귀족적 태생이나, 양육, 고상함, 관대함, 대범함 등과 동열의 위치에 놓여 있었다.[54] 시절이 빚어내는 무기력감 속에 혁명은 이러한 의미의 변동을 위한 촉진제가 된 것이다.

하지만 여전히 또 하나의 세계가 인민들의 자유로의 진입을 가로막고 있었다. 그것은 함부로 다가설 수 없는 세속화한 사회체계의 연쇄적인 보존방식의 고착에 따른 것이었다. 비록 절대군주제는 무너졌어도 정부는 그 반대자에 대해서까지 인내하지는 못했다. 정부는 스스로 여론을 조성하고 유도해야만 했다. 자유의 새로운 얼굴이 등장

---

51) Ernst-Wolfgang Böckenförde, Staat, Verfassung, Demokratie: Studien zur Verfassungs-theorie und zum Verfassungsrecht(김효전·정태호 옮김, 헌법과 민주주의, 법문사, 2003), 43~44쪽.

52) Jean Grenier/장희숙 옮김, 앞의 책, 17~20쪽 참조.

53) 임동근, 「국가와 통치성」, 『문화과학』 54호, 문화과학사, 2008, 15~16쪽.

54) Zygmunt Bauman, Freedom(문성원 역, 『자유』, 도서출판 이후, 2002), 26쪽.

하게 되는 셈인데, 따라서 역설적으로 이러한 조치에 맞서기 위한 하나의 선물이 바로 또 자유가 되는 것이다. 그리고 이러한 자유의 선물이 다름 아닌 국민주권주의, 기본적 인권존중, 법의 지배, 민주적 정치제도 확립 등으로 나타났고 자유사상은 바로 그 같은 제도의 원형이 되었다.

이미 살펴보았듯이 권력에 저항하는 '인권'의 관념은 혁명에 참여하는 다수를 움직이는 원동력이었다. 자유의 특질이 항상 상세하게 규정되고 또 인간의 성향, 고유성 또는 본질적인 천성으로서 각 개인에게 자유가 인정되더라도 이 자유의 행사와 발현을 위하여 노력하는 것은 필연적으로 항상 다수의 인간인 것이다.[55] 그리고 이는 주체를 발견한 인간을 의미하는 것이었다. 특권을 가진 신분세력과 그렇지 못했던 자들로 구분되어 있는 봉건사회를 헤쳐 모든 국민은 법 앞에 평등하다는 생각들, 구체제 아래에서의 국민은 단지 지배를 받는 신민에 불과했지만 혁명 후 인민이 새롭게 인권의 소유자가 됨으로써 정치의 목적이 점차 변하기 시작한 것들, 이로 인해 새로운 관계로 설정되는 국민과 권력 간의 새로운 관계들, 이 모든 것들이 다수의 인간에 의하 자유의 외침으로 이룩되었고, 또 비롯된 것이다. 비로소 권력을 움켜진 정부는 인권을 유지·옹호하기 위해서만 존재가 인정되는 권력을 행사할 수 있었으며, 그것을 담당하는 사람들의 이익을 위하여 권력은 행사할 수 없게 되었다.

한편 자유·민주적 평화 개념은 적어도 두 가지 개념을 합치고 있는 것으로도 볼 수 있다. 하나는 역병과 전염병 같은 치유할 수 없는

---

55) Ernst-Wolfgang Böckenförde/김효전·정태호 옮김, 앞의 책, 44쪽.

인생의 불행을 한편으로 하고, 운명 또는 신의 의지처럼 변경시킬 수 없는 아주 심원한 원인을 다른 한편으로 하는 이 둘의 사이에, 국민에 의해 변경할 수 있는 정치 및 사회제도가 존재한다는 개념이다. 이 개념이 18세기에 민주주의를 지향하는 운동으로 연결되었다.[56]

---

56) John Rawls/장동진 책임번역, 앞의 책, 79쪽. 여기서 다른 하나의 개념으로 롤즈는 몽테스키외의 신사적 태도moeurs douces의 개념을 들고 있다. 이를 통해 상업적 사회가 시민들 내에 따뜻한 배려, 근면성, 정확함, 정직성 같은 덕목을 형성해가는 경향이 있으며, 상업은 평화로 연결되는 경향이 있다고 주장한다. 자유 사회의 특징은 Raymond Aron의 용어를 빌려 쓴다면 만족한 만민satisfied peoples이다. 그리고 이들 간에는 진정한 평화가 유지된다는 것이다. 같은 책, 80쪽 참조.

7. 인간의 권리와 개인

　강력하고 무자비하고 잔혹한 권력의 통제 속에서 인간은 다른 인간들에게 아무것도 얻을 수 없고, 서로에게서 느낄 수 있는 공감은 상실된다. 한 인간으로서 개인은 자신만의 신체를 소유했고, 자신의 신체 고유성과 신체적 불가침성에 대한 권리를 가진다. 이 같은 권리는 주체로서 자신 아닌 타인에게도 똑같은 수난과 감정, 공감이 있다는 것을 가정해야만 주장될 수 있다. 왜냐하면 그래야만 인간들로 사회의 아름다운 모습을 만들어내고 또 재단할 수 있기 때문이다.

　민주와 자유의 역 아메리카 대륙에서 먼저 이러한 전제가 표현된 사상이 출현한다. 신세기 초 미국의 정치적 동요는 유럽을 휩쓴 계몽사상philosophy of the enlightenment[57]이라는 지적 운동의 맥락에서 연

---

57) 계몽이란 단어가 주는 뉘앙스의 결손에도 불구하고, 어쨌거나 이는 현존 사회의 결함을 바로 잡고 종래의 도덕, 풍습, 정치 등에 대하여 합리적인 견지에서 대처하고 비판하는 태도와 그 보급을 말한다. 유럽사상사에서 계몽사상은 17~18세기 영국, 프랑스, 독일, 러시아에 나타났던 반봉건적·반가톨릭교회적인 사상운동을 가리킨다. 이 가운데서도 부르주아 혁명을 목전에 둔 프랑스에서 이 운동은 커다란 역할을 수행하였다. 최초로 영국의 로크에게서 계몽사상의 단초를 엿볼 수 있다. 그는 스콜라학파적인 생득관념, 사회계약설과 인민의 저항권, 절대왕정의 비판 등을 주장했다. 프랑스에서는 영국의 영향을 받아 절대왕정에 대한 격렬한 비판을 감행하였는데, 그 대표자로 볼테르, 몽테스키외, 디드로 등 이른바 18세기 프랑스 유

유한다. 1776년 봄 토머스 제퍼슨(Thomas Jefferson, 1743~1826)이 쓴 버지니아 헌법의 前文과 비슷한 시기에 조지 메이슨(George Mason, 1725~1792)이 쓴 버지니아 권리장전뿐만 아니라 미국의 독립선언서는 계몽사상의 영향을 받았고 또한 그것의 일부가 되었다. 토머스 제퍼슨이 기초한 독립선언서의 초안은 다음과 같이 시작한다.

> 인류사에서 한 민족이 이제까지의 종속에서 벗어나고 세계의 여러 나라 사이에서 자연법과 자연신의 법이 부여한 독립, 평등의 지위를 차지하는 것이 필요하게 되었을 때, 인류의 신념에 대한 온당한 고려 속에서 변화할 수밖에 없는 여러 원인을 선언하지 않을 수 없다.

> 우리는 다음의 것을 자명한 진리라고 생각한다. 모든 사람은 평등하고 독립적으로 태어났으며, 평등하게 태어남으로써 타고난 양도할 수 없는 권리를 부여받았다. 그 권리 중에는 생명의 보존, 자유, 행복의 추구가 있다. 이러한 목적을 보장하기 위해 사람들 사이에 정부가 만들어졌으며, 이 정부의 정당한 권력은 인민의 동의로부터 유래한다. 어떠한 형태의 정부이든 이러한 목적을 파괴할 때에는 언제든지 정부를 변혁 내지 폐지하여 인민의 안전과 행복을 가장 효과적으로 가져올 수 있도록 그러한 원칙에 기초를 두고 그러한 형태로 기구를 갖춘 새로운 정부를 조직하는 것이 인민의 권리이다. 오랜 역사를 가진 정부를 천박하고도 일시적인 이유 때문에 변경해서는 안 된다는 것을 인간의 현명함이 가르쳐주고 있으며, 인간에게는 이미 관습화한 형식을 폐지하면서 악폐를 고치기보다는 그 악폐를 참을 수 있는 데까지 참는 경향이 있다는 것을 경험이 보여준다. 그러나 특정한 시기에 시작되어 오랜 기간 이어진 학대와 착취가 변함없이 동일한 목적을 추구하고 인민을 자의적인 권력 아래 두려는 계획을 분명히 했을 때에는 미래의 안전을 위해 새로운 보호자를 마련하는 것이 그들의 권리이자 의무인 것이다.[58]

물론자들과 콩도르세, 루소 등을 들 수 있다. 이들에 의해 자유평등사상과 이성에 기초한 사회건설이 주장된다. 독일에서는 봉건제 지배하에서 아직 부르주아의 힘이 약하였지만 이들 나라로부터 자극을 받아 볼프, 레싱, 헤르더 등의 계몽사상이 나타났다. 계몽사상은 공상적 사회주의자와 러시아의 나드로니커에 영향을 주게 된다. 『철학대사전』, 한국이데아, 1994, 82~83쪽 참조.

58) Stephanie Schwartz Driver/안효상 옮김, 앞의 책, 156~157쪽에서 인용.

제퍼슨은 독립선언서를 매우 짧은 시간 안에 썼다. 그는 독립선언서에 자신의 독창성을 주장하지 않았으며 대신 그 텍스트가 미국 정신의 표현이 되도록 했다.[59] 선언서의 도입부('인류사에서'로 시작되는)는 아주 일반적인 언어로 구성되어 있기 때문에 거의 모든 피억압적 인민의 상황에 적용될 수 있다. 식민지의 분규라 할 수 있는 상황을 세계적인 차원에서 작동하는 원칙의 문제로 고양시킴으로써 이 선언은 갈등을 세계사적인 맥락에 놓는다. 前文의 전반부('우리는 다음의 것을'로 시작되는)는 독립선언서에서 가장 유명한 부분으로 제퍼슨은 계몽사상이라는 정부의 원칙을 놀라울 정도로 경제적이고 우아하게 정리하여 제시하였다. 하지만 동시에 오늘날에는 그다지 언급하지 않는 혁명권을 수립하였다.

그는 사회적 현실이 아닌 정치적 이상을 표현하고 있었다. 자신의 행위를 이성으로 통제할 수 없었던 여성이나 흑인은 이 선언에서 말하는 '양도할 수 없는 권리'를 가지고 있지 않았다. 고도로 계층화된 식민지 사회에서는 가톨릭교도조차 토지를 가지고 있다 하더라도 참정권이 없었다.

그러나 제퍼슨이 독립선언서에서 표명한 견해는 그의 시대에 니다나는 정치적 담론의 일부였고 사회의 전 계층이 그것을 그렇게 받아들였다.[60] 이러한 정신은 그야말로 이상적인 것이었다. 그렇기에 다다를 수 없는 꿈을 현실에서 발견한 것인지도 모른다. 그러나 인간에 대한 사랑으로 가득한 인간의 꿈과 열망은 여기에서 그치지 않는다.

---

59) 위의 책, 58쪽.

60) 토머스 제퍼슨의 초안과는 약간 다르게 표현된 전문의 도입부는 "우리는 다음의 것을 자명한 진리라고 생각한다. 모든 사람은 평등하게 태어났으며 조물주에게서 양도할 수 없는 권리를 부여받았다. 그 권리 중에는 생명, 자유, 행복의 추구가 있다"라는 문장으로 시작한다. 위의 책, 62~64쪽 참조.

봉건적 제도가 쇠퇴하면서 인간 대 인간의 주종관계는 일시적으로 사라지게 된다. 하지만 자유를 중시하는 사회가 도래하면서 그에 따른 경제적 발전의 영향으로 사용자와 노동자의 관계가 대두되면서 새로운 문제점이 나타나게 되었다. 양자의 관계에서 대다수를 차지하는 노동자들의 생활은 저임금과 장시간 노동에 시달리며 더욱 궁핍해졌고 그들에게서의 권리는 절박했지만 인권은 찾기 어려운 것이었다.

그리고 이러한 현실에 부딪힐 즈음에서야 역류한 자연법사상, 천부인권사상, 그리고 신분적인 영예와는 독립하여 존재하는 인간의 존엄성에 대한 관념 등이 싹트기 시작하였고, 인간의 권리the rights of Man라는 개념이 명백하게 주장되기 시작하였다.

이러한 과정 속에서 개인의 자율성이 강조되어 시대에 따라 변하는 자아의 의미가 18세기의 경험 속에서 결정적인 방식으로 사람들을 변화시켰다. 자유의 본질을 인격의 주체적 측면에서 개성의 자기실현이라 한다면[61] 주체적·궁극적 개인의 등장은 역설적으로 이러한 자유를 바탕으로 인권사상의 진전에도 획기적 보폭을 내딛게 하는 새로운 인간의 탄생이었다.

인권의 주체가 자유롭고 평등한 한 사람 한 사람의 인간이며, 사회나 정부는 이 인간이 태어나면서 갖는 권리인 자연권을 더 잘 지키기 위해 그 인간들의 동의에 기초해 형성되었다는 생각이 '기본적 인권'의 이념이다. 이리하여 인류는 비로소 모든 사람은 인간이기 때문에 보편적으로 인권을 가지고 있다는 인권선언을 할 수 있었다. 다만 여기서 주의할 것은 인권체계가 이처럼 시공을 초월하여 보편적인 표

---

61) *See* Isaiah Berlin, Four Essays on Liberty, Oxford University Press, 1953, pp.122~131.

현을 썼다고 하더라도 근대라는 특정한 역사 시기 속에서 특정한 사회세력인 부르주아의 요구를 반영하고 있다는 생각을 떠올려야 한다는 점이다. 부르주아가 선언한 '보편적' 인권의 실상은 능력이나 재산의 불평등을 문제 삼지 않는다는 것이지만, 실상에서는 능력과 재산에 따라 시민들이 누리는 권리는 다르게 나타났다.

그러나 일단 보편적 인권을 형식적으로나마 선언한 이상, 그 형식적 인권을 실질적 인권으로 실현하려는 투쟁은 고양될 수밖에 없었다. 이 부분은 훗날 경제·사회·문화적 권리의 등장과 신성불가침으로 여겨지던 소유권에 대한 관념의 수정으로 나타난다.

당시의 자유주의자들은 자신의 이론을 무기 삼아 왕의 정당하지 못한 권위에 대한 적극적인 저항을 정당화하고자 했으며, 이 과정에서 구질서의 억압성과 이를 정당화했던 자연적 예종natural subjection의 이데올로기적 전통에 효과적으로 대응하고자 했다. 그러므로 당시의 자유주의자들에게는 개인이 실제로 추상적인 존재이며 사회계약이 실제로 성사되었는가 하는 문제보다는 그러한 주장을 통해 그들의 개혁을 얼마나 효과적으로 뒷받침할 수 있는가가 더 중요한 문제였던 것이다.[62] 그리고 이런 공감은 새로운 사회적·정치저 개념으로서의 인권을 가능하게 만들었다. 권리란 원래 자유의 존립과 행사를 위한 조건이다.[63]

---

62) 김비환, 『자유지상주의자들 자유주의자들 그리고 민주주의자들』, 성균관대학교출판부, 2005, 180~181쪽.
63) Ernst-Wolfgang Böckenförde/김효전·정태호 옮김, 앞의 책, 57쪽.

8. 자연법과 홉스

    자연법사상을 바탕으로 근대 인권사상의 싹을 틔운 이로 빼놓을 수 없는 홉스(Thomas Hobbes, 1588~1679), 그는 기본적 인권사상 존중과 국민주권주의에 관한 근대적 민주주의 이론을 처음으로 제기한 사람이기도 했다. 홉스에 따르면 철학적 지식은 진정한 추론에 의한 관찰이나 귀납적 일반화의 방법에 의해서가 아니라 연역이나 논증의 방법에 의해 발생한다. 홉스는 원인과 결과를 설명하기 위해 분석적 방법과 종합적 방법을 채택했다.[64] 그는 나타난 현상을 살펴 상태를 설정하고, 상태에서 인간이 스스로를 지키기 위해 사용하는 자유를 끌어들여 자연권을 설명했다.[65]

    모든 인간의 삶을 유동적으로 보아 불확실하고 자연스러운 경쟁적인 것으로 살핀 것도 그였다. 인간을 정념에 의해 자기욕망을 충족시키려는 탐욕스러운 존재라 이른 것도 그였다. 인간은 행복을 확신할

---

64) W. von Lyden, Hobbes and Locke: The Politics of Freedom and Obligation, St. Martins Press, 1982, p.3.

65) *See* Thomas Hobbes, On the Citizen, Trans., by Richard Tuck & Michael Silverthorne, Cambridge University Press, 1998, pp.82~110.

수 없기 때문에 불안하다.[66] 많은 사람들이 서로 무시무시한 적이 되리라 이야기했지만, 전제는 인간은 정신과 신체의 능력에서 자연적으로 거의 평등하다고[67] 말한 이도 그였다. 그는 사람의 감정이나 정념들이 행위에 직접적으로 영향을 미친다는 사실을 아주 분명하게 보고 있었다.[68]

홉스는 기본적인 자연권의 필요성을 역설하였다. 그는 "모든 사람은 자신의 힘을 이용해서 자기 자신의 자연, 즉 자신의 생명을 보존하기 위해 노력해야 한다"고 하였으며 바로 이러한 자연권으로부터 평화를 이룩할 수 있는 희망이 있는 한 모든 사람이 그 평화를 위해 노력해야 한다는 원칙 또는 이성의 일반법칙이 도출되는 것이다.[69]

그러나 정치권력이 없는 자연상태에서 인간은 외롭고, 가난하고, 더럽고, 동물적이고, 단명한 존재에 불과하다. 서로 상대방과 싸우는 전쟁상태에 있다. 이 같은 무정부, 공포와 죽음의 상태에서 벗어나기 위해 사람들은 강력한 정부에 의한 질서를 요구하게 된다. 개인행동의 자유를 지배자의 손에 맡기기 위한 일종의 합의 내지 계약을 하지 않을 수 없다.[70] 그러나 이 경우 지배자에게 무제한의 절대적 권력이 부여되어야 한다. 누구든지 정부의 행위에 의문을 갖는 것은 사회질서를 위해 위험하다. 그렇지 않으면 질서를 유지할 수 없으며, 사회는

---

66) Thomas Hobbes, Karl Schuhmann · G. A. J. Rogers ed., Leviathan, Thoemmes Continuum, 2003, ch. 9.

67) Ib., ch. 13.

68) 김용환, 『홉스의 사회 · 정치철학』, 철학과현실사, 1999, 131쪽. "마키아벨리는 위대한 콜럼버스 같은 사람으로서 대륙(도덕적)을 발견하였고, 홉스는 그 대륙 위에 자신의 구조를 세웠다"는 평도 홉스에 대한 생각의 여지를 남겨 준다. Leo Strauss, Natural Right and History(홍원표 옮김, 『자연권과 역사』, 도서출판 인간사랑, 2001), 219쪽 참조.

69) Micheline Ishay/조효제 옮김, 앞의 책, 158~159쪽.

70) 위 같은 곳 참조.

또 다시 '만인의 만인에 의한 투쟁'인 자연상태로 되돌아가기 때문이다. 홉스에게 자유란 순전히 어떤 사람이 그가 원하는 것을 획득하고 아무런 장애도 없는 조건을 의미하는 데 불과하며, 의지 그 자체나 원하는 행위 자체가 자유롭다고 할 수는 없었다. 홉스의 자유는 사실상의 진정한 자유가 아니라 현상적으로 그렇게 보일 뿐인 자유이다. 그것은 자연의 일부인 인간이 자연법칙에 충실하게 따르면 된다는 이야기이다. 그러므로 홉스의 이론에 의한다면 개인은 타자에 견주어 진정한 권리자가 될 수는 없다. 다른 사람이 자신에게 혹시 구속당하더라도 그것은 권리의 결과가 아니라 현실적인 힘의 우열에서 나오는 차이일 뿐이기 때문이다. 모든 개인은 자신의 욕구대로 삶을 영위하고 자기를 보존할 수 있지만, 타인과 어떤 관계를 형성하는 것은 아니다. 이런 의미에서 홉스의 권리란 '원자적인 개인이 가지는 원자적인 자유'에 불과하다.[71]

그러나 이러한 말의 의미는 역설적으로 인간의 본성을 중시하여 현세적인 주관적 권리의 성격을 실천성에서 본 측면이라 할 수도 있다.[72] 그는 청교도 혁명기의 비참한 상황을 경험하면서 쓴 『리바이어던The Leviathan』(1651)[73]에서 인간에게 최고의 가치는 사는 권리(자연권), 생명의 존중(자기보존)이라고 말하고, 싸움이 없는 평화로운 정

---

71) 김현철, 앞의 논문, 30~40쪽 참조.

72) 김용민, 『루소의 정치철학』, 인간사랑, 2004, 98~103쪽.

73) '교회와 시민 공동체의 내용·형태·권력'이라는 부제가 붙어 있다. 서론과 결론을 제외하고 4부 47장으로 구성되어 있다. Leviathan은 히브리어로 '리위야탄' 즉 '감다, 꼬이다, 비틀다'는 뜻의 '라와'에서 파생되었다. 신화적인 혼돈의 괴물을 뜻한다. 구약성서의 욥기에 나오는 거대한 동물의 이름이기도 하고, 시편 74:14에서는 악어로 번역되었다. '악어의 머리를 파쇄하시고'란 표현이 있다. 이 책에서는 교회권력에게서 해방된 국가를 가리키며 그러한 국가의 성립을 논하고 있다. 홉스는 전제 군주제를 이상으로 여기고 있으나, 그 주권의 기초를 국민의 자기보존권에 두고 있으며, 바로 거기서 자연주의의 태도를 엿볼 수 있는 것이다. Arnaud Guigue/민혜숙 옮김, 앞의 책, 39쪽 참조.

치사회를 확립할 필요성과 방법을 제안하였다. 구체적으로 자연권이 란 각 개인이 자기 존재의 보존을 위해 자신의 힘을 제 마음대로 사용할 수 있는 각자의 자유이다.[74]

이 자연권이야말로 오늘의 기본적 인권사상의 또 다른 원형이다. 홉스는 인간이 국가나 정부를 알지 못하는 자연상태일 때에는 당연히 각자는 몸의 안전을 위하여 자연권을 행사하게 되며, 이렇게 되면 만인의 만인에 대한 투쟁상태가 일어나기 쉽고, 오히려 자신의 안전이 위태롭게 된다고 하였다.

그래서 홉스는 인간이 스스로 자기의 생명을 지키기를 포기하고, 다시 말해서 자연권을 포기한다는 계약을 상호 간에 맺어서 공통의 권력을 형성하는 데 참가하라고 일렀다. 그리고 인간에게 이러한 행위를 하도록 하는 것이 사람들의 생존이라는 최종적 욕구로서의 이성의 계율, 즉 자연법이라고 말하였다. 여기서 이성은 우리의 사상을 기록하고 표현하기 위하여 합의된 일반적 개념을 가감 계산하는 것 외에 아무것도 아니다.[75] 그리고 이러한 이성에 의해서 발견된 계율이나 보편적 법칙을 자연법이라고 말한 것이다.[76] 따라서 홉스가 말하는 자연법의 내용은 자연권의 확보, 즉 자기보존에 필요한 여러 조건인 것이다. 이렇듯 자연법은 이성의 명령이자 이성적 결론이지만 아직은 본래의 법이나 명령이라고는 볼 수 없다. 따라서 홉스는 인간들 서로의 신뢰가 결여된 자연상태에서는 평화를 추구하는 것이 실제로 어렵다고 여겼다.[77] 여기에 홉스 자연법의 현대적 한계가 노정

---

74) Fn., 66, ch. 14.

75) Ib., ch. 5.

76) Ib., ch. 14.

된다. 그렇지만 그의 자연법에 관한 여러 조건은 인권보장의 규정으로서 여러 나라의 헌법에 많이 반영된다.

그런데 공통의 권력이 주권이라고 설정하였을 때 국가commonwealth, 곧 정치사회가 형성되는데[78] 이 공동사회를 운영하려면 공동사회의 이익을 대표하여 행동하는 누군가가 필요하며, 이 대표 인격을 홉스는 주권자라고 말하였다. 홉스에 의하면 주권자가 제정하는 법률에 따라서 모든 인간이 행동한다면 평화로운 사회가 보장된다는 것이다. 위와 같은 홉스의 계약 또는 동의에 기반을 둔 정치권력이나 국가설립이라는 사상이 오늘날의 국민주권주의의 모델이 되기는 하였지만, 홉스의 계약론적 자연법은 확실히 어떻게 국가가 합의에 의하여 생기는가의 문제보다는 지배와 복종의 논리적 연관관계를 설명하는 문제에 주력한 듯 보이는 것도 사실이다.[79]

또 대표 인격이라는 대표 개념은 뒷날의 의회정치의 길을 전망하는 법과 정치사상의 원형이라 할 수 있다. 더욱이 그가 사람들에게 주권자인 대표 인격이 창출하는 자연권과 자연법에 바탕을 둔 법률에 따라서 행동하라고 한 것은, 결국 근대적 의미로서의 '법의 지배'

---

77) 그럼에도 그는 자연법을 비록 선포된 법은 아니지만 법으로 간주되어야 한다고 생각했다. 이러한 논의에 이은 그 근거의 하나로 홉스는 그 법이 하느님이 성경을 통해 모든 사물들에게 하는 명령으로, 그 명령은 힘을 전제로 하기 때문임을 든다. 이렇게 힘을 수반한 명령은 불복종에 대해 처벌할 수 있다는 것을 의미하며 법적 구속력을 갖는다. 김용환, 앞의 책, 170쪽.

78) 민주적 정치제도의 확립을 민주주의의 기본조건으로서 주장한 이로는 홉스와 동시대인인 정치신학자 James Harrington이 있었다. 그가 쓴 정치사회학의 선구자적 작품『오세아나』(1656)는 영국 왕정의 와해를 형이상학적이나 도덕적 관점에서가 아닌 현실적 관점에서 설명하려고 했다. 그는 새로운 형태를 갖춘 입법부의 확립을 제안하고, 정치목적을 법의 지배를 실현하는 데 있다고 하였으며, 앞으로 영국의 정치형태는 민주주의가 아니면 안 된다고 역설하였다. 해링턴은 정치적 발전이 권력이 아닌 소유, 즉 토지의 분배에 의해 결정된다고 주장했다. 그의 기본 전제는 모든 정부는 세력이, 가장 지배적인 세력이 정부의 토대 혹은 구성을 제공한다는 것이었다. *See* James Harrington, The Commonwealth of Oceana and A system of Politics, ed., J. G. A, Pocock, Cambridge University Press, 1992, Chapter Ⅱ, Article 10. Richard Pipes/서은경 옮김, 앞의 책, 67~69쪽 참조.

79) 박은정, 앞의 책, 145쪽.

관념을 정립한 것으로 볼 수 있다. 여기서 홉스에 의해 처음으로 국가권력의 작용은 국민 생명의 안전과 이익의 확보를 목적으로 삼아야 한다는 것이 이론화된다.[80] 즉 홉스의 경우 국가는 그 자체 목적으로 파악되는 것이 아니라, 개인과 사회의 자기보존이라는 목적을 위한 수단으로 파악되고 있는 것이다.[81]

---

80) 물론 홉스도 그를 비판하는 사람들에게서 법을 사실력과 구별하는 데 실패했다는 의심을 끊임없이 받아오고 있다. 홉스의 자연법사상에 따른다면 어디에 지배의 규범적 한계가 놓이는가의 물음, 이른바 '누가 감독자를 감독하는가?'의 물음에 대한 해답은 나올 수 없다. 오늘날 쓰고 있는 인권 개념이나 권력분립 개념, 복지 개념이 실정법적인 구속성을 획득하는 측면도 나타나지 않는다. 이 점에서 홉스는 기본권을 보장하고 권력분립을 인정하는 영국헌정사를 끝까지 생각하고 체계적으로 규명할 기회를 놓쳤다는 공박을 받기도 한다. 위의 책, 144~145쪽 참조.

81) Werner Maihofer/심재우 역, 앞의 책, 127~128쪽 참조.

9. 자연권과 로크

로크(John Locke)는 1632년에서 1704년까지 살았다. 이때는 잉글랜드뿐만 아니라 유럽 대륙 전체가 정치적·지적 혼란과 격변의 시기였다. 근대라는 시대적 사고의 흐름과 연계되는 자연법사상의 대표적인 이가 로크이다. 세계에 대한 일반적인 설명을 추구하는 많은 형이상학 체계들은 분명 어떤 구체적인 원리에 기반을 두고 구축된다. 로크의 그것 또한 마찬가지다.[82] 칸트를 제외하고는 어떤 근대 철학자도 로크보다 더 폭넓은 영향력을 갖지 못했을 것이며, 칸트 자신도 그토록 찬양했던 이 선행자에게 많은 빚을 지고 있다.[83]

로크는 일관되게 소유에 대해 이야기하며, 생명·자유·재산권을 인간의 기본적 권리로서 인정할 것을 주장하였다.

로크는 자연적 자유를 가지고 태어난 인간을 상정했으며, 따라서 그 자아존재의 확실성 여부는 더 이상 물을 필요가 없는 원초적으로

---

82) J. O. Urmson, Philosophical analysis: its development between the two world wars(이한구 옮김, 『철학적 분석』, 철학과현실사, 2002), 21쪽.

83) Michael Ayers, Locke(강유원 옮김, 『로크』, 궁리출판, 2003), 9~13쪽 참조.

주어진 대전제 같은 것이었고, 이를 현실적이고 실천적인 문제로 접
근했다.[84] 이러한 인간의 자유는 곧 권력이나 법, 즉 입법부에 부여된
신탁에 의해 제정된 것 이외의 어떠한 지배나 법에 종속되지 않는 자
유를 의미하는 것이다. 그리고 여기서의 자유는 로버트 필머 경이 논
했던 것과 같은 인간 각자가 하고 싶은 일을 하고 좋아하는 대로 생
활하며 어떠한 법에도 구속되지 않는 것과 같은 방종과는 구별되는
자유이다.[85]

　로크는 대지와 그 열매가 자연적 이성과 성서, 모두의 명령으로서
본래 인류에게 공동소유로 주어진 것이라는 점을 받아들이면서 권리
에 대한 제한을 시작한다. 물론 이러한 견해가 그에게서만 볼 수 있

---

84) 김효명, 영국경험론, 아카넷, 2002, 286~292쪽.

85) 양삼석, 「John Locke의 재산권론에 관한 연구」, 영남대학교 대학원 박사학위논문, 1994, 57쪽 참조. 주
지하다시피 로버트 필머 자신의 비판들은 가장 영향력 있는 17세기의 소유권 이론, 즉 위대한 네덜란드의
자연법사상가 위고 그로티우스가 제시한 소유권 이론을 겨냥한 것이었다. 필머는 그로티우스가 두 개의
상호 모순된 생각, 즉 인간을 제외한 모든 자연이 모든 인간들에게 공통으로 속한다는 견해와 개별 인간
들이 합의에 의해 그것의 부분들을 사적으로 소유할 수 있게 되었다는 견해를 주장한다고 보았다. 그의
눈으로 보기에 두 생각을 명백히 일관되지 않게 만드는 것은 대조되는 두 상황 속에 있는 인간을 위한
하느님의 법 속에서 그 생각들이 함축하는 불연속성이었다. 즉 그 가운데 한 상황에서 하느님이 명백히
재산의 공유를 명했는데 나머지 한 상황에서는 사적 소유를 명했다는 것이다. '인간사회의 역사적 발전에
좀 더 세련된 이해를 가진 사람이라면 누구에게나 이 반론은 인상적이지 못했다. 그러나 그것을 기초로
하여 필머는 가당찮다고 어깨를 으쓱거리며 부정해버리기 어려운 두 가지의 추가적 비판점을 개진하였
다.' 첫째 그는 전체로서의 인류가 —혹은 특정 장소에서의 인류의 일정 부분이— 함께 모여서 그들이 집단
석으로 소유한 모든 것에 대한 소유권을 분할하기로 만장일치로 동의했음에 틀림없다는 그로티우스가 상
상한 사건 연쇄가 역사적으로 그럴듯한지를 꽤 상세하게 검토했다. 소유가 권리의 문제라면 그리고 모든
인간들이 원래 모든 것을 함께 소유했다면 어떤 인간도 모든 것-혹은 어떤 것-에 대한 그의 권리를 그것
을 포기하기로 의식적으로 선택하지 않고서는 잃어버릴 수 없었을 것이다. 둘째, 그는 특정 시기의 살아
있는 모든 인간들에 의한 만장일치의 동의라 할지라도 그 합의의 당사자가 아니었던 후대의 인간들을 속
박할 수 있는 것인지, 아니면 실로 그런 만장일치의 동의조차도 나중에 그 장점에 관해 심경의 변화를 일
으킨 원래의 계약자들 중의 어떤 사람(까지)도 반드시 속박하게 될 것인지에 의문을 던졌다. 필머에게 소
유는 정치적 권위 자체처럼 하느님의 의지의 직접적 표현일 때만 실천적으로 안전하고 법적으로 타당할
수 있는 것이었다. 일단 그것이 인간의 결정과 공약에 근거하는 것으로 보이게 되면 어떠한 권리든 무제
한적으로 수정이 가능해진다. 적어도 이 점에서는 로크도 그와 동감이었다. 영국 내전 당시 수평파의 캠
페인이 실패했던 이유는 전체로서의 인민에 의해 선택된 정부 아래서 현존하는 소유권이 어떻게 보장
받을 수 있는가 하는 질문 때문이었다. 만일 정치적 권위가 하느님으로부터 직접적으로 도출되는 것이 아
니라 대신 인간의 선택에 기반을 둔 것이라면 소유권의 관념은 놀랄 만큼 취약한 것으로 보일 법도 했다.
이런 위협에 대한 로크의 응답은 고도로 정교했던 것이다. 어네스트 바커 외/강정인 · 문지영 편역, 『로크
의 이해』, 문학과지성사, 1995, 110~112쪽.

는 전혀 새로운 것은 아니었다. 그러나 로크는 이 명제를 특히 재산이 자연적인 개인의 권리에 지나지 않는 것으로부터 도출된 이전의 결론을 논박하기 위해서만 받아들인다.[86]

> Whether we consider natural reason, which tells us, that men, being once born, have a rights to their preservation, and consequently to meat and drink, and such other things as nature affords for their subsistence …… But this beings supposed, it seems to some a very great difficulty how any one should ever come to have a property in any thing: I will not content myself to answer, that if it be difficult to make out property, upon a supposition that God gave the world to Adam and his posterity in common, it is impossible that any man, …… But I shall endeavour to show how men might come to have a property in several parts of that which God gave to mankind in common, and that without any express compact of all the commoners.[87]

‘인간은 일단 태어나면 그들의 보존에 대한 권리를 갖는다. 그리고 결과적으로는 자연이 그들의 생존을 위해 제공한 것으로서 고기와 음료 그리고 다른 사물에 대해서도 권리를 갖는다.’ 대지와 그 산물들은 인간에게 ‘자신들의 생존을 뒷받침하고 편안하게 살기 위해서’ 주어졌다. 비록 그것들이 인류에 의해 공동으로 속해 있다 할지라도 ‘여전히 인간이 사용하게끔 주어진 것은 특정인이 사용하고 그에게만 유익하기 이전에 필연적으로 그들이 어떤 방식으로든 점유하는 수단이 있어야 한다.’[88] 이 사람이 대지의 자연적 산물을 그의 생존

---

86) C. B. Macpherson, The Political Theory of Possessive Individualism: Hobbes to Locke(황경식 · 강유원 공역, 『홉스와 로크의 사회철학』, 박영사, 2002), 230쪽 참조.

87) John Locke, Two Treaties of Government and A Letter Concerning Toleration, Editor, Ian Shapiro, Contributors, John Dunn · Ruth W. Grant · Ian Shapiro, Yale University Press, 2003, p.111(*Second Treaties*, sect. 25.).

이나 삶을 뒷받침하기 위해 사용할 수 있으려면, 그전에 그것을 점유해야만 한다. 그것은 '그의 삶의 유지에 유익한 어떤 것이 되기 전에, 우선 다른 사람이 그것에 대해 더 이상 권리가 없는 그의 것, 즉 그의 일부가 되어야 한다.'[89] 따라서 개인적 소유, 즉 소유에 관한 어떤 개인적 권리를 정당화하는 수단이 있어야만 한다. 이 같은 권리와 이 권리의 최초의 범위와 한계를 로크는 다음과 같은 전제에서 도출한다.

'모든 사람은 자신의 신체에서의 재산을 가진다. 그 자신 이외에 누구도 그에 대해 권리를 갖지 않는다. 그의 신체와 손의 노동과 작업은 그의 것이다.'[90] 인간이 자연적인 상태에서 변형시킨 것은 무엇이든지 인간이 그것과 자신의 노동력을 혼합한 것이다. 자신의 노동력을 혼합함으로써 그는 그것을 그의 재산으로 만드는데, '적어도 다른 사람을 위해서 충분히 양질의 것을 남겨놓아야 한다.'[91] 이러한 종류의 점유를 정당화하는 데는 다른 어떤 사람의 동의도 필요하지 않다. '만약 그러한 동의가 필요하다면 신이 그에게 풍부하게 주었음에도 인간은 굶주려 죽게 될 것이다.'[92]

인간은 자신의 생명을 보존할 권리가 있고, 인간의 노동력은 자기자신의 것이라는 이 같은 두 가지 전제에서 로크는 본래 인류에게 공동으로 주어져 있던 대지의 산물에 대한 개인의 점유를 정당화하고 있는 것이다. 비록 그것이 대지가 주는 열매의 점유만을 정당화하는

---

88) Ib., sect. 26.

89) Ib.

90) Ib., sect. 26, 27. 이와 견주어 노동과 작업에 대한 구별은 Hannah Arendt, The Human condition(이진우 · 태정호 옮김, 『인간의 조건』, 한길사, 1997), 134~148쪽 참조.

91) Ib.

92) Ib., sect. 28.

것이라 할지라도 그러한 제한을 넘어서는 권리로서 점유의 무제한적 자연권을 내세우고 있는 것이다.[93] 이러한 로크의 견해에 따라 실질적인 인권'법'의 역사를 로크의 Two Treaties of Government가 출간된 1690년까지 거슬러 올라간다는 해석도 어느 면에서는 충분히 일리 있는 주장이 된다.[94]

로크의 이 같은 사상을 대표로 하여 여러 사상을 바탕으로 출현한 근대사회에서의 인권에 대한 개념 틀이 만들어지게 된다. 로크는 완곡하게 신권설을 배격하고 1688년의 영국혁명을 정당화하는 이론을 펼쳐 근대 민주정치의 기초원리를 확립하였다. 그에 의하면 자연상태에서의 인간은 노동에 의하여 인생에 유용한 사물을 자기의 재산으로 할 권리를 가지고 있었지만, 자연상태에서의 자연권에는 안전의 보장이 없기 때문에, 사람들은 합의에 의하여 각인의 신체·자유·재산의 보전을 목적으로 하는 공동체적 조직을 만들었다는 것이다. 그래서 공동체에서는 다수가 전체의 권력을 갖게 되며, 국가의 권력은 사람들이 사회를 조직한 근본목적을 위해서만 행사되어야 할 신탁적 권력이므로 권력자가 이에 위반한 때에는 국민은 정부를 경질시킬 최고권을 가진다고 한다. 또 지배자는 국민 다수의 의사에 의한 법으로써 자기의 권력행사의 제약으로 하고, 공공의 복리를 시정의 목표로 삼아야 한다고 한다.

정치사회는 사회계약에 의하여 성립된다. 사회계약의 목적은 각자

---

93) C. B. Macpherson/황경식·강유원 공역, 앞의 책, 232~235쪽 참조.

94) *See* Mark W. Janis, An Introduction to International Law, Aspen Publishers, 2003, pp.225~235. Two Treaties of Government는 오랫동안 1688년의 명예혁명the Glorious Revolution을 정당화하기 위해 쓴 것으로 오해를 받았는데, 실제로는 명예혁명 이전에 쓰였다. 어쨌든 '소유'의 개념 발달이라는 측면에서 볼 때 Two Treaties of Government는 퇴보를 가져왔는데, 이는 정치사회학보다는 자연법이라는 기계적 개념에 의존했기 때문이었다는 견해는 Richard Pipes/서은경 옮김, 앞의 책, 71쪽.

의 생명, 자유, 재산 등의 인권을 내외의 침해자로부터 수호하기 위하여 각자가 자연상태에서 가지고 있는 자연법을 집행하는 권리를 정치사회에 양도하여 하나의 공통 정치권력을 형성하는 것이다. 입법권은 협동체와 그 성원을 보호하기 위하여 국가권력을 행사하는 준칙을 결정하는 권력이다. 법은 계속적으로 집행되지 않으면 안 된다. 입법부 입법권과는 별도로 집행부 집행권이 존재하지 않으면 안 된다. 그는 "법이 그치는데 거기에서 전제가 시작한다. 국왕의 권위는 법에 의하여 주어진다"고 한다. 이러한 그의 사상은 영국 민주주의의 원류일 뿐 아니라, 미국 독립의 지도정신이 되기도 하였다.

자유의 사상적 체계화를 가장 최초로 그리고 역사적으로 가장 강력하게 시도한 이가 바로 로크였다.[95] 아울러 오늘날 민주주의라고 하면 의회정치를 연상하게 되는데, 이러한 의회제민주주의 사상을 이론화한 이 또한 로크였다. 그가 민주주의의 아버지로 불리는 이유가 바로 여기에 있다.

로크는 계약을 맺고 국가와 정부를 설립하는 것은 각자의 소유권을 보호하기 위한 것이며, 만약 입법부나 행정부 등의 국가기관이 소유권을 침해하는 중요한 사태가 발생하면 그것에 대항하여 혁명을 일으켜도 좋다고 하였다. 그러한 주장은 일반국민의 안전을 도모하기 위하여 국가는 국민의 재산권을 보장하여야 한다는, 현대국가에서 가장 중요한 정치사상의 원리를 말한 것이 된다. 이렇듯 자유와 재산권은 불가분의 관계를 갖는다. 특히 개인의 사유화와 부의 축적은 다른 한편으로는 타인의 자유를 위축시키는 결과를 가져오기 때문이다. 이

---

95) 문지영, 앞의 논문, 173쪽 참조.

런 문제를 다룬 대표적인 이 또한 로크였다.[96] 실질적 자유와 민주의 날카로운 울림이 시작된 것이다.

로크의 이론에서는 공통의 권력이 존재하지 않는 자연상태에서는 각자는 독립, 평등이고 자연법에 의해 불가침의 인권을 부여받고 있기 때문에 타인의 권리를 존중하는 것도 자연법에 의해 요청된다고 한다.[97] 여기서의 자연법인 이성은 모든 인간에게 평등하고 독립적이다. 어떤 사람도 다른 사람의 생명과 자유, 재산을 손상시켜서는 안 된다. 바로 이 생명, 재산, 자유를 모두 아우르는 개념이 소유권property이다.[98] 로크는 인간이 외부로부터 얻은 물질적 재산뿐만 아니라 생명과 자유까지도 소유의 개념 속에서 파악하고 있다. 그래서 국가는 이러한 소유권을 보호해주어야 하며 이것은 곧 개인의 인권으로 보장받아야 한다는 것이다. 인간의 이러한 권리는 어떤 경우에도 제약되어서는 안 된다. 따라서 국가는 단지 개인의 인권으로서 소유권 보호를 위해 존재하며 이에 위반할 경우 인민은 저항할 수 있게 되는 것이다.[99] 이렇게 저항할 수 있는 권리는 동시에 보호의 권리가 되기도 한다.[100]

의도적으로 설계된 실제 제도에서 발생되는 권리와는 달리 자연권은 자연적으로 발생하는 조건에서 등장하는 권리라고 할 때,[101] 개인과 국가의 관계를 다루면서 이 같은 소유의 관념을 체계화한 로크에

---

96) 박상수, 「자유, 재산권 및 로크의 단서」, 『경제발전연구』 제12권 제1호, 한국경제발전학회, 2006, 174쪽.

97) 그럼에도 로크의 자연법은 자연의 빛에 의해서 알 수 있는 신의 의지의 명령이다. John Locke, Essays on the Law of Nature, W. von Leyden ed., Clarendon Press, 1965, sect. 6.

98) John Locke, *Second Treaties*, sect. 123.

99) Ib., sect. 232.

100) Ib., sect. 239.

101) 박상수, 앞의 논문, 175쪽.

게 자연법사상에 대한 인식은 새로울 수밖에 없었다.

"지구의 자원이 풍부하다면 각자는 자기가 원하는 사물들을 마음대로 사유화할 수 있으며, 그럼에도 불구하고 다른 사람들이 사유화할 수 있는 사물들이 풍부하게 남아 있으므로 그들은 사유화에 아무런 장애가 없을 것이고 또한 특정인의 사유화에 대해서 아무런 이의도 제기하지 않을 것이다. 로크는 사유화와 관련하여 적어도 다른 사람들을 위해서 충분하면서도 훌륭한 것이 공유로 남겨져 있는 한이라는 단서를 설정하고 있다."[102]

로크의 비교적 초기작품인 자연법론Essays on the Law of Nature은 규범정치 철학의 기초인 자연법의 인식문제를 체계적으로 다루어 이로부터 도덕규범 인식-자연법론-과 인식에 대한 인식론적 정초-인간지성론(유일하게 그의 실명으로 출판된 책)- 그리고 이 규범의 제도화-정부론-에 이어지게[103] 하는 첫걸음이 떼어지는 것이다.

로크의 사상은 18세기 유럽에 광범위하게 전파된다. 영국에서 휘그당은 로크의 사상에서 그들의 정권을 정당화할 수 있는 적절한 명분을 발견했고, 동시에 그 사상은 영국의 농업개혁가들로 하여금 체제를 비판할 수 있는 입론을 제공하기도 하였다. 이는 프랑스에서도 마찬가지였다. 볼테르 등에 의해서 널리 보급된 그의 사상은 비판자들과 개혁가들에게 그들이 혁명 전야에 필요했던 절대군주제와 사회 부정의에 맞서 싸우기 위한 무기가 되어 교리를 제공하였다.

그러나 무엇보다도 로크의 사상은 아메리카 대륙에서 가장 비옥한 토양을 발견하였다. 이미 18세기 초에 그의 통치론은 아메리카 식민

---

102) 위의 논문, 180~181쪽.
103) 김성우, 『로크의 지성과 윤리』, 한국학술정보(주), 2006, 65쪽.

지에 널리 보급되고 있었다. 미국의 독립선언서는 그 형태와 구절, 내용에서 로크의 사상과 너무나 흡사하였기 때문에 그 선언서를 기초한 제퍼슨은 제2론을 표절하였다는 비난을 받을 정도였다.[104]

로크는 정부의 근본적인 의무를 생명권, 자유권, 재산권을 보호하는 것이라 보았다. 자연권에 대한 이러한 개념은 인간과 사회에 대한 이론적인 견해를 넘어 실질적인 행동규칙을 만들고자 하는 사회적인 노력으로 이어진 것이다. 처음에 자연법은 정치와 종교의 자유에 대한 지속적인 관심에서 출판에 대한 자유를 강조한다. 노예제도의 폐지와 범죄자에 대한 인간적인 대우는 바로 자연권 운동의 일부를 구성한다. 영국인들의 자유를 위한 투쟁이 정제된 그의 자연법사상을 매개로 하여 이제 입법권에도 대항할 수 있는 인권보장제도로 현시될 차례가 된다. 로크는 문제의 핵심을 직시하고 있었다.

로크는 쾌락주의자였다. 그에게 행복은 삶을 전제하므로 삶에 대한 욕구는 갈등의 발생 시에 행복에 대한 욕망보다 선행한다. 이 이성의 명령은 동시에 자연적 필연성이다. 최대의 쾌락을 생산하는 것을 소유하는 것, 삶은 바로 이처럼 '환희에 대한 환희 없는 추구'이다.[105]

---

104) John Locke, Two Treatises of Government(강정인 · 문지영 옮김, 『통치론』, 도서출판 까치, 2005), "역자 해제", 249~251쪽.

105) Leo Strauss/홍원표 옮김, 앞의 책, 264~286쪽 참조.

10. 사회계약과 루소

17~18세기는 진정 그 어떤 종류의 독단이나 권위에 대항하기 위해 철두철미 이성을 사용할 것을 요구한 시대였다. 그것도 이성의 공적 사용이 강조되던 시대였고 그 정신은 진보였다. 그런데 이러한 이성은 신의 이성이든, 아니면 인간 자신의 속성에 불과하든 인간에게서 사실 자체가 아니라 행복이나 평화처럼 인간이 달성하고자 하는 목표일 수밖에 없었다.[106]

이런 시대의 금자탑을 쌓기 위해 루소(Jean-Jauques Rousseau, 1712~1778)가 등장한다. 그는 사회를 일반의지라는 반석 위에 올려놓았다. 그러나 루소만큼 인간은 입법자 마음대로 빚어낼 수 있는 피동적 존재라는 가설을 철저하게 받아들인 이는 없다.[107] 그 사상의 영향을 봄에 이는 참으로 역설이 아닐 수 없다. 따라서 루소를 이해하기 위

---

106) 박은정, 앞의 책, 154~157쪽 참조.

107) C. Frederic Bastiat, The Law(김정호 역, 『법』, 자유기업센터, 1997), 125쪽. 그러나 '그는 자신의 욕망에만 골몰하는 인간의 모습보다는 동료의(혹은 타인의) 아픔과 불행을 함께 나누고자 하는 인간의 모습'을 강조했다. 최준호, 「홉스와 루소의 인간관」, 『철학연구』 제98집, 대한철학회, 2006, 321쪽.

해서는 그 어떤 이보다도 그의 시대와 조류를 명징하게 이해해야 한다. 인권사상은 자연권사상을 태동의 진원지로 삼는다.[108] 그리고 자연권사상은 자연법사상에 의해 전개된다. 자연법에 내용을 부여하는 것은 인간의 본질과 인간의 선에 대한 이성적 통찰이다.[109] 곧 자연에서의 특정한 질서가 인간행동에 규범을 제공하는 것이다. 자연법사상이란 자연법은 현실의 법을 넘어서는 근원적인 보편타당한 법이라는 사고의 동시적 존재가치이다. 현실의 법과 제도는 이러한 자연법에 일치하도록 노력해야 한다는 것이다. 자연권사상의 진전은 근대를 상징하는 하나의 사건이었다.

그런데 홉스나 로크가 주장했던 사회계약론은 흄(David Hume, 1711~1776) 등에 의하여 비판을 받는다. 흄은 반사회적으로 여겨진 자연상태를 허구라 하여 배제하고, 오히려 개인과 공동체의 이익이 점차 한데 얽히게 되고 그 관계 속에서 사람들은 동료의식의 원칙과 사회이익에 대한 관심, 그리고 사회로부터 기대되는 혜택을 의식하게 된다고 말한다. 그는 더 큰 사회로의 이행은 주로 외적인 재화의 소유를 안정시키려는 절실한 필요에 의해서 이루어지며 따라서 "인간사회의 평화와 안전이 전적으로 의존하고 있는 것은 인간사회에 필요한 세 가지 자연법, 즉 소유의 안정, 동의에 의한 양도, 약속의 이행"이라고 주장했다. 그에 따르면 "이러한 소유의 안정에 관한 규칙은 점진적 진보에 의해 힘을 얻고 그것을 위반함으로써 초래되는 불편함의 경험을 얻어 상호 간에 어떤 약속 없이도 정의의 규칙이 인간의 관습에 의해 확립되게 된 것이다. 따라서 정부 없이 조그만 미래

---

108) Patrick Hayden ed., The Philosophy of Human Rights, St. Paul: Paragon House, 2001, p.3.
109) Martin P. Golding, PHILOSOPHY OF LAW, Prentice-Hall, Inc., 1975, p.32.

사회를 유지하는 것은 가능하지만 소유의 안정에 대한 세 가지 자연법, 즉 정의 없이 사회를 유지하기란 불가능하다. 그의 견해에서 일반적이거나 특수한 모든 정의에 관한 法들은 공유의 유용성에 근거하고 있다"는 것이다.110)

이러한 흄의 주장은 확실히 홉스나 로크와는 그 시각이 다른 것이었다. 홉스는 인간의 자연상태를 만인이 만인에게 적인 상태로 보았고, 로크는 홉스와는 달리 평화와 이성이 지배하는 자연상태를 가정했다.

여기서 홉스나 로크의 사회계약이론을 가장 명료하게 해석하고 재구성한 인물이 바로 프랑스혁명 전야의 루소였다.111) 루소의 사회계약론은 사회질서를 다른 모든 질서의 기초가 되는 신성한 법으로 보지만, 그렇다고 이 법이 자연에서 유래하는 것은 아니라는-자연법사상은 별론으로 하고- 전제에서 계약에 의해 성립한다는 주장이다.112) 루소는 또한 인민주권론을 주장하고 민주주의의 내용을 더욱 전진시켰다.

루소가 개입된 17~18세기의 자연법사상은 근대 시민사회의 출현에 커다란 영향을 미쳤다. 봉건체제를 타도하는 근대 시민혁명의 이론이라고 할 수도 있는 것이다.113) 그것은 근대적인 인권보장과 시민헌법을 정당화하기 위한 이론이기도 하였다. 자본주의 전개를 위한

---

110) 서윤환, 「홉스, 로크 및 흄의 정치적 의무론에 관한 연구」, 경북대학교 대학원 박사학위논문, 1995, 127·136쪽 참조.

111) 이상용, 「근대사회계약 및 인권사상 비교연구」, 『논문집』 제22집, 청주교육대학교, 1985, 217~240쪽 참조. 물론 이러한 루소의 작업은 당연히 비판적이었다. 루소는 그로티우스와 홉스를 포함한 근대의 자연법학자들이 인간의 본성을 불완전하게 파악하고 자연상태에 사회상태를 투영해 놓았다고 비판한다. 오수웅, 「루소에 있어서 인권사상」, 『한국정치학회보』 제41집 제4호, 한국정치학회, 2007, 103~104쪽.

112) Jean-Jauques Rousseau, Du contrat social(이환 옮김, 『사회계약론』, 서울대학교출판부, 2000), 5쪽 참조.

113) 엇비슷한 사상적 전개의 귀결이기는 하지만 로크와 루소의 이론을 비교해 보면 인권에 대한 강조점과 어감이 다르다는 것이 나타난다. 로크의 이론이 확실히 미국 독립혁명의 그것이라면 루소는 프랑스혁명의 정신을 반영한다. 조효제, 앞의 책, 64쪽.

법 이론이라는 점도 있다.

또한 근대 자연법학자들이 재산권을 그 누구도－설령 국가라도－ 침해할 수 없는 절대적 권리로서 끌어올린 것은 소유의 이론을 발전시키는 힘이 되기도 하였다. 이들은 여기에서 비롯되는 자연권을 보장하기 위해 계약에 따라 사회가 구성되었다고 보았다. 따라서 사회계약에 의해 성립되는 정부는 자연권에 근거한 자연법을 위반하였을 경우 그 수탁자인 인민의 의지에 따라 해체될 수 있으며 새로운 정부를 구성할 수도 있게 된다. 저항권, 곧 혁명의 한 근거가 이렇게 고개를 드는 것이다.

루소의 『사회계약론Du contrat social, ou principes du droit politique』이 세상에 나온 것은 1762년, 그의 나이 50이 되던 해이다.[114] 그는 비록 정치활동에 직접 가담한 정치가는 아니었지만 새로운 시대의 누구보다 정치현실을 잘 이해하고 있었으며 정치사상의 요체를 분명히 제시하였다. 루소는 주권은 양도될 수도 없고 변경될 수도 없다고 보았으며, 인민이 일반의지의 표현인 법을 제정할 수 있는 입법권을 가지며, 정부가 일반의지에 반하여 행동할 때 정부를 폐지할 수 있는 권리를 갖고 있음을 주장하였다.[115] 구체제에서는 단지 지배의 대상이었던 국민이 이제는 인권의 주체이자 국가권력의 원천으로서 이해되기 시작한 것이다. 이러했기에 루소는 결과적 사실을 기준으로 자연법을 규정해서는 안 되며, 원인에 해당하는 본성으로부터 연역되어야 하고, 그 결과를 토대로 기존에 성립된 법들을 평가해야 한다고 했다. 인간은 이성에 앞서 자기애와 동정심이라는 감성이 있고, 이러한 감

---

114) *See* Jean-Jacques Rousseau, Trans., G. D. H. Cole, The Social Contract, bnpublishing.com, 2007.
115) Jean-Jauques Rousseau/이환 옮김, 앞의 책, 77～132쪽 참조.

성은 시간이 지나면 이성으로서의 진전이 이루어지며 결국 이러한 감성과 이성의 상호작용이 어우러져 녹아 있는 자연인으로서의 인간을 전면에 내세운 것이다.[116]

이러한 사상은 봉건적 압제에 반기를 들고 神 중심적, 신분질서 중심적인 봉건체제를 타파하고 자유와 평등을 바탕으로 시민사회를 건설하고자 한 근대 시민혁명의 사상적 기반을 제공하였다. 또한 국가권력의 존재 이유와 정당성의 근거를 인권의 보장에서 찾음으로써 근대적인 인권보장체계를 정당화할 수 있는 이론을 제공하였다. 이에 따라 정치적 평등과 의회민주주의의 원리가 발전·정착되기 시작했다. 루소는 『인간불평등기원론Discours sur l'origine et les fondements de l'inégalité parmi les hommes』(1755)에서 인간의 비참함과 불평등의 원인을 사유재산제도에 있다고 보고, 유산계급이 자기들의 재산을 지키며 또 축재를 도모하고자 전제정치와 소수자에 의한 다수자(생산자) 지배의 생산양식을 이용하고 있는 것을 통렬히 비판하였다.

인간의 인간에 대한 억압은 인간들 사이의 문화상태를 기초 지우고 정당화하는 사회계약 일반까지도 파괴한다. 문화상태에서 인간들 상호 간의 행동은 원칙적으로 윤리나 법에 의해 규율된다. 윤리나 법의 규율은 상호성의 원칙(이른바 黃金律)과 전면성의 원칙(이른바 定言命法)을 동시에 충족시킨다. 바로 이러한 원칙들이 루소의 시대에 들어 인간의 인간으로서의 원칙적인 평등을 전제로 한 사회계약을 확립시킨 것이다.[117]

---

116) 오수웅, 앞의 논문, 104~106쪽.

117) Werner Maihofer/심재우 역, 앞의 책, 27쪽. 사회계약사상에서 국가의 기원을 찾게 되면 그것이 국가학적인 측면에서의 사회계약론이다. 이를 홉스는 복종계약으로, 로크는 위임계약으로, 칸트는 신탁계약으로 그 내용을 나누어 살폈고, 루소는 자연상태에서 개인의 특수이익과 특수의사를 사회공동체에 전면

　루소는 『사회계약론』에서 인간이 사회상태에서도 자연상태에서 소유하고 있던 것과 같은 자유를 보장받기 위해서는 상호 간 계약을 맺고 '일반의지'를 형성하여, 개인이익과 공공이익을 동시에 실현하려는 일반의사에 의하여 정치사회를 운영할 것을 주장하였다.[118] 일반의지에 의한 정치란 그 당시 소수의 유산자에게만 선거권을 인정하고, 그것을 기반으로 하여 구성되어 있었던 영국형 의회정치를 루소가 비판하고 있었던 것으로도 알 수 있듯이, 중·소 생산자에게도 선거권을 인정하라고 한 국민주권형의 정치를 지향하고 있었다고 볼 수 있다.[119] 이러한 토대 위에 서 있었던 까닭에 그의 인간에 대한 생각들은 이전 시대와는 다른 양상을 보이며 전개될 수밖에 없었다. 하지만 그 시대라 해도 아직은 모든 인간이 동등한 지위를 가질 수는 없었다. 뭔가 새로운 것이 필요했다.

　그런데 이런 루소를 칸트와 연결시킨 것은 도덕성에 관한 것이었다. 자연상태에 관한 루소의 주장은 칸트의 이성적인 도덕원리와 비교될 수 있다. 루소의 자연상태는 우정과 조화를 가진 인간 이성의 근원적 상태이므로, 이는 칸트의 도덕적 격률로서의 정언명법을 형성해내는 윤리적 이성과 상통할 수 있다.

　또한 루소의 자연 속에서 칸트는 목적의 왕국을 보았을지도 모른다. 그러므로 루소의 역설적이고 영광적인 성질에도 불구하고 칸트와

양도하는 사회계약에 의해 일반의사가 지배하는 국가가 성립되었다고 설정한다. 조병륜, 「프랑스인권제도의 발전의 근원과 실질적 민주주의 헌법철학 및 정치철학사상」, 『헌법학연구』 제9권 제1호, 한국헌법학회, 2003, 141~142쪽.

118) 이런 루소의 사상은 프랑스의 작가로 프랑스 대혁명의 반동적인 인물이었던 프랑스와 샤토브리앙(1768~1848), 그리고 미국의 교육자이자 정치철학가인 토마스 쿠퍼(1759~1840)의 자연사상과도 견련된다.

119) 로크의 학설에 대해 호의적으로 해석하지 않으면 법학적으로 확고한 사상 내용을 가지지 아니한다는 견해는 Christian-Friedrich Menger, Deutsche verfassungsgeschichte der neuzeit(김효전·김태홍 옮김, 『근대 독일헌법사』, 교육과학사, 1992), 180쪽.

루소가 일치하는 것은 무제약적인 의지이다. 칸트는 인간본성에 관한 루소의 견해를 받아들이면서도 윤리적 인간의 본성을 탐구하는 방법에서는 루소와 길을 달리한다. 칸트는 자연과 일반 의지에 관한 해석에서 루소보다 더 명확했다. 루소는 종종 모호성을 보였다.[120] 그리고 루소보다 앞서 홉스는 계약에 의한 정부 구성에서 시간개념을 결여했고, 로크는 자연상태에서 인간에게 소유의 개념을 부여하여[121] 루소 이론의 단초를 제공한 동시에 비판의 여지를 남겨 주었다.

120) 홍영두, 「칸트의 공허한 형식주의적 도덕주관성에 대한 헤겔의 비판과 인륜적 자유의 이념」, 성균관대학교 대학원 박사학위논문, 2002, 126쪽 참조.

121) 김용민, 앞의 책, 97〜98쪽.

11. 자유의지와 칸트

밤하늘의 반짝이는 별과 마음속 도덕률을 묘비명에 새길 정도로 칸트는 천상의 세계와 지상의 세계를 지배하는 법칙에 또 다른 경이로움을 선사했다.[122]

이 시대에 우리 모두는 어떤 역사의 전환을 이루어야 하는 시대정신Zeitgeist과 더불어 살고 있다. 세계와 자아의 양극성이 벌어지고 있는 상황에서 인간의 존재 체험과 존재의 문제성은 심각해지고 있다. 우리가 자유의 문제를 논의하는 그곳에 등장하는 인간 최고의 가능성은 자아존재selbstsein라는 개념이거니와 여기에 삶의 요구와 과제 그리고 그 목표가 놓여 있다. 진정으로 실천적이라는 말도 바로 이 자유를 통해서만 가능하게 된다.[123]

---

122) 심재우, 「칸트의 법철학」, 『법철학연구』 제8권 제2호, 한국법철학회, 2005, 7쪽 참조.
123) 김광명, 『칸트 판단력 비판 연구』, 철학과현실사, 2006, 294~295쪽.

이 점에서도 칸트(Immanuel Kant, 1724~1804)는 로크와 견줄 수 있다. 또한 루소가 주창한 자연상태에 대해 칸트는 인간이 자연상태로 되돌아가야 한다는 것이 아니라 지금의 상태에서 자연상태를 되돌아봐야 한다는 의미로 받아들인다. 칸트에 따르면 루소의 자연 개념은 구성적이 아니라 규제적인 셈이다.[124] 그에게서 판단은 단지 실천되어질 뿐 가르쳐질 수 없는 독특한 재능이었다.[125] 그리고 그의 판단의 역설성에 의하면 인간은(통합된 의지의 개별 주체로서)[126] 자유의 이성을 가지고 있는 입법자이다.

칸트는 "이 세계 안에서, 아니 심지어 이 세계 밖에서조차 무제한 적으로 선하다고 간주될 수 있는 것은 오직 선의지guter Wille 이외에는 아무것도 없다"는 말로 『도덕(=윤리)형이상학정초Grundlegung zur Metaphysik der Sitten』(1785)의 첫머리를 장식한다.[127] 그리고 칸트는 이 세계가 가능했던 모든 것 중에서 가장 탁월한 세계이고 유한한 최고선das höchste endliche Gut이라고 주장한다. 신이 모든 가능한 세계들 가운데서 가장 탁월하다고 선택했던 이 세계 자체가 최고선이라는 것이다. 그리고 이 세상 안에서 도덕적 실천의 중요한 과제를 설정한다.[128] 그는 인간의 도덕적 책임의 문제를 규명함에 인간의 본성을 자유로 규정한다.[129]

---

124) Ernst Cassirer, Rousseau, Kant, Goethe(유철 옮김, 『루소, 칸트, 괴테』, 서광사, 1996), 29~30쪽 참조.

125) Hannah Arendt/김선욱 옮김, 앞의 책, 31쪽.

126) 정호원, 「칸트의 민주주의 비판에 관한 연구」, 『한국정치학회보』 제41집 제1호, 한국정치학회, 2007, 245쪽 참조.

127) vgl. Immanuel Kant, Grundlegung zur Metaphysik der Sitten, in: Immanuel Kant Werkausgabe Ⅶ, hrsg., W. Weischedel, Suhrkamp Taschenbuch Verlag, 1974.

128) 김진, 「칸트에서의 최고선과 도덕적 진보」, 『칸트와 윤리학』, 한국칸트학회 편, 민음사, 1996, 97~100쪽 참조.

129) 문성학, 『칸트 윤리학과 형식주의』, 경북대학교출판부, 2007, 80쪽.

서양윤리에서 자유 개념이 도덕 실천의 중심 개념이 된 것은 바로 이 같은 칸트의 사고 때문이었다. 칸트의 자유 개념은 도덕적 문제를 설명해주는 열쇠이다. 그는 자유의 문제를 법적·신학적 배경에서 분리시켜, 자유가 어떻게 자연의 인과법칙과 양립될 수 있을지를 물었다. 이를 토대로 칸트는 자유와 도덕적 행위를 결부시켜 논의했는데, 이는 도덕과 도덕적 행위의 유의미성을 확고히 하고자 한 노력의 일환이었다.[130]

칸트에 따르면 그 자체로 존재하는 사물을 인간은 있는 그대로 인식할 수는 없다. 하지만 현상, 즉 인간에게 인식되는 대상을 가능하게 하는 근거로서는 충분히 생각할 수 있을 뿐만 아니라[131] 이러한 생각의 대응은 곧 실천의 문제로 제기될 수 있다는 것이다.

사실 칸트는 실천Praxis이란 표현을 매우 절제하여 사용한다. 그는 의지의 개념을 써서 행동을 구조적으로 분석한다. 그리고 개인적 실천과 정치적 실천을 구분하여 개인적 실천의 영역에서 드디어 합법성과 도덕성을 분리시킨다.[132]

칸트는 객관적인 도덕법칙이 있다고 주장한다.[133] 이 도덕법칙은 우리가 행위하도록 또는 행위하지 못하도록 구속한다. 이러한 도덕법칙이 바로 정언명법categorical imperative이다.[134] 칸트는 "네 행위의 준

---

130) 장승희, 『다산 윤리사상 연구』, 경인문화사, 2005, 19~20쪽.

131) 백종현, 『존재와 진리-칸트 〈순수이성비판〉의 근본 문제』, 철학과현실사, 2000, 231쪽.

132) Otfried Höffe, Immanuel Kant(이상헌 옮김, 『임마누엘 칸트』, 문예출판사, 1997), 219쪽.

133) 칸트의 비판론자들(하이네와 포이어바흐, 아도르노, 호르크머 그리고 하이데거 등)은 칸트가 도덕법칙을 유한한 주체(인간)가 현상적 경험에 제약되지 않도록 해주는 어떤 것으로 단언한다고 주장한다. 즉 그것을 시간 너머에 있거나 시간 밖에 있는 순수 이성적인 예지적 영역(말 그대로 형이'상'학meta-physics의 영역)에 대한 창으로 말이다. Slavoj Zizek, The ticklish subject: the absent centre of political ontology(이성민 옮김, 『까다로운 주체』, 도서출판 b, 2005), 83쪽. 또한 칸트의 인간존엄성 테제를 비롯해 그의 정언명법들에 대한 몇몇 비판에 대해서는 김연미, 「인간의 존엄성과 권리의 관계-칸트와 호펠드의 권리론을 중심으로-」, 『법철학연구』 제9권 제2호, 한국법철학회, 2006, 263~270쪽 참조.

칙이 네 의지를 통해 보편적인 자연법칙이 되어야 하는 듯이 행위하라"135)는 정언명법의 자연법적 기본형식을 제시한다.136) 이것이 자연권 전통에 대한 그의 이해이자, '도덕성의 이해'를 읽게 해주는 주요 명제가 된다.

하지만 이러한 도덕성의 이해 또한 인간에게 기댈 수밖에 없는 문제가 된다. 그리고 인간은 자유의 정체이다. 그리고 칸트의 자유는 인간 행위의 필연적 원력으로 실천의 토대이다. 따라서 칸트는 인간에게 도덕적 주체의 지위를 부여하게 되는 것이다.137) 그래서 그는 그 유명한 "너는 너 자신의 인격에서뿐만 아니라 다른 모든 사람의 인격에서도 인간성을 단지 수단으로서만 사용하지 말고 항상 동시에 목적으로 대하도록 행위 하라"138)는 말을 한다. 그리고 칸트는 바로 이러한 유의미에 닿는 논리로 인간의 존엄성을 주장하고 있는 것이다.

비록 자신의 텍스트 안에서 인권이란 말을 거의 쓰지는 않았지만 칸트는 도덕과 법과 권리의 관계를 밝히려고 노력하면서 인권에 대한 깊이 있는 이해를 시도하였다. 칸트에게서는 도덕적 강제법칙에서 비롯된 공존 가능한 외적 행위를 자유롭게 할 수 있는 권리, 그리고 법적으로 올바른 외적 행위를 자유롭게 할 수 있는 권리, 그것이 자

---

134) Ralph Walker, Kant(이상헌 옮김, 『칸트』, 궁리출판, 2002), 13쪽.

135) Immanuel Kant, aaO., S.51.

136) 그런데 이러한 규칙의 예시는 가령, 하나의 집에서 발견될 수 있는 특징들을 단순히 열거한다는 의미의 목록화 작업이 아니라, 오히려 집과 같은 것과 더불어서 사념되는 것 전체를 탁월하게 그려내는 작업이다. Martin Heidegger, Kant und das problem der metaphysik(이선일 옮김, 『칸트와 형이상학의 문제』, 한길사, 2003), 167쪽.

137) 칸트는 인간 이외의 다른 존재자에 대한 의무를 그 존재자에 대한 직접적인 의무가 아니라 그 존재자와 관련된 인간 자신에 대한 의무로 간주한다. 정성관, 「칸트 생태관의 현대적 조명」, 『사회와철학』 제7호, 사회와철학연구회, 2004, 47쪽.

138) Immanuel Kant, aaO., S.61.

유권이자 인권으로 표현된다. 따라서 그의 인권은 공존이 가능하며 동시에 보편화가 가능한 외적 행위를 자유롭게 할 수 있는 권리를 뜻한다. 또한 그 근원은 직접적인 강제법칙에 의해서, 그리고 간접적인 도덕법칙에 의해서 각인에게 귀속된 권리로 수렴된다. 그에게서 인권은 비록 그 목록을 제시하지는 않았다 해도 법과 권리의 이론적 정당화를 뒷받침하며 개념에의 인식을 통한 보기의 시도였다.[139]

칸트의 인간은 이성을 지닌 존엄한 존재이다. 여기서의 이성의 본질은 자율성에 있으며, 자율성은 인간이 이성을 통해 자기입법과 자기결정, 자기목적설정을 자율적으로 할 수 있는 도덕적 자유를 뜻한다.[140] 이는 인간이 스스로의 목적이기 위한 전제이기도 하다.[141]

이 세계는 인간을 통해서만 가치의 지평이 열리게 된다. 그렇기에 그런 人間이기에 칸트의 사고 체계 내에서 인간은 목적론적으로는 궁극목적, 최종목적, 목적 그 자체이며 가치론적으로는 무한한 가치, 절대적 가치를 지닌 존재이며, 도덕적으로는 존엄한 존재이다.[142] 어쩌면 인권의 주체로서 인간을 인권과 가장 열정적으로 유비시킨 이가 칸트인지도 모른다.

---

139) 이충진, 「인권에 관한 철학적 성찰-칸트의 경우」, 『철학연구』 제92집, 철학연구회, 2011, 33·50쪽 참조.

140) 심재우, 앞의 논문, 10쪽.

141) 임미원, 「도덕적 권리와 정치적 권리-칸트와 하버마스의 인권관념을 중심으로-」, 『법철학연구』 제7권 제2호, 한국법철학회, 2004, 125쪽 참조.

142) 문성학, 「인간 존엄성 테제에 대한 칸트의 증명과 문제점」, 『철학연구』 제96집, 대한철학회, 2005, 247~248쪽.

12. 자기의지와 헤겔

헤겔(Georg Wilhelm Friedrich Hegel, 1770~1831)은 욕구의 개념을 도입함으로써 진리를 발견하는 이론적 문제에서 세계를 변화하는 실천적 문제로 관심을 돌린다.[143] 어떤 것을 욕구하는 것은 그것을 소유하고자 하는 것이며 또한 그것을 자기의 것으로 바꾸려 하는 것이고, 그리하여 자신에 낯선 것을 박탈하려는 것이다. 자기의식의 출현이다. 욕구는 바로 이러한 자기의식의 불만족스런 상태다. 따라서 자기의식은 어느 면에서는 사회적 상호작용의 맥락에서 전개될 수 있다. 자기의식적 존재, 그 개인들의 문제가 또한 헤겔 사회 속의 관심사였던 것이다.

헤겔은 17~18세기 영국의 경험주의적 자연법론, 칸트와 피히테의 선험주의적 자연법론 등 근대를 해명하고자 했던 주도적 자연법론에 대하여 「자연법에 대한 학적 취급 방식들, 실천 철학에서 자연법의 지위와

---

143) 이러한 그의 관심에서 마르크스주의자들이 상당한 정도로 시도했던 이론과 실천의 통일의 전조를 볼 수도 있다. Peter Singer, HEGEL(연효숙 옮김, 『헤겔』, 시공사, 2000), 105~109쪽 참조.

실증법학의 관계에 관하여Über die wissenschaftlichen Behandlungsarten des Naturrechts, seine Stelle in der praktischen Philosophie, und sein Verhältnis zu den positiven Rechtswissenschaften」라는 글을 통해 비판적 검토를 하고 있다. 헤겔 역시 근세 자연법 이론가들과 칸트의 비판적 실천철학과 마찬가지로 자유를 그 이론의 원리로 받아들이기는 했지만, 사회적 정당성을 계약론적으로 접근하는 전자와 개인주의적인 보편적 도덕성에 기초하여 합법성을 정초한 후자를 거부한다.[144] 헤겔은 도덕과 법을 엄밀히 구분하지는 않고 법이라는 테두리 내에서 도덕성을 따진다. 그는 근대의 대체적인 자연법론들이 제한된 원리에 함몰됨으로써 인륜성의 철학적 이념으로부터 괴리되었고, 학적 비일관성을 노정하게 되었으며, 현실적으로는 인륜성의 파괴, 그리고 그 결과로서 억압적인 제도와 권력의 지배를 초래하게 되었다고 비판한다.[145]

헤겔에 따르면 근대 자연권의 위기는 자연과 의지를 분리시키면서 시작되었다. 헤겔이 보기에 홉스는 목적론적으로 구성된 자연적 질서보다는 우리의 내면에 존재하는, 우리가 우리 자신의 것이라고 인식하는 원리들로부터 새롭게 정치적 규범들을 도출하려 했던 혁명적인 자연권 사상가였고, 루소는 홉스의 비목적론적 자연 개념을 수용하기는 했으되 인간의 자유 또는 인간의 존엄이라는 개념에 새로운 의미를 부여하여 독일 관념론에 영향을 미치려 하였고, 칸트는 이를 더 급진적이고 근본적으로 이해했으며,[146] 그의 도덕철학은 도덕규범의

---

144) 홍영두, 앞의 논문, 21쪽.

145) 김준수, 「헤겔 〈자연법〉논문에서 근대 자연법론에 대한 비판」, 『사회와철학』 제2호, 사회와철학연구회, 2001, 279~282쪽 참조.

146) 김용찬, 「헤겔과 근대 자연권의 위기」, 『한국정치학회보』 제36집 제1호, 한국정치학회, 2002, 28~29쪽 참조.

강제성을 제거한 것이 아니라 단지 그것을 내면화시켰을 뿐이다.[147]

헤겔은 (비록 윤리적 주체의 완성을 국가로 보고 있지만) 한 민족의 현실적이며 유기적인 특수한 민족정신과 연관하여 세계사에서 보편적인 세계정신으로 실현되고 계시될 경우에만 (그 국가의) 법을 최상의 법이라고 보았다. 물론 헤겔은 종래의 실체 개념을 버리고 인간을 주제로 파악하는 정당성을 제시한다.

이와 연계된, 그래서 그에게 주어진 자유와 윤리의 이념이라는 주제는 헤겔 법철학을 사회철학으로 해석케 하는 여지를 남겨준다. 바로 이러한 장의 열림으로 인해 헤겔의 권리 개념이 성립하는 최초의 계기를 인격으로 보게 하는 단초가 성립한다.

헤겔에게서 주체는 인격의 가능성이므로 인격만이 순수한 대자 존재에서 자유로운 개별자다. 그가 "인간이어라, 그리고 타인을 인간으로 존중하라"고 말할 때 그것은 분명 하나의 요청이다. 여기서 다시 그의 사회철학이 가장 추상적인 것에서 가장 구체적인 것을 요청하여 추상적인 권리의 최초 관계가 소유권으로 나타나는 모습을 발견할 수 있다. 왜냐하면 요청된 모든 인격 주체로서의 개인은 모든 사태에 자신의 권리를 설정함으로써 자신의 것을 만들기 때문이다.[148]

칸트와 달리 헤겔은 이념이 인식의 한계 너머에 있는 것도, 존재를 초월해 있는 것도 아니라고 생각한다. 그것은 이성적 사유를 통해 도달한 자기 자신에 대한 인식이요, 또 그 인식의 결과이다. 이 사유에서 세계란 물리적 존재, 자연적 존재에만 머물지 않고 그 존재의 규정적 근원자로서의 이념의 로고스적 이성과 이성의 이념적 통일체

---

147) 위 논문, 40쪽.
148) 강영계, 앞의 책, 153~155쪽.

전체를 포함한다.[149)]

헤겔의 인식론은 그의『정신현상학Phänomenologie des Geistes』(1807)에 잘 나타난다.[150)] 이 작품에서 그는 "도덕적 세계관에서는 한편으로 의식 스스로가 자기의 대상을 의식적으로 산출한 셈"이었고, "도덕적 세계관이란 실은 도덕의 근저에 깔려 있는 모순을 다각도로 개시해나가는 데 지나지 않는 것이 된다. 이에 가장 어울리는 칸트의 표현을 빌린다면 도덕적 세계관이란 사고를 결한 모순투성이의 소굴"이라 말하고 있는 것이다.[151)] 따라서 도덕적 행동의 개념에 의해 순수한 의무라는 것이 본질적으로 행동하는 의식으로 전유되어 절대적 의무가 자연 전체에 해당하는 것으로 표현되고 도덕법칙이 자연법칙이 되어야만 하는 것이다.[152)]

헤겔은 이어 말한다. "자연과 도덕의 일치라는 최고선das höchste Gut을 세계의 본질로 여긴다고 한다면 의식은 더 이상 도덕의 문제를 놓고 진지하게 고구할 필요가 없다. 왜냐하면 최고선의 경지에서는 자연의 법칙도 도덕이 지니는 법칙과 다를 바가 없기 때문이다. 이렇게 되면 본래 행동이란 바로 이 행동이란 것을 통해서 지양되어야만 할 부정적인 요소를 전제로 해서만 성립되는 셈이므로 도덕과 자연이 일치하는 상태에서는 도덕적 행동은 존립의 여지가 없어져 버린다.

---

149) 윤병태, 『삶의 논리-헤겔 〈대논리학〉의 객체성과 이념론 분석』, 용의숲, 2007, 189~190쪽.

150) Howard P. Kainz, Paradox, dialectic, and system: a contemporary reconstruction of the Hegelian problematic(이명준 옮김, 『헤겔 철학의 현대성』, 문학과지성사, 1998), 139~150쪽 참조. 『정신현상학』은 헤겔 최초의 대작이며 이를 통해 성숙하고도 독창적인 사상을 내세운 그의 가장 중요한 저작으로 평가된다. 헤겔의 천재성은 이 책에서 정점에 이르고 있으며, 이 속에는 그 이후 모든 저작들의 기본특질과 규정적 이념이 정착되어 있다. 박인성, 「Hegel의 정신현상학연구」, 고려대학교 대학원 박사학위논문, 1987, 1쪽. 이 『정신현상학』에 대한 연구서들로도 작은 도서관을 만들 정도다. 한동원, 「헤겔 〈정신현상학〉의 구조에 관한 연구」, 고려대학교 대학원 박사학위논문, 1987, 1쪽.

151) G. W. F. Hegel, Phänomenologie des Geistes(임석진 옮김, 『정신현상학 2』, 한길사, 2006), 183~184쪽.

152) 위의 책, 187쪽.

또 자연이 인륜의 법칙Sittengesetz과 일치해 있다고 한다면 현상을 타파하려는 행동에 의해서 인륜적 법칙 그 자체가 훼손되는 결과를 낳게도 될 것이다. 따라서 최고선이 있다는 가정 아래서는 도덕적 행동이 새삼스럽게 생겨날 여지가 없는 그런 세계의 본질적인 상태를 받아들여야만 하는 것이 된다. 그러므로 도덕과 현실의 조화의 요청, 다시 말해서 도덕과 현실을 일치시키고자 하는 도덕적 행동의 본질에 따라서 정립되는 조화의 요청은 이상과 같은 관점에서는 이렇게 표현될 수도 있겠다. 즉 도덕적 행동을 절대적 목적으로 삼는 것은 곧 도덕적 행동이 전혀 존재하지 않도록 하는 것das moralische handeln gar nicht vorhanden sei이 절대적 목적이라고 하는 것과 다름없다"[153]고. 그렇다면 헤겔에게 도덕은 미완성일 수밖에 없는가?

헤겔은 이런 물음에 "도덕의식은 스스로의 미완성을 의식하고 있으므로 사실상 자기가 이룩한 것에 상응하는 대가로서 행복을 요구하는 것이 아니라 아무런 조건 없이 베풀어지는 은총으로서, 즉 행복을 오직 행복 자체로서 요구하는 셈이다. 다시 말하면 세계의 조화라는 절대적인 근거에 힘입어 행복을 待望하는 것이 아니라 우연과 恣意에 의힌 것으로 알고 이를 대망할 뿐이다. 이런 점에서 비도덕의 문제를 분명히 표명한다면 여기서는 도덕이 문제가 아니라 도덕과는 무관한, 오직 행복 그 자체가 관심사가 된다고 할 수 있다"[154]고 답한다.

때때로 헤겔의 이러한 인륜성 이념은 자유주의적 자유 개념과 배치되며 고로 반개인주의적이라고 비판받곤 한다. 하지만 헤겔은 진정

---

153) 위의 책, 187~188쪽.

154) 위 같은 책, 191~192쪽. 인간은 스스로 행복할 수 없기 때문에 인간이 행복을 얻고자 한다면 다른 요소가 신의 은총에 의해 이 자리를 대체해야 한다. 아! G. W. F. Hegel, Das Leben Jesu(정대성 옮김, 『신학론집』, 도서출판 인간사랑, 2005), 122쪽.

한 자유란 외적인 것은 없으며 따라서 자유에 대해서는 어떠한 강제도 불가능해야 한다고 말한다. 그리고 이러한 자유는 내적인 보편성을 획득한 개인들의 상호 주관적 동일성 속에서의 개인과 전체의 동일성에 대한 논의의 주요 인자로 발전하게 되는 것이다.[155]

헤겔이 자아의 순수 자기 내 반성으로 촉진시킨 자유의지의 첫 단계로 자연적인 욕구와 충동 같은 자신에게 제한을 가할 수 있는 내용들을 그려낸 것은[156] 바로 이를 넘어서기 위한 설정이었다. 세계로 살아 있는 현존하는 정신,[157] 그것은 인간의 또 다른 모습 가운데 하나라 할 수 있을 것이다.

---

155) 김준수. 앞의 논문. 301~302쪽.

156) See G. W. F. Hegel, Grundlinien der Philosophie des Rechts, hrsg. von Johannes Hofmeister, Felix Meiner Verlag. 1955. § 5.

157) Ib., § 151.

13. 열린 인권의 세계

  분명 인권 관념을 정착시키는 데 서구사회가 발견하고 발전시킨 인권사상의 역할을 과소평가할 수는 없을 것이다. 오랜 역사의 경계로 구획된 문화적·지리적 특성을 탈피하고 서구사회는 인간의 권리를 확인하고 확보하는 데 여전히 크나큰 힘을 발휘하고 있다.

  하지만 제 아무리 서구사회라 할지라도 우리가 생각하는 인간의 권리라는 관념을 고대사회에서 쉽게 발견할 수는 없는 일이다. 스토아시대에 이르러 자연법의 철학적 전통을 세우고 그 이상을 인정하였고, 스토아학파는 합리적 법칙에 의해 모든 인류가 공동체 정신 속에서 결속되는 하나의 세계를 이상적인 것으로 제시하였다. 그들은 누구나 평등한 인간, 동등하게 완전한 삶을 향유할 수 있는 인간과 신의 세계를 모색하였고 그러한 태도에 입각해 평등한 형제라는 인간에 대한 생각을 획득한다.

  하지만 이 같은 사상이 모든 현실적인 제도를 지배하는 것은 아니었다. 이상은 현실과 늘 충돌했고, 적어도 근대 이전의 서구사회는 그러한 이상을 인간의 이성에 기초해 완벽하게 받아들일 만큼 성숙하지 못했다. 이미 권력은 시원적이었으며 움직일 수 없는 힘이었다. 그럼에도 권력을 제한하려는 움직임이 서서히 출현한다. 권력을 제한함으로 얻을 수 있는 인간의 권리였기에 서구사회에서의 인권의 역사는 일찍부터 권리를 보장받기 위한 사회적 조건을 마련하려는 투쟁으로 시작된다.[158]

이런 시대를 거쳐 근대적인 천부인권사상이 홉스의 자기보존권과 자연적 자유권, 로크의 재산권과 저항권, 루소의 평등권사상 등 근대 자연법론과 국가계약설에 의하여 형성되면서 서구사회에서 일어난 시민혁명의 사상적 지도이념이 된다. 인권사상은 자연권사상을 태동의 진원지로 삼는다. 그리고 자연권사상은 자연법사상에 의해 전개된다.

근대의 자연법은 고중세의 자연법처럼 초월적이거나 실체론적인 자연법이 아니라 주체 자신의 이성의 원리에 입각한 이성법이었다. 이 근대의 이성적 자연법은 '신을 괄호 안에 넣게'[159] 되며, 의무는 권리에 자리를 내주게 된다.[160]

자연법사상은 곧 근원적이고 보편타당한 자연법을 가정하고, 현실의 법과 제도를 이러한 자연법에 부합시킬 수 있도록 노력해야 할 것

---

158) 이러한 기술에는 사실 여러 의미가 내포되어 있는 것이지만, 그것을 역사 내의 법적인 문제로 전유시킨다면 역시 그 중심에는 마그나 카르타가 있었음을 재삼 강조하지 않을 수 없다. 마그나 카르타는 나라를 단독으로 통치하는 왕의 권력과 권한에 이의를 제기한 문서로 부분적으로 현대의 시민적 권리라고 여길 수 있는 Habeas Corpus를 삽입했다. 이 마그나 카르타는 그 후 오랜 시간에 이르도록 시민권의 상징이 되었고, 영국 불문법의 바탕이 되었으며 미국 헌법과 「권리장전」의 모태가 되었기에 그 중요성은 더욱 강조될 수가 있는 것이다. 마그나 카르타의 또 다른 주역이었던 존 왕은 늘 배신을 했고 비겁했으며 무능했다. 역대 잉글랜드의 왕 가운데 그보다 더한 왕은 없었을 정도였다. Magna Carta는 대헌장Great Charter이라는 라틴어이며, The가 붙지 않는다. Joseph Cummins, History's Greatest Hits(김수진 · 송설희 공역, 『만들어진 역사』, 도서출판 말글빛냄, 2008), 75쪽.

159) Fritz Loos Hans-Ludwig Schreiber, "Recht, Gerechtigkeit", in Otto Brunner · Werner Conze · Reinhart Koselleck(Hrsg.), Geschichtliche Grundbegriffe V, Kletta-Cotta, 1990, 380f.

160) 김석수, 앞의 논문, 43쪽 참조.

을 주장한다. 이러한 자연법사상을 바탕으로 인권사상의 싹을 틔운 이들이 바로 홉스를 비롯한 일군의 인물들이었던 것이다.

그런데 흥미롭게도 철학적 토대 위에서 볼 때는 인권사상의 기초를 제공했던 17~18세기의 자연법적 자연권사상과 사회계약론적 사상은 가상적인 자연상태에서 도출된 인권이 실증적 근거 없는 '죽마 위의 헛소리nonsense upon the stilts'로서 무정부 상태를 야기한다고 힐난한 현실 공리주의자 벤담(Jeremy Bentham, 1748~1832)과 인권 일반을 부르주아적 이기심의 발현으로, 그리고 특히 그 속내의 재산권을 사회적 불평등의 주요 원인으로 비판한 마르크스(Karl Marx, 1818.5.5.~1883.3.14.)에 의해 역사의 무대 뒤로 잠시 사라진다.[161] 그들과 그들 시대의 한 단층은 자연법으로 호도된 신분적 위계질서와 초인간질서에 대한 저항의 명분으로 자연권을 빌려 썼기 때문이다.

어쨌든 근대 시민혁명은 인간해방의 역사에서 새로운 단계를 열었고 인권보장의 새로운 출구였다. 인류는 비로소 모든 사람에게 스스로 인간이기 때문에 인권을 가지고 있다는 선언을 할 수 있었다.

봉건적 제도가 쇠퇴하면서 인간이 인간을 지배하는 모습은 잠시 사라지게 된다. 누구라도 자유를 가진 것처럼 보였다. 하지만 역사가 그랬던 것처럼 그토록 자유를 중시했던 그 사회가 인간이 머무를 마지막 이상향이 아니었다. 누군가는 노동을 해야 했고, 그들은 궁핍해졌다.

그리고 이러한 문제에 부딪칠 즈음에서야 시대정신은 다시 한 번 자연법사상과 천부인권사상을 되돌아보았고, 독립한 존재로서 인간의 존엄성에 대한 관념을 발견하려 했다. 그리고 인간의 권리가 주장

---

161) 박정순, 앞의 논문, 36쪽. 그럼에도 마르크스의 경우에는 더 생각할 여지는 있다. Jacques Attali, Karl Marx ou l'esprit du monde(이효숙 옮김, 『마르크스 평전』, (주)위즈덤하우스, 2006), 194~220쪽 참조.

되기 시작하였다.

이러한 과정 속에서 개인의 자율성이 강조된다. 시대에 따라 그 의미를 달리했던 자아가 18세기의 경험 속에서 사람들을 변화시켰고, 주체적 개인의 등장은 인간의 자유를 바탕으로 인권사상의 진전에도 획기적 촉진제 역할을 한다.

그러나 그것은 동시에 새로운 인적 관계를 만들어냈으며 역사는 다시 쓰여야 했다. 인간을 지키기 위해 더 넓은 범위 안에서 적용될 수 있는 법이 필요했고, 그 법은 더욱 명확해야 했다. 제1차 세계대전 후에 만들어진 각국의 헌법은 자본주의의 틀 안에서 모든 국민에게 인간다운 생활을 보장하는 것을 명시하고 근대 시민헌법의 인권보장에서는 볼 수 없는 새로운 인간의 권리를 설정했다.

서구사회의 인권사상은 시대와 공간을 초월하여 보편적으로 표현하고 적용하려 한 이들에 의해 전개되었다. 비록 그들이 아는 것이라곤 닫힌 세계와 시간이 전부였을지라도 생각만큼은 그것을 뛰어넘으려 했다. 그래서 때로는 근대라는 특정한 역사 시기 속에서 특정한 사회세력의 요구를 반영하기도 했지만 그들의 사고 체계 내에서만큼은 모든 인류가 자유와 평등의 무한정한 향유를 함께 공유하려 했다.

문제는 그것이 인간들이 발을 딛고 살아야 하는 실제 사회에서 다르게 나타났다는 데 있었다. 인간의 권리를 표현하고 선언한 이상, 형식에 그쳐야만 했던 인권을 실질적 인권으로 실현하려는 투쟁은 고양될 수밖에 없었다. 서구 인권사상의 의미는 여기에서 발견될 수 있다. 비록 일부의 사상은 실천을 앞서지 못하기도 했지만 분명 많은 부분에서는 시대의 명징한 경계를 넘어 인간을 더 나은 세계로 나아가게 하기 위한 발판이 되었던 것이다.

Ⅲ. 제도와 인권

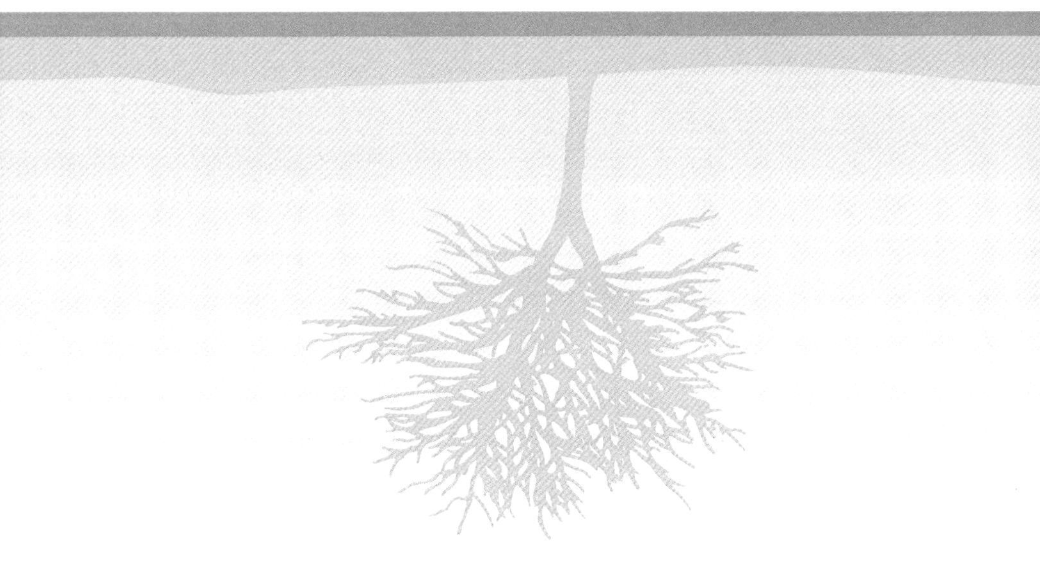

1. 민주주의와 인권사상

민주화와 민주주의로의 이행, 그리고 민주주의의 공고화로 이어지는 인권 개념은 법적 권리와 실질적 권리의 차이로도 설명될 수 있을 것이다. 인권적인 관점에서 민주주의 공고화는 민주적 법·제도가 하나의 질서와 관행으로 사회 속에 정착되어 국민 개개인의 인권이 단지 법적 권리로서가 아닌 실질적 권리로서 보장받는 단계다.[1]

민주주의와 개인 사이의 긴장관계는 역설적 가치를 지니면서 한편으로는 한 개인이 누리는 권리의 속성과도 연관되어 있다. 이제 개인을 보호하기 위한 장벽으로가 아니라 그나마 인간이 누려야 할 권리의 경계를 설정하는 장벽으로 민주주의는 전환되고 있다. 포괄적 의미에서 인간이 갖는 인간성의 요소에는 바로 이 같은 민주적인 가치와도 맞물린다.[2]

그런데 여기서 하나의 주목할 만한 국가제도가 등장한다. 그것이

---

1) 이동윤, 「동남아 국가들의 인권현황과 인권정책 비교」, 『인권평론』 제2호, 한국인권재단, 2007, 97~98쪽 참조.
2) *See* Jennifer Nedelsky, Human Rights and Judgment: A Relational Approach, Oxford University Press, 2006.

헌법이다. 헌법이 존재함으로 인해 국가에서 최고의 권위 또는 권력에 대한 질문은 국가가 권력과 결정의 평화적 통일체로서 계속 존재하려는 한 그 개념이나 원리를 원용함으로써 회피할 수 없게 된다. 19세기에는 이 같은 질문이 군주냐 국민이냐 하는 주체의 문제로 수렴된다. 민주주의는 이 질문을 원리적으로 보는 한 국민 측에, 더 상세하게 말하면 국민을 대표하는 자 측에서 유리하게 조정하였다.[3]

이러한 흐름 속에서 영국을 비롯한 선진 자본주의 국가에서는 사회·노동 등의 문제가 대두되었을 때, 노동자에게 단결의 자유라는 '권리'를 주고, 노동자 지위 보장을 통하여 노동조건을 개선할 수 있도록 하여야 한다는 새로운 노동기본권적 사상이 등장하였다. 노동자들의 운명을 자유방임에만 맡길 수는 없었던 것이다.[4]

밀(John Stuart Mill, 1806~1873)이 『자유론An Essay on Liberty』(1859)[5]에서 인신의 자유, 종교·사상의 자유, 재산권 보장 등 자유권사상과 함께 단결의 자유를 새로운 자유 목록에 넣었다는 것은 주목할 만하다. 밀은 자유를 일컬어 "자유라는 명칭에 상응하는 유일한 자유는 우리가 타인의 행복을 빼앗으려고 하지 않는 한, 또 행복을 획득하려는 그들의 노력을 훼방하지 않는 한 우리 자신의 행복을 우리 자신의 방법으로 추구하는 것"[6]이라 하였다.

그는 인간 각자가 독특한 성격을 소유하고 있으며 각자의 성격이

---

3) Ernst-Wolfgang Böckenförde/김효전 · 정태호 옮김, 앞의 책, 35쪽.

4) Ethan B. Kapstein, Sharing the Wealth(노혜숙 옮김, 『부의 분배』, (주)생각의 나무, 2002), 30쪽.

5) 밀 스스로도 이 『자유론』은 자신이 쓴 어떤 책보다도 오랜 생명력을 가지게 될 것 같다고 생각하였다. 밀은 『자유론』을 아내와 함께 집필한 것으로 이야기했고, 그 까닭은 이러한 공동 작업이 이른바 모든 한 개의 진리를 말한 철학의 교과서처럼 되어 있고, 더욱이 그 진리는 현대사회에 계속되어 일어나는 변혁과 더불어 차츰차츰 강한 물결처럼 명확히 되어 오는 경향이 있기 때문이라고 하였다. J. S. Mill, (ed.,) H. Laski, Autobiography of John Stuart Mill(배영원 옮김, 『존 스튜어트 밀 자서전』, 범우사, 2002), 218~220쪽 참조.

6) J. S. Mill, On Liberty(차하순 역, 『자유론』, 휘문출판사, 1979), 184쪽.

다르기 때문에 각자의 생활방식, 취향, 추구의 방식도 달라야 한다고 보았다. 자신의 행복에 가장 큰 관심을 가진 사람은 다름 아닌 자신이며, 개성의 발전이 자신의 생활방식의 선택을 촉진시켜 이성과 판단을 발달시키고 지적 발전을 가져올 수 있는 강력한 요인이 될 수 있다는 것이다.[7] 밀은 영국에서 1867년에 도시 노동자계급에 선거권을 주는 제2차 선거법 개정이 실시되자 보통선거제와 여성참정권을 주장하게 된 것도 그의 이러한 사상적 뒷받침 때문이었다.[8]

그는 사회의 진보를 믿으면서도 개성의 발전을 중시하였으며, 이 개성의 발진은 자유를 전제로 한다고 보았다.[9] 밀에 의해 주장된 의무교육의 확대, 최저생활비보장, 투표권의 차별폐지, 여권신장 등은 이미 우리 시대의 정치적·사회적인 표징으로 적중되었다. 그의 목적지향은 인간 잠재성의 발전, 자기 발전, 도덕적 자율성, 자아실현에 비중을 두고 있으며, 延命의 기예에서 삶의 기예에로 향하게 하고 있는 것이다.[10] 이러한 사상이 뒷받침되어 근대 민주주의가 점차로 현대적인 의미로 확립되어 가게 되는 것이다.

---

7) 김희준, 「J. S. Mill의 자유주의 연구」, 『향연』 제1집, 전북대학교 철학과, 1984, 25~31쪽.

8) 시민혁명 이래 오랫동안 민주주의 전통을 가진 영국에서는 페인이나 벤담의 노력도 곁들어져서 1832년에 제1차 선거법 개정이 실현되었지만, 보통선거제와는 거리가 있는 것이었다. 비슷한 무렵에 프랑스의 토크빌(Alexis de Tocqueville, 1805~1859)이 미국의 민주정치를 고찰하매 평등으로 말미암아 얻어질 지적 자유는 혁명이 초래하는 무질서상태와는 주의 깊게 구별되어야 한다는 것, 그리고 평등화의 파도를 멈추게 할 수는 없다고 하면서도 평등의 대두가 개인의 자유를 침해하는 것이 아닌가 하는 의구심을 표명한 것은 19세기 후반 이후 자유와 평등의 관계라는 민주주의의 근본문제를 시사하는 것이다. Alexis de Tocqueville, De la démocratie en Amérique(임효선·박지동 옮김, 『미국의 민주주의 Ⅱ』, 한길사, 1997), 563~581쪽 참조. 토크빌은 사회주의를 반대했다. 그는 보편적 평등을 추구하게 되면 자유를 부인한다고 보았다. 그리고 그는 사회주의란 새로운 형태의 노예화라고 생각했다. 그에 따르면 평등은 자유와 결합해야 한다. "민주주의와 사회주의는 평등이라는 한 단어에 의해서만 서로 연관되어 있다. 그런데 그 차이를 보라. 민주주의는 자유 속에서 평등을 원하고, 사회주의는 제약과 노예상태 속에서 평등을 원한다"는 그의 말은 그의 실천력의 힘을 엿보게 해준다. 그는 또 보호국가의 이념도 거부한다. Jacques Attali/이효숙 옮김, 앞의 책, 221~222쪽 참조.

9) 이경일, 앞의 논문, 82~83쪽.

10) 김희준, 앞의 논문, 31쪽.

그런데 이즈음에 근대 민주주의 사상의 또 하나의 기둥인 사유재산의 불가침의 원칙도 수정되고 전환될 것이 요구된다. 빈곤자들을 위한 사회정책의 필요성이 대두되면서 유산계급의 사유재산권에 대한 침해 문제가 야기되는 것이다. 이를 통해 사회복지·사회보장제 확충에 대한 국가적 관심이 곧 다른 이들의 피해로 나타날 수 있다는 역설적인 인식으로 전이될 수 있기 때문이다. 이는 당시까지의 자유와 민주주의에 대한 사고의 일대 전환을 촉발하게 되는 계기가 된다.

이 문제에 관하여 진지하게 민주주의 사상의 전환을 논리화한 사람이 그린(Thomas Hill Green, 1836~1882)이었다. 대부분의 영국 학자들이 경험주의자들이었음에도 그는 관념론자였다. 그는 어떤 이상이나 가치, 철학은 인간의 명상에 의해 얻어지는 것이지 경험에서 얻어지는 것이 아니라고 하였다. 어쩌면 칸트와 같은 생각을 영국에 이식시키고 싶었는지도 모른다. 그는 작은 정부보다 강력한 정부를 말했다. 인간의 사악함, 자본주의의 부도덕함을 그대로 방치할 수 없다고 생각하였기 때문이다. 따라서 정부의 개입, 기업의 지위에 대한 그의 논의를 한편에서는 민주사회주의라 칭하기도 한다.

그는 인간에게 최고의 가치는 사람답게 사는 것, 즉 인격의 성장에 있다고 하여, 자유는 목적이 아니라 수단이며 공공복지를 위해서는 개인의 자유를 제한하는 것도 불가피하다는 강제적 자유·적극적 자유라는 개념을 제기하였다.[11]

시대적 흐름을 타고 민주주의는 이제 이론적으로, 사상적으로 한

---

11) 그린은 목사의 아들이었으며, 옥스퍼드에서 정치학을 강의했다. 그의 주장을 보건대 그린은 지극히 비 로크적인 삶을 살았다. *See* Melvin Richter, The Politics of Conscience: T. H. Green and His Age, St. Augustine Press, 1997; David O. Brink, Perfectionism and the Common Good: Themes in the Philosophy of T. H. Green, Oxford University Press, 2003.

발 더 나아가야만 하게 되는 것이다.

현대사회가 직면하고 있는 이념적 혼란은 지난 세기 후반부를 지배했던 자유민주주의에 대한 실천적 도전으로 나타났고, 이에 따라 역사주의와 문화적 상대주의, 그리고 사실과 가치 사이의 구분에 대한 이론적 논증을 피할 수 없었다. 이 와중에 조심스럽게 서로 다른 세계관들의 조화를 탐색하려는 시도도 등장한다.[12] 하지만 이러한 현대적인 움직임 이전에 이미 역사는 맞물릴 수 없는 선언과 주장으로 민주주의를 불러들인다.

부르주아의 시대직 자각에 의한 프랑스혁명은 그들을 근대화라는 또 하나의 깃발을 들게 하였지만, 인민들은 두 손이 아닌 온몸으로 해방을 갈구하게 된다. 미국혁명이 좁은 의미에서 부르주아적이고 보수적이었던 데 비해 프랑스혁명은 넓은 의미에서 부르주아적이고 민주적인 것이었다. 부르주아는 민중의 지지를 등에 업었고, 인민대중은 자유롭게 노동하고 교환할 수 있는 독립적인 농민층과 장인층으로 구성된 사회집단으로서 그들의 이상은 소생산자들로 이루어진 민주주의의 건설이었다.[13] 그러한 요구가 비록 작은 역사의 움직임 속에서 사라졌지만 상퀼로트 운동과 파리코뮌으로 표출된다.

---

12) 정승교, 「롤즈와 마르크스의 정의론에 관한 비교분석」, 서울대학교 대학원 박사학위논문, 1989, 5쪽.

13) 프랑스혁명은 부르주아혁명이었음에도 그것은 그 계급투쟁이 갖는 속성으로 말미암아 그것에 앞서 일어났던 그 어떤 혁명보다 현란했다. Albert Soboul, La revolution francaise(최갑수 역, 『프랑스 대혁명사 下』, 도서출판 두레, 1984), 297쪽.

2. 상퀼로트sans-culottes와 파리코뮌

상퀼로트[14]의 행동방식은 외면적인 새로움에도 16~17세기 도시 혁명운동의 여러 관행들을 떠올리게 했다. 새로운 것, 그것은 시대와 그 시대 지식인들의 흔적을 담고 있는 언어였다. 그러나 진보라는 거대한 장치에 의해서 압축된 하층민들의 꿈은 언제나 동일한 주제를 중심으로 응고되었다. 각자에게 동일한 기회가 아니라 동일한 결과를 부여할 것, 그리고 모두에게 동일한 권리가 아니라 동일한 권력을 줄 것이라는 주제가 그것이다. 폭력은 현실과 유토피아의 괴리에서 유래하는 논리적 결과에 지나지 않았다. 그들의 강령에는 '루소주의'의 무의식적 차용과 평등주의를 생동시키는 자연발생적인 요구가 묘하게 혼합되어 있었다. 이 운동은 정신활동의 자유를 촉구했고, 교육을 중시했으며, 인민주권을 강조했다. 그들에게 인민주권이란 1차적 의회

---

14) 혁명의 적들이 급진주의자들을 일컬었던 말로, 그들은 금빛 culotte도 비단 양말도 착용하지 않고 단지 일종의 긴 바지를, 허리띠 위로는 짧은 조끼(그 유명한 까르마뇰)를 입었고, 그리고 부르주아에 의해서 민중세계로 소개된 듯한 붉은 챙 없는 모자를 썼다. 그들은 평등주의자이면서 고결한 이들이었다. F. Furet · D. Richet, La revolution francaise(김응종 옮김, 『프랑스 혁명사』, 일월서각, 1990), 231쪽.

가 가진 법을 비준하고 통제하며, 원하면 의원들을 소환하고, 공무원을 감시하며, 필요하면 봉기를 일으키는 권리를 의미했다. 재산권은 절대적이고 무제한적이라는 원리에 대해서 그들은 향유의 평등을 내세웠다. 그들은 재산권의 폐지를 주장하지는 않았지만, 재산을 물리적 필요의 규모로 제한하자고 했다. 값싼 빵에의 요구와 매점자에 대한 투쟁은 계속 파리의 민중을 동원시켰다.[15]

이러한 노력은 두 개의 상반된, 그러나 서로 짝을 이루는 결과를 이끌어내게 된다. 즉 하층계급의 언제나 더 많은 부분이 새로운 문화에 접근하게 된 것이 그 하나이고, 존재했던 문화를 갑작스럽게 제거함으로써 흔히 의식 속에 묻혀 있던 마비·저항 등의 노출이 또 다른 하나이다. 모든 진보는 억압이면서 동시에 압박이다. 모든 문화수용은 문화박탈인 것이다.[16] 이러한 물결은 공화국과 경제적·사회적 민주주의의 출현이라는 불가역의 원리를 제공한다.[17] 하지만 이들은 아직 한 세기를 더 기다려야 했다.

1871년 파리코뮌[18]은 모든 프랑스인에게 인간, 시민, 노동자로서의 능력보장을 위한 인권과 정치제도 재편성을 최초로 시도했다. 민중의 인권사상과 헌법사상이 민중운동, 노동운동, 사회주의운동 속에서 구가된 것이다. 전통적 인권에 사상·표현의 자유를 강조하는 자유권, 민중의 삶을 개선하기 위한 교육권과 사회권을 강조한 파리코뮌은

---

15) 위의 책, 232~233쪽.

16) 위의 책, "신판을 펴내며" 참조. 어쨌거나 혁명의 와중에 내부적인 반혁명과 연방주의가 고개를 들었고, 살아남은 지롱드파는 국민공회로 복귀했으며 상퀼로트 운동을 해체시켰다. Colin Jones, The Cambridge illustrated history of France(방문숙·이호영 옮김, 『케임브리지 프랑스사』, 시공사, 2001), 229~230쪽.

17) 성낙인, 『프랑스헌법학』, 법문사, 1995, 87쪽.

18) 이에 대해서는 노명식, 『프랑스 혁명에서 파리 꼼뮨까지 1789~1871』, 도서출판 까치, 1984, 257~294쪽 참조.

역사상 처음 출현한 노동자계급이 중심이 되어 구성된 민중의 권력이었다.[19] 파리코뮌이 선언되는 즈음 『인민의 외침Le cri pu peuple』은 「축제」라는 표제의 논설에서 다음과 같이 쓰고 있다.

> 코뮌이 선언되는 날, 그것은 혁명적이고 애국적인 축제의 날, 평화롭고 상쾌한 축제의 날, 도취와 장엄함 그리고 위대함과 환희에 넘치는 축제의 날이다. 그것은 1792년의 사람들을 우러러본 나날에 필적하는 축제의 하루이며, 제정 20년과 패전과 배반의 여섯 달을 위로해준다. (……) 코뮌이 선언된다. 오늘이야말로 사상과 혁명이 결혼하는 축전의 날이다. 내일은 시민병 제군, 어젯밤 환호로 맞아들여 결혼한 코뮌이 아기를 낳도록, 항상 자랑스럽게 자유를 지키면서 공장과 가게의 일터로 돌아가야 한다.
> 승리의 詩가 끝나고 노동의 산문이 시작되다.[20]

민중의 소박하고 약동하는 해방감이 코뮌의 파리를 뒤덮었다. 시민혁명을 통해 근대사회가 도래하면서 인권보장에서 많은 발전을 가져오기는 했지만, 노동자들은 예외였다. 그 당시 사회계층의 구조에서 노동자가 차지하는 비중이 매우 높았음에도 암울했던 시대적 상황은 노동자들로 하여금 봉기의 깃발을 들게 하는 명분을 갖게 하기에 충분한 것이었다. 따라서 파리코뮌이 성립함으로 인해 비로소 그들의 요구를 세상에 내놓을 수 있었던 것이다.[21]

---

19) 파리코뮌이 사실상 성립한 것은 1871년 3월 18일이며, 3월 28일에는 정식으로 그 성립을 선언하였다. 같은 해 5월 28일 베르사유 정부군에 진압될 때까지 약 2개월 남짓이라는 짧은 기간 동안 존속되었다. 파리코뮌은 근대 시민헌법의 어두운 측면을 극복하고자 인권보장과 민주주의, 군축·평화 문제에 대한 새로운 구상을 내세움으로써 근대 시민헌법을 한 단계 뛰어넘으려고 시도하였다. 杉原泰雄, 憲法の歷史(이경주 옮김, 『헌법의 역사』, 이론과 실천, 1999), 134~135쪽.

20) 노명식, 앞의 책, 284쪽에서 인용.

21) 레닌에 따르면 1871년 3월 결정적인 투쟁이 노동자들에게 강요되고 노동자들이 이것을 받아들였을 때 마르크스는 불리한 조짐에도 불구하고 프롤레타리아 혁명을 열렬히 환영하였다고 한다. 하지만 마르크스는 스스로 표현하였듯이 천국을 휩쓸어버리는 코뮌 사람들의 영웅주의에 대하여 그저 열광하기만 한 것은 아니었다. 그는 대중의 혁명운동 속에서 비록 그 목표는 달성되지 않았지만 엄청난 중요성을 지닌 역

　　파리코뮌이 추구한 인권보장책은 비록 짧은 동안이었지만 선언을
통해 시차를 두고 발표된다. 언론, 출판, 집회, 결사의 가장 완전한 자
유에서 비롯하여 개인의 존중과 사상의 불가침 그리고 종교, 연극, 출
판에 대한 모든 보조금 금지, 참정권 보장 같은 영역에까지 미친다.
정신적 자유권과 신체적 자유권 같은 전통적 인권을 염두에 두면서,
교육과 생산, 교환·신용을 발전 보급시키고 관계자의 희망과 필요,
경험에 근거하여 권력과 재산을 만인의 것으로 하기 위한 제도 창설,
참정권 보장 같은 사회권까지도 보장하려 했다. 사회경제적 약자에게
도 골고루 권리를 보장하며 재산이나 교육, 성별에 따른 제한 없이
모든 성년자에게 선거권을 보장하려고 하고 있었다. 그렇지만 이 파
리코뮌은 사회주의의 실현을 의도한 역사적 기초가 된다는 사실에서
이 또한 모순을 가지고 있었다.[22]

사적 실험과 세계 프롤레타리아 혁명상 모종의 진보와 수백 가지의 강령과 논의보다 더욱 중요한 실천적
일보를 보았던 것이다. Karl Marx, The Class Struggles in France, etc.,(허교진 역, 『프랑스혁명사 3부작』,
소나무, 1989), 375~376쪽 참조.

22) 스기하라 야스오/이경주 옮김, 앞의 책, 136~151쪽 참조.

3. 영국의 경우

  프랑스혁명에서 민중의 급진화에 공포감을 느낀 영국 지배층은 프
랑스혁명의 동력이 된 사회계약설이나 자연권사상의 영향이 영국 민
중에게 파급되는 것을 방지하려 하였다. 버크(Edmund Burke, 1729~
1797)가 쓴 『프랑스혁명에 대한 성찰Reflections on the Revolution in
France』(1790)은 그러한 방지책의 연장선상에서 나오게 된다. 물론 버
크는 이를 통해 전통에 근거한 보수주의 이데올로기의 초석을 놓게
된다. 과거와 전통을 존중하면서 개혁지향적인 것으로 명예혁명의 성
격을 규정한 버크는 명예혁명을 옹호한 반면, 프랑스혁명의 파괴와
사회에 대한 사회공학적 접근을 신랄하게 비판하였다.[23] 그는 인간
의 역사는 신의 계획에 따르는 것이고, 그것은 민족의 전통과 역사
속에서 구현되며, 따라서 사회계약설과 같이 인간이 자유롭게 국가
및 정부를 세우거나 파괴할 수는 없다고 말했다. 일찍이 영국 시민계
급은 자연권·자연법의 깃발을 높이 들고 절대군주의 폭정을 타도하

---

23) 버크의 이론으로부터 보수주의Conservatism라는 사조가 발달한다. 박지향, 앞의 책, 360쪽 참조.

였으나, 이제는 지배층의 일각에 발판을 굳힌 상층 부르주아지는 소시민층이나 노동자계급의 대두에 공포감을 품고 보수화하였다.

시민혁명기에도 혁명을 이끌었던 세력들은 하층민에게 선거권을 주지 않았고 여전히 제한적인 선거제도를 유지하였다.[24] 미국에서는 여성과 흑인에게 선거권을 인정치 않았으며 프랑스에서도 재산에 따른 자격을 설정하고 그에 따라 선거권 부여를 결정하였다. 이런 까닭으로 말미암아 민주주의를 진전시키기에는 한계가 있었고, 이러한 현상을 타파하기 위한 움직임이 일어난다.

이때(1815년경) 영국에서는 벤담이 등장하여 보통선거권을 지지한다. 모든 사회계약의 이상에 대한 단호한 반대자였던 그는 프랑스혁명을 반대하였으며 역대 영국 정부가 그의 계획에 관심을 기울이도록 노력하였다.[25] 그는 지배층이 알레르기를 일으킬 위험한 용어인 자연권이란 말을 조심스럽게 피하고 功利란 말을 써서, 공리주의 utilitarianism에 기초한 法典化를 주장하고 관습법을 비판하였으며 능률적인 관리를 위한 원형교도소(panopticon)를 고안하기도 하였다.[26] '공리'라는 말이 뜻하는 '최대 다수의 최대 행복'을 달성하기 위해서 그는 좋은 법률의 제정이 필요하며, 좋은 법률을 제정하는 데는 좋은 의회가 필요하고, 이를 위해서는 국민 다수가 정치에 참가하는 선거제가 필요하다고 주장하였다. 이 벤담주의는 경제적 활동에서 국가의 간섭을 배제하려 했던 중·소 생산자층에서 노동자계급에 이르기까지 점차로 많은 지지를 받게 되었다.

---

24) Kenneth O. Morgan ed., The Oxford history of Britain(영국사학회 옮김, 『옥스퍼드 영국사』, 한울아카데미, 1997), 410~528쪽 참조.

25) 위의 책, 500~501쪽.

26) 이경일, 앞의 논문, 82쪽.

19세기 중엽 이후 민주주의의 시선은 드디어 경제적 불평등의 시정, 사회적 약자의 구제라는 방향으로 중점이 옮겨갔다. 노동력의 판매자와 구매자가 어떤 제3자의 간섭도 받지 않고 각자의 자유의사에 따라 서로 상품교환 주체로서 완전 자유롭다는 의미에서 평등한 입장으로 거래한다는 생각[27]은 허무하게 무너져 갔다.

여기에 역사학자 톰슨(Edward Palmer Thompson, 1924~1993)이 『영국 노동자계급의 형성The Making of the English Working Class』에서 서술했던 것처럼, 19세기 초반 사람들의 금전적 수입은 증가했음에도 도시의 지저분한 사람들의 강제적 이주, 그리고 농촌 생계수단의 상실은 진보가 아니라 박탈로 감지되기 시작한 것이다.[28]

하지만 영국은 일찍 눈을 뜬 나라이기도 했다. 영국은 빈민구제에 관한 국가책임을 가장 먼저 확립시켰다.[29] 에드워드 3세는 1351년 노동법을 제정하여 부랑과 구걸행위를 예방하는 동시에 농촌 노동자들을 토지에 묶어두어 노동력부족 문제를 해결하려 했다. 이어서 1388년 노동법이 '빈민법the Poor Law Act'으로 재현되고, 헨리 8세 때인 1536년 '건장한 부랑자 및 걸인의 처벌에 관한 법'이 만들어져 구빈

---

27) 물론 이런 사상을 대표하는 사람이 앞에서 다룬 로크였다. 시민사회 이전에 출현한 것이기 때문에 이것을 자연권으로 사고했고, 인간에게 고유한, 인간에게 불가결한, 인간의 본성이라고 생각되고 있었으므로 자연권이었다.

28) 이와 같은 사실은 영국, 프랑스, 스페인 그리고 네덜란드 사람들이 자신들의 제국적 의지를 표현했던 식민지 토착민들의 생활양식을 야만적으로 몰아냈던 점에 대해서는 중요한 함의를 지닌다. 이 제국주의자들은 화폐가 필요 없는 자립적 경제를 변형시켜 시장을 위해 작물을 재배하도록 만들었다. 강제로 인디고를 재배하거나 아편을 경작하게 된 인도의 농부들은 거대한 폭력의 희생자들이었다. 농부들이 자신의 가족을 먹여 살리는 것은 불가능해졌다. 이러한 간섭은 오래된 문화와 문명을 파괴했다. 사람들은 생존 대신 판매를 위해 작물을 재배하도록 강요받았다. 이는 곧 현재 전 세계에서의 표준적인 일이기도 하다. Jeremy Seabrook, THE NO-NONSENSE GUIDE TO WORLD POVERTY(황성원 역, 『세계의 빈곤, 누구의 책임인가?』, 이후, 2007), 83~84쪽 참조.

29) 이하에서는 주로 영국을 중심으로 전개하려고 한다. 그 까닭은 19세기 통일된 독일에서 새로운 사회복지제도가 출현하기 전까지 유럽에서 유일하게 근대적 사회복지제도를 운영했던 나라가 영국이기 때문이다. 허구생, 『빈곤의 역사, 복지의 역사』, 한울아카데미, 2006, 171쪽 이하 참조.

법의 실질적인 시초가 열리게 된다.[30]

엘리자베스 1세는 1601년 15세기 말 이후 영국 자본주의 축적 과정에서 파생된 빈곤문제를 빈민통제적·치안유지적 입장에서 해결하기 위해 시행해오던 법령을 집대성한 '구구빈법Old Poor Law'(엘리자베스 구빈법)을 제정하여 구빈제도의 기초를 갖추었지만,[31] 산업혁명의 진전이 가져온 농업사회에서 산업사회로 변화되는 과정에서 야기된 빈부격차 증가, 임금노동자들의 빈민계층 형성, 자본가계급과 노동자계급으로 분화는 심각한 사회문제로 대두된다. 이어 찰스 2세는 빈민의 소속교구를 분명히 하고 빈민들의 도시유입을 막기 위해 1662년 교구에 정착해 거주할 자격을 규정한 정주법The Settlement Act of Charles Ⅱ을 제정하고,[32] 1782년 길버트법, 1795년 스핀햄랜드법, 1834년 개정구빈법Poor Law Amendment 또는 신구빈법New Poor Law이라 불리는 '잉글랜드와 웨일즈 빈민들에 대한 법의 관리개선 그리고 개정에 관한 법An Act for the Amendment and Better Administration of the Laws to the Poor in England and Wales'이 차례로 만들어진다.

---

30) 최무열, 사회복지의 뿌리를 찾아서, 나눔의집 출판사, 2000, 103쪽.

31) 이 법을 '빈민법'으로 번역하여 사회복지법의 기원으로 삼는 경우가 많다. 황인옥 외, 『사회복지법제론』, 학현사, 2005, 54~55쪽 참조. 이 법을 통해 구빈자를 세 부류로 나누었는데, 첫째, 노동능력이 있는 빈민, 둘째, 노동능력이 없는 빈민, 셋째, 보호자가 없는 아동·건강하고 노동능력이 있는 빈민이 그 분류이다. 노동능력이 있는 빈민은 가치 없는 빈민으로 기혼과 미혼을 가리지 않고 강제노역을 시켰고 거부할 경우 감옥에 투옥했다. 노동능력이 없는 빈민에는 대개 장애인이나 노인 등이 포함되었는데 이들은 구빈원almshouse 또는 자선원charitable hospital에 수용되어 제한된 보호를 받도록 했다. 보호자 없는 아동과 건강하고 노동능력이 있는 빈민들은 도제apprentice와 입양을 통하여 보호했는데 8세 이상의 소년은 24세까지 도제계약을 맺어 장인에게서 기술을 배우고, 소녀들은 21세 혹은 결혼할 때까지 가사 돌보는 하녀로서 생활을 했으며 공장주에게 맡겨 작업장에서 강제노역을 시키기도 했다. 어쨌거나 19세기 후반까지 빈곤의 원인을 개인에게 돌림으로써 구빈을 국가의 책임으로 공식화보다는 빈민통제에 그 실질적인 목적이 있었고 이는 빈민구제보다는 사회불안을 해소하기 위한 억압 통제수단으로(정주법 등의 제정을 통한) 작용하게 된다.

32) 물론 정착해 거주할 수 있는 자격은 제한되어 교구 내에서 출생한 자, 여자인 경우 결혼을 하였거나 1년 1일 동안 교구 내에서 일하고 있는 자였다.

제1차 세계대전 이후 만성화된 실업문제가 중요한 사회문제로 대두되었고 1908년 노령연금법, 1911년 영국 최초의 사회보험법이라 할 수 있는 국민보험법National Insurance Act이 제정되어 전국단일 국가보험 형태가 정착되었으며 1921년 실업보험법을 제정하였다. 이어서 구빈법 원칙이 실질적으로 폐지되고 공공부조가 확립된 것은 1929년 지방정부법Local Government Act에 의해서였는데 이 법의 발효와 더불어 '구제규제령'이 시행되어 능력 있는 빈민에 대한 작업장 수용과 열등처우의 원칙을 부정함으로써 형식적으로 구빈법 체제가 종결되게 된다. 1930년대 세계대공황으로 야기된 저임금과 대량실업은 사회보험 확충과 국가정책의 개입을 요구하게 되어 1941년 처칠정부는 사회재건을 위한 조치를 강구한다. 이때 등장한 게 그 유명한 비버리지보고서이다. 비버리지 구상은 1943년의 신체장애자고용법, 1945년의 가족수당법·국민보험법, 1946년의 국민보건서비스법(이 법에 의하여 대부분의 병원을 국유화하고 이를 통해 의료의 사회화를 이룩하는 등의 사회보장제도를 실시 '요람에서 무덤까지'라는 말이 탄생한다) 등으로 구체화하였다. 그리고 국가적 최소한의 이념에 기반을 둔 공공부조에 관한 입법으로는 1948년 제정된 국가부조법National Assistance Ac을 들 수 있는데, 이로 인해 빈민법은 340여 년간의 역사를 마무리하게 된다. 1966년 국민부조는 보충적 급여Supplementary Benefit로 명칭이 바뀌고, 보충적 급여는 1988년 소득보조Income Support로 대체된다.[33)

영국 사회는 자유주의에 대한 강한 신념이 오랫동안 지배하고 있었

---

33) 강희갑, 『사회복지법제론』, 양서원, 2006, 27~29쪽 참조.

던 까닭으로 말미암아 이처럼 현대적인 사회복지정책의 실시는 비교적 늦은 시기에 실행되었다. 그럼에도 이러한 사회적 분위기는 오히려 더욱 든든한 법제도를 가꾸어 나가는 데 큰 힘이 되었다. 적극적인 의미로서의 개개인의 자유를 증대시키기 위해 국가는 그 조건을 바람직한 방향으로 촉진시킬 의무를 다하는데 그들 구성원들의 의사를 반영시킬 수 있도록 유도하고 실제로 그에 걸맞은 조치로서 사회법을 등장시키고 있는 것이다. 이렇듯 영국은 의회민주주의를 바탕으로 아래로부터의 혁명을 통해 민주주의를 발전시켰고, 오랜 보수주의적 전통과 아직 다듬어지지 않은 사회주의의 사이에서 새로운 질서를 만들어 냄으로써 국가의 역할이 무엇이어야 하는가를 보여주었다.

4. 인권과 법전화

　동시대적 가치를 지닌 하나의 사상을 실정의 법에 편입하는 작업, 아니 새로운 法典化를 하나의 형식이 아니라 그 자체를 하나의 사상이라고 생각한다면 그 사상과 또 그것이 왜 법전 형식으로 표현하려 하는가를 이해해야 한다.[34] 그것은 이상화에의 요청이다.

　근대 이후 국민의 권리, 즉 절대 권력이 침범할 수 없는 영역을 명시하여 국민의 권리를 보장하는 제도가 영국에서 처음으로 출현하였고, 이어 17세기 영국에서 나타났던 법에서의 일련의 변화들은 인권을 헌법에 수용토록 하는 과정에서 특별한 의미를 갖게 된다. 그 원인이 바로 전통적 권력구조의 변화를 가져온 대지주와 시민계층의 등장이었기 때문이다.[35]

　이미 살펴본 것처럼 인권 개념은 17~18세기 자연법사상에서 비롯되어 미국의 독립혁명(버지니아의 권리장전과 미국의 독립선언,

---

34) John Henry Merryman, The Civil Law Tradition: An Introduction to the Legal Systems of Western Europe and Latin America(윤대규 번역, 『시민법전통』, 경남대학교출판부, 2004), 54쪽.

35) 민경배, 앞의 논문, 306~307쪽 참조.

1776)과 프랑스혁명의 과정에서 근대 시민법전에 도입되게 된다.[36] 이로부터 비롯된 인권선언은 그러한 자연법사상의 실증적 표현이라고 할 수 있다.[37] 근대 시민법전, 곧 헌법전에 의한 인권보장의 서막이 막을 올리게 되는 것이다.

즉 ancien regime 체제하에서 지배의 대상인 신민이 프랑스혁명으로 인권을 갖게 되었고, 정부는 인권을 유지하기 위한 수단의 차원에서 기능하며, 그에 기속된 권력을 행사해야만 하는 것이다. 이제 인권의 불가침성은 물론이고 개개인이 자유권 중심의 인권보장에 더해 재산권을 필두로 한 경제적 자유와 포괄적인 의미에서의 문화와 예술을 향유할 자유, 나아가 정부 권력의 제한을 요구하고 평등한 사람들이 만든 평등한 법에 의해 재판을 받을 수 있는 권리까지도 가질 수 있도록 법제도가 마련된다. 그리고 이러한 실정법에로의 편제과정은

---

36) 물론 다른 해석도 가능하다. 이런 프랑스의 법전화 사상은 비록 시민혁명 직후보다는 훨씬 온건하였으나 프랑스 시민혁명의 이데올로기를 정확하게 반영하고 있었다. 예를 들어 모든 과거의 법을 폐지하여 법의 효력을 새로운 입법에 국한하고자 하는 하나의 이유는 국가주의, 즉 민족국가의 영광 때문이었다. 국가가 창설되기 전의 과거에 기원을 가진 법은 이러한 국가주의의 이념과 충돌하였다. 국가 외부에 기원을 가진 법, 가령 유럽의 보통법 같은 것도 마찬가지였다. 당시의 민족주의도 중요한 요인이었다. 프랑스에서 혁명 이전의 법 가운데 많은 것은 프랑스적이라기보다는 유럽적인 기원을 갖는 것이었다. 따라서 이것은 새롭게 솟아오르는 프랑스의 민족주의 정신을 모욕하는 것이었다. 동시에 많은 프랑스적인 것(특히, 북부지방의 관습법coutumes)이 이제는 반드시 보존되어야 하고, 미화되어야 한다는 식으로 나타났다. 중앙집권화 국가로 옮겨가기 위해서는 프랑스 여러 지방의 법제도와 법문헌 등에 존재하는 다양성으로부터 어떤 단일성을 부여하는 것이 중요한 과제였다. 모든 프랑스인에게 적용되는 한 가지 법이라는 세속 자연법사상도 이러한 방향을 위한 것이었다. 당시 충만했던 합리주의도 프랑스 법전화에 중요한 영향을 미쳤다. 그러나 단지 과장된 합리주의만이 법률의 폐지로 역사가 폐지될 수 있다고 하는 신념을 설명해줄 수 있을 것이다. 그러한 태도는 일반적으로 바람직하지 못했던 과거의 체제로부터 어떤 바람직한 면만을 포함하는 전혀 새로운 법체계가 만들어져서 과거 체제를 대신할 수 있다는 가정에 은연중 나타나 있다. 즉 세속적 자연법학파 사상가들이 수립한 기본전제들을 추론함으로써 새로운 사회와 새로운 정부가 필요로 하는 요구를 충족할 수 있는 법체계를 만들어낼 수 있다는 것이 그 가정이었다. 물론 당시의 법학자들은 과거에 훈련을 받았던 사람들이었으며, 따라서 그들이 가지고 있던 법적 개념, 제도, 과정은 모두 과거의 법 방식 대로였다. 결과적으로 프랑스의 법전을 만드는데 참여한 사람들은 과거의 법과 법학으로부터 많은 것을 여기에 포함시켰다. 이렇게 하여 과거의 법문화와 어느 정도 계속성이 유지되었다. 그러나 이로써 프랑스 시민혁명의 법적인 합의가 어느 정도 완화되기는 하였으나, 전적으로 이를 피할 수는 없었다. John Henry Merryman/윤대규 번역, 앞의 책, 55~56쪽.

37) 성낙인, 앞의 책, 765쪽.

1919년 바이마르헌법[38])에 의해 만개된다. 국민들의 자결권에 근거를 두고[39]) 권위주의적 국가를 전면 배제하면서 국민을 절대적으로 신뢰한 국민주권의 원리 위에 국민에 의한 국민의 지배, 국가와 국민의 일체화를 신중하게 시도한 것이다.[40])

이 헌법이야말로 19세기적인 자유주의적 민주주의에 기초하면서도 재산권의 의무성을 강조하고, 만인에 대하여 인간다운 생활을 보장하는 것을 이상으로 하는 태도를 취한 점에서 20세기적 헌법의 전형으로 손색이 없는 것이다.[41]) 패전과 혁명의 소용돌이 속에 수립된 바이마르공화국은 가장 민주적인 헌법에 기초하였으므로 '지구상에서 가장 자유스러운 사람들이 되었다'는 자부로써 패전의 상흔을 달래려 했는지도 모른다.[42])

바이마르헌법 제정자들은 시민적 자유주의 시대에 인간은 존엄과 품위를 스스로의 권리로 주장할 수 있다는 것을 하나의 엄연한 진리로 공인되도록 한 프랑스혁명의 영향 아래 형성된 자유주의와 민주주의에 대하여 감상적일 만큼 확신을 가지고 헌법을 제정하였다.[43]) 그리고 헌법의 과제는 국가제도가 국민의사에 따라 기능함으로써 국

---

38) 황금의 20년Goldene Zwanziger Jahre! Sturm und Drang의 중심인물로 지금도 그 그늘에 인간을 쉽게 만드는 괴테(Johann Wolfgang von Goethe)와 실러(Friedrich von Schiller), 니체(Friedrich Wilhelm Nietz), 18世紀와 19世紀에 걸쳐 독일 정신문화의 중심이자 고전문학의 메카, 이러함이 바이마르의 상징들이었고, "Die Verfassung des Deutschen Reichs vom 11 August 1919"라는 이름에 더해 '한 아름의 다채로운 꽃다발'(Fritz Hartung의 표현. vgl. Fritz Hartung, Deutsche Verfassungsgeschichte, 8.Aufl., Stuttgart: K. F. Koehler Verlag, 1964, S.324. 이 헌법에서의 기본권 조항을 일컫는 표현이다)까지 선물 받았고 이로써 독일은 세계적으로 가장 앞선 민주헌법을 갖게 되었고, 의회주의 공화국이 되었다.

39) Christian-Friedrich Menger/김효전 · 김태홍 옮김, 앞의 책, 354~355쪽.

40) 한태연, 「세 개의 정부형태」, 『문송정종학박사화갑기념논문집』, 1993, 23쪽 참조.

41) 권영성, 『비교헌법학』, 법문사, 1981, 300쪽.

42) 이민호, 『근대독일사연구』, 서울대학교출판부, 1981, 373~374쪽.

43) 백경남, 『바이마르 공화국』, 종로서적출판주식회사, 1985, 141쪽.

민의 자유와 권리를 보장하는 데 있다고 간주하였다. 그리하여 기본권은 과거의 자유주의 정신뿐만 아니라 새로운 사회의 질서를 위한 새로운 사상의 근거를 가지게 되는데 바로 민주주의 이념인 인간의 존엄, 자유, 평등의 사상과 그 맥락을 같이한다.

전체적으로 보아 바이마르헌법은 독일헌정사에 신기원을 열었다.[44] 이어 현대적 의미의 헌법을 통해 자본주의 틀 속에서 모든 국민에게 인간다운 삶을 보장할 것을 명시하고, 근대Pre-Modern 시민헌법의 인권보장에서는 볼 수 없었던 대응을 하게 된다. 사회경제적 약자에게 복지적 사회권을 보장하고, 파편적으로 실현되었던 참정권을 강화하기 위해 직접 민주제를 도입했으며, 인권보장 수단을 강화하기 위한 방안을 마련하게 되는 것이다.

제도란 어떤 것이든 각자의 힘에 의해 무게가 가늠되는 이익집단 사이의 절충이라 볼 수 있지만, 시간이 흐르면서 상대적 힘이 변한다면 이 역시 변하게 된다.[45] 복지를 제도라 부를 수 있다면 이 또한 역사 속에서 빚어지는 힘의 변화에 의해서 비로소 모든 인간의 영역으로 발걸음을 옮기게 된다.

사실 인권 개념은 오랫동안 다양한 분야의 전문가들에게 관심을 끌어왔다. 인권 원칙들이 일정 부분 문화에 대한 이해와 가용자원에 대하여 고려할 것을 요구했기 때문인데, 이로 인해 사회복지 또한 인권과 관련해 갖가지 방향에서의 그 관계 설정을 요구받게 된다.

인권에 기초한 사회복지 실천이 차별, 불평등, 빈곤과 기타 사회문

---

44) 송석윤, 『위기시대의 헌법학』, 정우사, 2002, 92쪽.

45) John P. Powelson, Centuries of Economic Endeavor: Parallel Paths in Japan and Europe and Their Contrast with the Third World(권기대 역, 『부와 빈곤의 역사』, 나남출판, 2007), 31쪽.

제를 치유하는 데 만병통치약이 아님은 분명하지만, 인권에 대한 관념을 사회복지에 통합시킬 때 그러한 이슈를 어떻게 다룰 것인지에 대한 통찰력은 얻게 될 것이다.[46)

일찍이 헤겔은 복지를 목적의 실현 속에서 자신의 관심이 충족되어 있는 만족의 상태로 상론했다. 그런데 이러한 복지는 욕구들의 직접적이고 말초적인 만족 속에서는 길러낼 수 없다. 왜냐하면 도덕성에 기초하여 그 전체와 관계된 보편적인 목적으로서, 그것이 복지와 행복의 목적으로 고양되어 자기 내 반성된 의지에 속하여 반성하는 사고와 결합하여야 하기 때문이다.[47) 도덕적 주관은 자신의 복지만을 문제 삼지 않는다. 개인의 자기 복지는 타인의 의지에 긍정적으로 관계한다. 이렇게 된다면 행위자의 복지뿐만 아니라 타인의 복지까지도 살필 수 있게 된다.[48) 그런데 헤겔에게 법의 이념은 자유였다.[49)

여기에서 법제정의 주체이자 법 실현의 테두리를 설정하는 국가의 개입이 문제될 수 있다. 가령 급부에 대한 넓은 개념에 기초할 때 국가의 적극적 행위를 대상으로 하는 모든 권리를 넓은 의미의 국가적 급부에 관한 권리, 곧 넓은 의미의 급부권으로 지칭할 수 있을 것이다. 문제는 넓은 의미의 급부권을 보장하는 규범이 또 다른 의미에서 기본권의 규정에 편입될 수 있는 가이다.[50)

현대 저개발국가들의 빈곤에 대한 문제는 복지에 대한 개념 자체

---

46) Elisabeth Reichert, Social Work and Human Rights(국가인권위원회 사회복지연구회 역, 『사회복지와 인권』, 인간과복지, 2008), 11∼15쪽 참조.

47) 홍영두, 앞의 논문, 104쪽 참조.

48) 위의 논문, 107·111쪽 참조.

49) 유덕수, 「헤겔 법철학에 나타난 자유의지 개념에 대한 연구」, 건국대학교 대학원 박사학위논문, 2001, 17쪽 참조.

50) Robert Alexy, Theorie der Grundrechte(이준일 역, 『기본권이론』, 한길사, 2007), 509쪽.

를 새롭게 인식하게 만드는 중요수단이 되고 있다.[51] 왜냐하면 빈곤에 대한 상황을 파악하는 차원이 점차로 확대되고 있기 때문이다. 이제는 연령이나, 계급, 인종 또는 사회적 계층 간의 차별이나 격차, 지역 공간 간의 차이뿐만 아니라 심리적 행복, 권리, 안전, 성, 죽음, 시간 그리고 사회제도가 빈곤의 차원에서 도입되어 조명되고 있다. 바야흐로 빈곤에 대한 질적·양적 분석이 종합되고 있는 것이다.[52]

영속적인 제도란 존재하지 않는다는 명제에 따르지 않더라도 틀을 구축하기도 전에 그 틀의 근원이 되어야 할 토대가 빈약해질 수밖에 없다. 그나마 다행인 것은 권력 확산 과정이 진행되면 두 개 또는 그 이상의 집단에 의해서 다른 집단들을 해치지 않는 행동양식이 자유롭게 협상될 수 있다는 점이다.[53] 복지(제도) 또한 빈곤과 연계된 그러한 행동양식에 기반을 두어야 할 것이다.

따라서 법이 제도로서 때때로 목적을 실현하기 위해, 그 정당한 결과를 찾아내곤 하는데 이 같은 의도는 막연히 법제정의 포폄을 가르는 데 있지는 않은 것이다. 따라서 사회복지 법에의 내재화는 인권사상의 진전에 획기적 전환점을 제시해주기에 충분한 것이다.

---

51) 저개발 국가에 해당하는 나라들 중에서 30개국이 아프리카에 있고, 13개국이 아시아 태평양지역에 있으며, 5개국이 아랍 국가들이고, 1개국이 아메리카 대륙에 있다. 그 기준은 낮은 임금 기준(일인당 99달러 이하), 영양, 건강, 교육, 및 성인 문맹률 척도를 근거로 한 인적 취약성 기준, 농업 생산의 불안정성 척도를 근거로 한 경제적 기준, 상품과 서비스의 수출 불안정성, 비전통적 활동들의 경제적 중요성, 상품 수출 집중도, 그리고 소규모 경제라는 악조건 등이다. 저개발국가들은 이제 그들의 주요한 수출량 중에서 세계 시장에서의 지분을 상실하고 있고 순수한 상품 수입자가 되고 있는 것이다. 무역이 증가하고 부가 쌓이면서도 빈곤은 지속된다. Jeremy Seabrook/황성원 역, 앞의 책, 50~54쪽 참조.

52) 이와 관련하여 성장과 빈곤의 관계에 대하여도 많은 논쟁이 있어 왔는데 최근에 수렴된 잠정적 결론은, 우선 소득의 성장은 빈곤감축에 필요한 조건은 되나 충분한 조건은 아니라는 점이고, 다음은 선순환적인 지속적 성장은 성장만을 일시적으로 우선 과제로 하는 경우 확보하기 힘들지만 유아사망 감축·생존기간 연장·문맹축소 등과 같은 인간 발전의 지속적 향상이 성장과 상호 간에 밀어주는 작용에 의하여 달성될 수 있음을 발전도상에 있는 여러 나라들의 성장과정을 통해 확인하게 되었다는 점이다. 서병수, 「한국의 빈곤에 대한 다차원적 분석」, 한림대학교 대학원 박사학위논문, 2007, 3쪽 참조.

53) John P. Powelson/권기대 역, 앞의 책, 30~33쪽 참조.

IV. 아시아와 한국

1. 아시아라는 조건

인권의 관념을 아시아에 적용시키려는 시도에 반드시 등장하는 태도가 문화상대주의(cultural relativism)이다. 여기서 문화상대주의는 '특정한 도덕적 기준을 승인하는 문화에 속하는 사람들에게만 그 도덕 기준이 적용된다는' 것으로 문화상대주의자는 '인권을 승인하는 전통이 있는 문화를 가진 사람에게만 인권 규범이 적용된다고' 본다.[1] 그 어떤 영역보다 인권 차원에서 문화상대주의에 대한 정당성을 논의한다는 것은 참으로 어려운 문제이다. 인권의 보편성을 아무런 의심 없이 받아들이는 사람에게도, 또는 인권의 특수성을 이야기하는 사람에게도 아시아적 가치에 대한 생각과 결합시켜 논의를 진행할 때는 상당한 진통이 따를 수밖에 없게 된다.

대저 역사를 구성하는 기본적 요소에는 지역성과 시간성의 양면이 있다. 역사는 항상 양자의 관계를 통해 이해해야 할 것으로 지역성에

---

1) William J. Talbott, Which Rights Should be Universal?(은우근 옮김, 『인권의 발견』, 한길사, 2011), 95~109쪽 참조.

대한 시간성이 관계됨으로써 역사적 세계가 성립하는 것이다. 물론 여기서의 지역성이란 자연지리적인 것들뿐만 아니라 거주하는 민족과 그들에 의해 형성된 사회를 포함하는 것이다. 그리고 시간성이란 역사적 발전 그 자체이다.

역사적 발전을 구체적으로 파악하기 위해서는 오랜 과거로부터 걸어온 인간사회나 문화발달의 질서를 구체적으로 세우고자 하는 시도가 요구된다. 말할 필요도 없이 현재 우리들이 살고 있는 것과 같은 구조를 가진 세계, 즉 지리적 세계와 역사적 세계가 서로 겹쳐져서 정치·경제·사상·문화 등의 여러 모습이 유기적으로 얽혀 있는 세계가 출현한 것은 16세기 이후 유럽인들의 지리적 세계 전체로의 진출 내지는 그 속에서의 활약에 의해, 세계의 유럽화 내지 유럽문화에 의한 세계의 일체화가 달성된 다음이다. 근대 이전의 세계에서는 구조사의 보편성이 없었고, 오히려 몇 개의 개별적인 역사적 세계의 병존만이 있었다.[2] 이는 아시아라 해서 예외가 아니다.[3]

---

2) 그렇다고 역사발전이 지역성에 강하게 지배된다는 점을 과대하게 평가해서도 안 될 것이다. 지역의 특수성에 충분히 관심을 보이면서도 개별적인 각각의 역사계가 세계사의 보편적 발전의 길을 걷고 어떻게 작용·반작용하는가를 살피고 개개의 역사적 사실을 이 입장에서 분석하고 이해해가는 노력을 아껴서는 안 될 것이다. 시마다 마사오/임대희 외 옮김, 앞의 책, 375~377쪽.

3) '동양'이라는 말과 함께 '아시아'라는 말에 내포된 역사적 맥락 또한 인권사상을 이해하는 데 도움을 줄 수 있다. 東과 西는 역사·지리적 그리고 정치·문화적 복합 개념으로 그 개념의 복합성만큼이나 이해에서도 복잡한 과정을 거쳐 왔다. 오늘에 와서 동은 동양the Orient이나 동방the East, 서는 서양the Occident이나 서방the West-때로는 서구 혹은 유럽-에 대한 범칭으로서 동·서양인이 공히 그 범주를 인정하고 그대로 사용하고 있다. 그러나 역사적으로 보면 동양인과 서양인은 서로 다른 필요에 의해서 출발하여 서로 다른 기준으로 그 개념을 제시하였다. 그 과정을 통관하면 중세적 개념과 근세적 개념으로 대별할 수 있다. 중세적(고전적) 개념이란 중세에 중국인(주로 宋·元·明代)들과 중국에 온 유럽 선교사들에 의해 제시된 개념을 말한다. 중국인들은 南海를 비롯한 인도양에 대한 지식이 깊어짐에 따라 宋代(960~1279) 말에 처음으로 항해 침로를 기선으로 하여 바다를 지리적으로 구분하기 시작하였다. 당시는 중국 廣州로부터 인도네시아 수마트라 이동의 바다를 東南海로, 그 이서의 바다를 西南海로 지칭하면서 그 영내에 있는 나라들을 이러한 지리적 범주 속에 소속시켰다. 그러다가 元代(1280~1367)에 이르러 이러한 지리적 획분이 더욱 세분화됨으로써 처음으로 그에 상응한 '동양'과 '서양'이란 용어가 출현하였다. 여기에서의 동양과 서양은 어디까지나 '큰 바다洋'를 기준으로 한 '동쪽 바다the Eastern Ocean'와 '서쪽 바다the Western Ocean'란 뜻으로서 오늘날의 동양과 서양의 개념과는 판이하다. 원대의 여행기나 풍물기에서 동양과 서양이라는 용어가 초견된다. 예컨대 天南行記와 眞臘風土記, 西洋國黃毛皮子 조에 西洋布라는 말이 나오는가 하면, 南

미셸린 이사이는 인도와 중국은 물론 이슬람권이 근대적 인권 담론을 주도적으로 전개하지 못한 이유를 서구사회가 획득한 유리한 조건을 확보하지 못했기 때문이라고 보았다. 즉 종교개혁이나 과학의 발전, 중상주의, 국민국가의 공고화, 해상원정, 혁명적 중산층의 대두

海志에는 대소 동서양에 관한 내용이 기술되어 있다. 이렇게 보면 원대의 동서양은 광주~칼리만탄 Kalimantan, 加里曼丹 섬 서안~순다Sunda 해협을 계선으로 하여 획분되었다. 즉 칼리만탄 섬과 자바 섬 이동의 지역과 수역은 동양이고, 그 이서의 인도양까지를 포함한 지역과 수역을 서양이라고 불렀다. 明代(1368~1661) 초에 이르러 위대한 항해가 鄭和의 7차 서양 사행(1405~1433)을 계기로 동서양의 개념에 일련의 변화가 일어났다. 가장 중요한 변화는 서양이 포괄하는 범위가 크게 확대된 것이다. 명 태조 本紀 洪武 3년(1370)조에 점성Champ · 자바와 함께 서양이 조공했다는 기록이 있는데, 明史로서는 이것이 서양에 관한 첫 기록이다. 정화의 7차 출사 시 서기관을 담당했던 鞏珍이 쓴 西洋番國志(1434)에는 서양 대상지를 무려 120개 나라와 지역으로 잡고 있다. 그 후 1520년 찬술된 黃省曾의 西洋朝貢典錄에 보면 서양에 점성, 자바, 수마트라, 실론, 阿丹(아라비아 반도 서남단의 아덴), 天方(사우디아라비아의 메카) 등 23개 나라를 포함시키고 있다. 그러다가 명대 중기에 오면 광주~보르네오가 동서양의 분수령이 되면서 명 초까지의 대동양이 서양에 편입되어 동양의 범위는 점차 동쪽으로 이동해 본래의 소동양과 그 이동이 동양으로 재편된다. 그 밖에 명대의 일부 서적에는 서양을 泰西, 極西로 지칭하는 경우도 있었다. 한편 명대 중기 이후 중국에 온 유럽 선교사들은 서방에 대한 자신들의 지견과 중국인들의 대양 중심의 전통 획분법을 절충하여 나름대로 동서양 개념을 창출했다. 그들은 한자로 세계지도를 설명하면서 북부 태평양 이서를 대동양, 이동을 소동양이라 하고, 인도양 이서를 소서양, 유럽 이서를 대서양이라고 명명하면서 자신들을 대서양인이라고 지칭하였다. 오늘날의 중근동을 서양에 편입시키는 편견은 이들의 주장에서 영향을 받은 것으로 보인다. 이상의 중세적인 개념에 견주어 근세에 와서 동양과 서양에 대한 개념은 사뭇 달라졌다. 동양과 서양에 대한 근세적 개념이란 18세기 이후 유럽 중심주의를 지향한 유럽인들이 제시한 새로운 개념이다. 일찍부터 유럽인들에게는 '東'이나 '동쪽 지방'이란 지리적 · 역사적 개념이 있었다. 그런데 이러한 개념은 오늘의 '아시아'란 개념으로 표출되었다. 원래 앗시리아어에서 '日出'을 뜻하는 단어 'assu'가 그 어원인데, 역사 기록에 의하면 기원전 1235년경 흑해 지방으로부터 바빌로니아까지 지배하던 히타이트 왕이에게 해 동쪽에 있는 앗수바Assuva란 부족 또는 그 연합체의 영토를 정복한 적이 있었다. 후일 그리스인들 역시 에게 해 동쪽에 있는 '무한대의 대륙'을 막연하게나마 '동쪽 지역'이란 뜻의 아스바As⟨e⟩va로 지칭하였다. 그러다 근대에 와서 서양인들이 식민지 대상이 된 동밖을 지칭하기 위하여 고대 그리스인들이 '돈쪽 지방'이란 뜻으로 사용하던 '아스바As⟨e⟩va'를 유사음인 '아시아Asia'로 재생시킨 것이다. 동양인을 비롯한 세계인들이 이를 답습함으로써 오늘날엔 '아시아Asia'란 관용어로 굳어버렸다. 근세에 와서 유럽인들이 사용하는 '아시아'란 용어는 지리적 개념과는 별도로 주로 정치 · 문화적인 개념에서 '동the East(동양 혹은 동방)'과 '서the West(서양 혹은 서방)'란 개념이 정립되기에 이르렀다. 그들은 유럽을 기점으로 동과 서를 구분하였는데, 대체로 터키 이동에 위치한 아시아 지역을 일괄하여 동으로 지칭하였다. 즉 우랄산맥~흑해~지중해~홍해를 연결하는 남북선을 기준으로 하여 그 이동은 東이고, 그 이서는 西로 대별하였던 것이다. 또한 유럽, 특히 대영제국을 기점으로 원근 거리에 따라 동을 다시 近東the Near East과 중동the Middle East, 원⟨극⟩동the Far East으로 다시 세분하였다. 이와 같이 유럽인들은 중국인들처럼 바다나 산맥 등과 같은 어떤 자연환경적인 요인을 기준으로 하여 동서를 구분한 것이 아니라 순수 자기중심적인 방상에서 출발, 정치적 고려에 따라 인위적으로 동서를 나누어놓고 모든 면에서 동서 간의 관계를 대립 관계로 설정하였다. 그러나 오늘날 교류의 무한대 확산 시대를 맞아 인위적으로 조성된 동서 간의 갈등과 대립관계는 점차 화해와 협조의 공생관계로 바뀌어가고 있다. 정수일, 『고대문명교류사』, (주)사계절출판사, 2002, 16~21쪽에서 인용 참조. 덧붙여 유럽적 시각에서의 부연된 논의는 Eric Hobsbawm, On History(강성호 옮김, 『역사론』, 민음사, 2002), 348~364쪽 참조. 이 글에서 '아시아'라는 용어를 쓰면서도 '동양'이라는 말을 함께 쓰는 것도 이러한 맥락을 천착하여 새긴 것이다.

등의 조건을 가지지 못했기 때문이라는 것이다.[4]

그렇지만 아시아의 근대화에서 서양의 문물제도를 들여옴에 법제의 일환인 인권보장 제도를 정착시킨다고 하는 것은 가장 어려운 과제의 하나였음도 주지의 사실이다. 서양의 시민적 법제의 기본은 자연법으로 나타나는 정의의 법과 악법에 대한 저항권을 기점으로 하는 인간존엄의 사상에 있었다. 그렇기 때문에 정치적으로 구지배층이 지배하고 있던 대다수 아시아 국가에서는 인권사상이 전개되기가 어려운 여건이었다.

사실 서양 중심의 인권사상과 그 실천적 측면에서 보면 아시아 일부 국가들에서는 심각한 인권유린이 자행되고 있음을 볼 수 있다. 특히 현대 중국의 경우 인권을 둘러싼 국제적 압박과 비난을 받고 있다.

지난 세기 말에 국제사회에서 본격적으로 제기되었던 중국의 인권문제는 서구 중심의 인권 개념이 역사와 문화의 발전 단계가 다른 중국에 그대로 적용될 수 없다는 중국 정부의 상대주의적 논리에 의해 잠복되었고, 이는 '아시아적 가치론'과 연결되면서 오히려 많은 인권 연구자들로 하여금 인권의 상대주의적 접근에 적극적으로 비판을 가하도록 하게 하는 발판을 마련해주기도 하였다.[5]

흔히 유교의 신분제적이고 위계적인 정치사상은 개인의 인권과 양립할 수 없는 태생적 한계를 가지고 있다고 비판한다. 중국의 경우도

---

4) 이사이는 이 같은 조건이 서구에서는 갖추어졌고 영국혁명, 미국혁명, 프랑스혁명과 같은 사회적 격변을 통해 시민들의 인권요구를 첨예화하게 되었다고 본다. Micheline Ishay/조효제 옮김, 앞의 책, 136쪽.

5) 이남주, 「중국 환경운동을 통해서 본 인권담론의 발전과 특징」, 『동향과 전망』 제70호, 한국사회과학연구소, 2007, 314~322쪽. 참고로 2008년 8월 8일 열릴 예정인 베이징 올림픽의 성화 봉송 행사를 계기로 티베트와 위구르인들과 연계된 중국의 인권문제는 전 세계적인 관심을 불러일으키게 된다. 하지만 올림픽 개최를 불과 88일 앞두고 발생한 쓰촨 성 대지진 사태로 다시 침잠기에 들어간다. 여기에 중국인들 특유의 결집된 움직임이 현시된다. 이렇게 볼 때도 중국의 인권 현실에 대한 논의는 유교사상과의 밀접한 관련하에 이루어져야 함을 알 수 있다.

그렇다. 현대 서양인의 눈으로도 그 같은 모습은 발견된다. 한 예로 중국은 자신들의 사상을 해외로 퍼뜨리는 게 아니라, 다른 사람들로 하여금 자기네 사상을 찾아오도록 만들었다.[6] 이런 환경이 자리 잡아 극히 수동적인 복종만을 강요하는 잔혹한 정치 문화를 수천 년 동안 가져온 중국에서는 인권 개념 자체가 성립할 수 없다는 것이다. 더불어 어느 면에서는 만족스러운 인간적 가치와 사회적 조화를 가지고 있는 중국의 사회와 문화에 인권 개념을 도입하려는 시도는 불필요한 침략이라고 생각하는 것이다.[7]

그러나 일반적인 현대 유교사상가들은 온건하고 객관적인 입장에 서려고 한다. 다시 말하면, 反인권 현실을 인정하면서 유교의 인간존중사상을 복원하려는 것이 그것이다. 설령 서구적 의미의 인권 개념이 유교사상 체계에서 용어상으로는 찾기 어려울지언정 민본의 인간존중과 개개인의 행복증진, 평등을 가르친 사상적 토양은 있었기에[8] 이러한 전통 유교의 인간존중사상을 현대 인권사상과 연결하는 것이다. 물론 그것이 현실 역사에서 제대로 실현되지 못하거나 왜곡되었음도 부인하지는 않는다. 그럼에도 개인의 자유와 같은 인권을 지지하는 개념이 중국인들의 전통적 가르침에 있었다는 주장은 설득력이 있음을 알 수 있다. 중국의 '덕의 인본주의 전통'과 서양의 '인권의 합리주의 전통'이 협력할 수 있는 것이다. 이는 현대에서도 마찬가지다. 대립으로서가 아니라 동서가 서로를 이해하기 위한 노력의 과정

---

6) Henry Kissinger, On China(권대기 옮김, 『중국 이야기』, 민음사, 2012), 39쪽.

7) 이를 '아시아적 가치'라는 말에 대입하여 해석하면 결국 아시아라는 개념조차 서구인들이 자기 이외의 지역을 타자화하고 대상화하기 위해 만들어낸 정신적 산물일 뿐이기에 서구의 인권 개념을 도입하려는 시도 자체가 이와 맞물릴 수 있게 될 것이다. 이승환, 「'아시아적 가치' 논쟁과 유교문화의 미래」, 『퇴계학』 제11집, 안동대학교, 2000, 202~206쪽 참조

8) 이동인, 「율곡의 사회개혁사상과 인권」, 『동양사회사상』 제13집, 동양사회사상학회, 2006, 233~234쪽 참조.

에서 생겨난 자연스런 결과로 각자에게 고유한 특징들뿐만 아니라 인류 공통의 인간성 또한 발견할 수 있을 것이다.[9] 그것을 유교사상의 기여 면에서 본다면 공동체적 조화의 차원이다.

한편 일본 사회의 경우 전해 내려온 동질성과 위계질서의 강조, 강한 집단 지향성으로 말미암아 자연히 조화와 사회적 합의, 집단에의 충성심이 사회의 최고 가치로 자리 잡게 된다. 이것이 17세기부터 시작된 도쿠가와 시대, 그리고 이를 이은 19세기 중엽의 메이지 시대를 거쳐 세계대전을 치르면서 사회의 지도자들에 의해 문화이데올로기로 이용되었고, 따라서 이런 문화 속에서는 개인의 권리 증진과 그 교육을 기대하기는 어려웠다.[10] 물론 지금은 경제적 발전의 여파와 국제적인 지위의 상승으로 사회 주체로서 개인에 대한 생각들이 예전의 그것과는 많이 다르다.

아무튼 서구적 근대의 자유민주주의에서 권리를 천부로 규정하듯이, 유교에서는 善性을 천부로 규정하는데 이러한 맥락에서 인권의 기초가 되는 평등의 근거를 유교에서는 천부적 선성의 보편성에 두고 자유주의에서는 천부적 권리의 보편성에 둔다는 설정도 가능할 것이다. 이렇게 되면 양자가 모두 평등의 근거를 천부적인 것에 두고 있음을 발견할 수 있다. 즉, '인간은 천부적으로 평등하다' 또는 '인간은 평등하게 태어났다'고 보는 점 자체에서 같은 것이다.[11]

서구사회의 인권은 개인주의의 맥락에 강하게 기초해 있다. 개인으로 파편화된 서구사회는 인간의 마음에 의한 협력보다는 계약에

---

9) William Theodore De Bary/표정훈 옮김, 앞의 책, 195쪽.

10) Annette Marfording, "Cultural Relativism and the Construction of Culture: An Examination of Japan", Human Rights Quarterly 19, 1997, pp.431~448.

11) 이상익, 『유교전통과 자유민주주의』, 심산출판사, 2005, 27쪽.

의해 지탱되는 차가운 사회이다. 개인의 인권을 잘 보호하고 있다고 하지만, 많은 개인들이 법과 계약의 테두리 안에서 스스로 소외되거나 버려진 채 존재하는 비정함이 서양인들을 괴롭히고 있다. 이처럼 개인주의의 부정적 측면을 심각하게 경험한 서양인들은 공동체적 조화, 가족의 가치로 관심을 돌리고 있다. 이런 변화의 요청에 효과적으로 답할 수 있는 것은 가족, 집단, 국가에 대한 책임성과 의무를 더 강조했던 유교사상의 '공동체 지향성'이다.[12]

　이는 인권사상 전개의 아시아라는 지역적 한계를 극복하는 하나의 시사점이 될 수 있을 것이다. 예를 들어 유교사상이 인권문제에서 '공동체적 조화'의 차원을 보완하는 것은 가능할 수도 있을 것이고, 유교적 전통이 현대 유교 문화권 나라들의 민주적 실천과 인권에 적용될 수도 있을 것이다. 물론 이를 위해서 인권을 보호하기 위한 현대 유교 담론과 실천이 후속되어야 함은 두말할 나위가 없다. 담론과 실천은 현대 유교가 새로이 만들거나 수입해야 하는 것이 아니다. 국경에 얽매이지 않는 최근 인권논의의 흐름은 이를 가능하게 해주는 데 더욱 도움을 줄 수 있을 것이다. 한편으로는 같은 아시아권 국가들의 내부문제에도 더 많은 긍정적 개입을 시도할 수도 있다. 그리고 현실은 외부로부터의 문제제기를 피할 수 없게 만들기도 한다.

---

12) 여기서의 '공동체'는 '집단'이라는 말과는 차이가 있고, 따라서 공동체주의적 집단 우선주의와는 그 주장의 맥락이 다르다. 이에 대해서는 김중섭, 「21세기의 민주주의와 인권사상」, 『민주주의와 인권』 제1권 2호, 전남대학교 5·18연구소, 2001, 40∼51쪽 참조.

2. 인간관과 인권

아시아에서 인권사상의 발현은 서양의 그것과는 다르다. 인간을 어떻게 보는가 하는 데에도 차이가 있다. 그럼에도 가령 자유주의적 전통적 견해에서 비치는 인간적 가치들, 즉 인간 삶의 가치와 인격의 존엄성 같은 각기 다른 사회적·문화적 전통에서도 확인될 수 있는 것이리라.[13]

오랜 시간을 거슬러 올라가 동양에서는 天道와 人道가 같다는 天人合一說이 주창되어 왔다. 인간의 어진 본성을 발휘하여 하늘의 이치와 도리로서의 공동의 선을 실현하는 일이야말로 다시금 인간의 인간됨을 구유케 하는 최상의 길이었다. 그리고 이것은 만물을 편벽됨이 없이 보편적으로 사랑하게 하고, 사람에 대해서도 배제 없는 모든 사랑의 대상으로 여겨 평등한 사랑의 실천에 나아가게 하고 있는 것이다.[14]

---

13) William Theodore De Bary/표정훈 옮김, 앞의 책, 11~12쪽.

14) 박문현, 「묵가의 겸애와 비공(非攻)의 평화론」, 『통일전략』 제7권 제3호, 한국통일전략학회, 2007, 266~269쪽 참조.

원론의 교리적 접근에 따를 때, 불교에서는 인간이라는 존재의 他種과의 비교할 수 없는 존엄성을 설파한다. 즉, 온 생명과의 관계 속에서의 인간 모두가 갖는 최고선인 행복과 열반 추구의 당위성과 그 가능성을 설정하여[15] 대립되고 배타적이며 개체성과 소유성을 전제한 인간의 개념적 추론과는 달리 하찮은 미생물에 이르기까지 함부로 대하지 말고 그 생명을 존중하는 정신을 중시하고 이 연장선 위에서 인간존중의 정신을 강조하고 있는 것이다.

불교는 진리를 깨닫는 것을 중시한다. 진리를 깨닫기 위해 금욕생활을 철저히 한다. 부처 혹은 '깨달은 자'는 학문적 이론을 만드는 것에 집착하지 않고 모든 사람이 알 수 있는 진리를 깨닫는 것을 중요하게 생각하였다. 그리고 모든 생명을 중시하고 중생을 존경하도록 가르쳤다. 부처는 나를 따르고 배려하는 자는 또한 병자를 보호하고 배려하여야 한다고 강조한다. 어려운 사람의 사정을 알고 보살피는 것은 위대한 선이다. 인간은 인간을 미워하기보다는 자비로 관계를 개선해야 한다. 왜냐하면 미움은 끝없는 미움을 낳기 때문이다. 이런 인간존중의 정신은 인도 사회의 신분제도인 카스트제도가 인위적으로 인간을 여러 계층으로 나누고 차별대우함으로써 인권을 무시하는 당시의 사회적 불평등에 대한 경종이 되었다. 불교는 모든 사람은 자신의 노력에 의해서 깨달은 자가 될 수 있다고 주장함으로써 민주적 평등과 인간의 존엄성을 무엇보다도 강조하였다. 나아가 인간 사이에서 신분과 계급의 한계를 초월하려고 한다. 또한 상대적으로 전향적인 성차별에 대한 태도, 동성애에 대한 선진적 태도, 욕심 없는 정신

---

15) 안옥선, 『불교와 인권』, 불교시대사, 2008, 118쪽.

의 측면 등을 고려할 때 불교는 인권에 대해 선진적 태도를 취하였고, 진리에 대해 보여준 반교조적 태도와 보편적 자비의 서원, 동물과 환경의 안녕을 보살피는 마음, 그리고 평화주의적 지향 등은 불교가 인권 개념의 선구가 되기에 충분하다.[16)

이와 함께 유교에서는 그 무엇보다 사람들의 '마음'을 우선시한다. 인간의 지혜 자체가 인간의 본성을 반영하며, 도덕적인 인간은 타인과의 관계 속에서 비로소 존재의 가치와 의미를 갖게 된다고 한다.[17) 여기서 도덕은 자기에게 부과된 도리와 직분을 충실히 함으로써 완성되며 이는 곧 자기완성의 다른 이름이다.[18) 여기서 하나하나의 자기완성에 의해 이룩되고 체현된 민심은 구체적 국가 구성원으로서의 마음으로 일반화한다.

공자는 오늘날의 인권 관념과 통할 수 있는 윤리성을 스스로 구현했다. 인간본성 실현의 평등성을 가르쳤고, 통합적 인격으로 사심 없이 인민에게 헌신하는 군주의 길을 가르쳤다. 정치라는 것조차 덕으로써 해야지 법에만 의거하여서는 안 된다고 했다.[19) 또한 공자는 비록 국가의 존망과 연결시키기는 했지만 경제적 불평등의 문제를 제기하면서 부의 편중을 경계하였다. 가난은 부가 고르게 분배되면 저절로 해소될 수 있다고 보았으며, 부가 고르게 분배되면 백성이 편안하며 조화를 이룰 수 있다고 생각하였던 것이다.[20) 공자의 도덕적 인본주의와 그것을 발전시킨 맹자의 四端의 덕이 내적, 외적으로 실천

---

16) Micheline Ishay/조효제 옮김, 앞의 책, 54〜126쪽 참조.

17) 함재봉, 「유교 전통과 인권사상」, 『계간 사상』 1996년 겨울호, 116〜117쪽 참조.

18) 심재우, 「사물의 본성과 구체적 자연법」, 『법철학연구』 제2호, 한국법철학회, 1999, 2쪽 참조.

19) 狩野直喜, 中國哲學史(오이환 역, 『을유문화사』, 1998), 125쪽.

20) 이영찬, 『유교사회학』, 예문서원, 2001, 293〜294쪽 참조.

되고 제도화하는 것이 유교의 중심적 관심이다. 이것은 공동체의 조화와 그것에 대한 개인의 책임성을 가져오는 도덕을 의미한다. 맹자의 인성론에서 비록 요즘과 같은 인권이나 평등, 존엄과 같은 용어는 사용되지 않았지만 분명 인간 존엄성의 사상이 깃들어 있다. 즉 모든 인간존재에게 도덕적 능력(잠재력)이 존재한다는 것, 인간의 선천적인 숭고함, 그리고 인민의 복지를 위한 지배자의 책임성과 권력 제한에 대한 가르침들은 현대 인권사상과 충분히 만날 수 있는 것이다. 인권에 대한 유교의 주장은 서구와는 달리 법을 통해서가 아니라 도덕을 통해서 확보되어야 한다고 보았다.

유교는 이런 점에서 개인의 인권을 보장하는 방법의 하나로 황금률을 매우 중시하였다. '자기가 원하지 않는 것을 남에게 시키지 마라'는 명제를 바탕으로 하여 개인의 인권 확보, 즉 개인에 대한 존경을 실천하도록 강조하였다.[21] 그리고 개인은 이것을 성취하기 위하여 자신의 욕망에서 비롯되는 모든 어려움을 극복하는 노력을 하여야 한다. 그리고 이와 같은 개념과 실천이 사회로 확장되면 사회는 조화와 균형을 이룰 것이라고 보았다. 결국 이것은 엄밀한 의미에서의 인권이라기보다는 상호호혜의 원칙에 의해서 인간의 善性을 극대화시키려는 것이고, 이것이 소극적 의미에서 유교의 인권에 대한 관점이라고 할 수 있을 것이다.

---

21) 논리의 비약일 것도 같으나 이에는 조금 더 부연이 필요하다. 공자는 참다운 禮란 형식이 아니라 그 형식 속에 깃든 禮의 정신, 곧 마음이라 일컬었다. 여기서의 마음이란 황제를 진심으로 공경하고 배려하는 마음으로 상대를 진심으로 생각하고 배려하려는 마음을 뜻하는 恕道로 표현되었다. 제자 자공이 공자에게 인간이 태어나 평생 행할 만한 것이 무엇이냐고 여쭙자 공자는 자기가 원하지 않는 것을 시키지 않는 것 (其恕乎, 己所不欲 勿施於人), 즉 恕라 답한 것이다. KBS인사이트아시아 유교 제작팀, 『유교 아시아의 힘』, (주)위즈덤하우스, 2007, 288~291쪽 참조.

3. 법과 사상

동양의 사회가 때의 고금을 넘나들어 보아도 자발적으로 민주적 정체를 확립하지 못했다는 점에서 서양과는 달리 아시아 사회의 인권에 관한 주장은 현실적으로 미진했다고 할 수 있을 것이다. 특히 오랜 전통을 가진 유가의 책무에 기초한 도덕관은 사회 구성원들 화합의 정신에서 비롯되는 권리의 질을 변경시켜, 이로 말미암아 최소한 한 개체로서 자신의 책무에 부합하는 정당한 권리를 주장할 것이 요구되었고, 설령 정당한 권리 주장이라 할지라도 가급적 회피할 수 있는 한 회피해야-화합을 위해- 한다는 주장이 오히려 설득력을 얻게 된다.[22]

이는 법제정의 문제에서도 마찬가지의 결과로 부양된다. 중국의 경우 고대로부터 비롯된 전통적 윤리의 토대가 되는 것은 권위와 그에 대한 복종의 관계였다. 여기에 농경사회로 출발한 중국의 문명은 자연에 대한 깊은 애정과 순응을 전제로 하였고, 이로 말미암은 자연법적 사상은 다스리는 자와 다스림을 받는 자 사이의 관계를 정치 체

---

22) 최봉철, 『현대법철학』, 법문사, 2007, 329~332쪽 참조.

제로 비약시킨다.[23]

　여기서 법의 근원을 둘러싼 문제가 배태되는데, 법을 정해 놓지 않고 그 상황에 따라 재판하자는 유가의 입장과 죄와 벌을 법에 정해 놓을 것을 주장하는 법가의 태도가 대립한다.[24] 그럼에도 후세에 유학이 융성하던 시대에도 입법에서는 후자의 태도를 취하게 된다. 그것은 유가적인 권력지배였다고 하더라도 그 지배를 법가의 태도로 관철하려 했기 때문이다. 이와 같이 법은 인민들의 희망에 뿌리를 둔 것이 아니었을 뿐만 아니라, 군주나 재판관도 법에 따라야 함이 당연함에도 군주만은 기회에 편승해서 법을 초월할 수 있었기 때문에 현실적으로는 법에 의한 지배라기보다는 사람에 의한 지배라는 경향이 짙었다.[25] 한편으로 이 같은 성향은 의무 본위와 형벌 위주의 법 개념에 말미암은 문화적 특성, 즉 法卽刑이라는 관념이 역사상의 법제 현실에서 다분히 인식되고 자리 잡고 있어 법을 혐오감과 공포심의 대상으로 삼는 데에도 이바지하게 된다.[26]

---

23) 연정열, 『동양법철학사상』, 학문사, 2004, 13쪽. 물론 Max Weber의 중국에는 성스러운 법과 세속적인 법 사이의 긴장이 존재하지 않았고 서양의 자연법론의 생성조건이 부재하였다는 지적도 경청할 수는 있을 것이다 양건, "한국의 법문화와 법의 지배", 동아시아이 문화와 법, 서울대학교 법과대학 BK21법학연구단 · 日本大學 東아시아文化綜合프로젝트 공동 주관 한일학술심포지엄 자료, 2001, 203쪽 참조.

24) 여기서 다시 서구의 사상과 견주는 것이 필요하다. 한비자의 법가사상을 서양의 법치와 동일하게 생각하는 경우에 이는 법을 통해 다스린다는 면에 초점을 맞춘 것일 뿐 서구의 시민적 법치주의, 근대적 제도로서의 법치주의와는 다르다. 영미법의 법도 보통법이라고 할 때에 법적 이성이 표현된 정의의 법이고 시민의 의지가 반영된 법이라는 의미가 내포되어 있다. 동양 고대의 법이란 전제권력의 주체인 제왕의 의사이고 명령이다. 서양에서도 John Austin(1790~1859)이 주권자명령설을 통해 법의 본질을 명령으로 보고 법과 명령 그리고 의무와 제재는 불가분의 개념들이라고 설명하는 경우가 있었다. 그러나 국민의 자유와 권리를 보장하기 위하여 무엇보다 우선해서 권력을 법의 이름으로 규제해야 한다는 사상이나 제도로서 법치주의나 법의 지배는 근대 시민정치 문화의 산물이다. 동양의 법가사상이나 제도는 권력자인 제왕에 의해 치국, 즉 피치자 대중을 지배하는 기술이고 제도인 것이다. 한상범(기조발표), 「한국의 법치주의와 법학」, 『대한민국 건국 50주년 기념 제1회 한국법학자대회 논문집 한국 법학 50년-과거 · 현재 · 미래(Ⅰ)』, 1998, 17쪽.

25) 島田正郎, 東洋法史Touyou Houshi(임대희 외 옮김, 『아시아법사』, 서경문화사, 2000), 40~41쪽.

26) 김지수, 전통 중국법의 정신, 전남대학교출판부, 2005, 45쪽.

그렇다고 사상적인 관점에서조차 전반적으로 이와 같은 논의에 서 있었던 것은 아니다. 현실의 암울한 처지와 굴절된 상황 전개는 오히려 인간적인 면을 강조하게 되고 따라서 인민들은 오히려 법 또는 국가에 의한 의지에의 종속보다는 더 높은 곳에서 자신들을 구원해줄 수 있는 이상향을 찾게 된다. 비록 현실에 발을 딛고는 서 있어 현실을 소거할 수는 없지만 정신만큼은 다다르고자 하는 지향점이 있었던 것이다.

중국의 경우 하·상·주 노예제의 형성과 발전 시기에 통치자로서의 奴隷主貴族은 의식 형태의 영역에서 주로 신권과 종법사상을 이용하여 통치하였다. 법률사상 또한 이 양자의 지배를 받았다. 당시 통치지위를 차지하였던 것은 주로 노예주귀족의 천명을 받음受命於天, 천벌을 받들어 행함恭行天罰이라는 신권사상과 親親, 尊尊을 옹호하는 종법등급 원칙인 예치사상이었다.[27] [28] 노예제가 봉건제로 넘어가는 춘추전국 시기에서는 노예제의 붕괴와 봉건제의 발생이라는 사회 대변혁으로 사상은 공전의 활기를 띠어 百家爭鳴의 울림을 이룬다.

이즈음에 법가는 친소·귀천을 가리지 않고 모두 법에 의해 판단한다는 법치를 주장하였다. 법가의 주창자들은 당시 신흥지주계급의

---

27) 禮는 중국 역사상 구체적으로 실재한 최고의 법규범이라 할 수 있다. 보통 예의 최초 기원은 원시 사회의 습속에서 유래하는 것으로 인식되었는데, 계급사회에 들어서면서 사회의 질서와 인민통치에 필요하고 유익한 습속을 국가권력이 인정하고 나아가 이를 보충·정비하여 규범화한 것이 곧 예라는 것이다. 따라서 이 예는 형식상 상당히 오랫동안 不文의 관습법으로 존재해온 것으로 여겨진다. 倪正茂·兪榮根·鄭秦·曹培, 中華法苑四千年, 群衆出版社, 1987, 10~11頁 참조(위의 책, 48~49쪽에서 재인용). 우리가 흔히 일컫는 禮는 이보다는 뒤인 周禮의 것으로 통용된다.

28) 禮와 불가분의 관계에 있는 것이 바로 樂이다. 樂도 禮와 마찬가지로 옛 성왕이 제정한 것인데 예는 사람의 일상 행위의 법칙을 규정하지만 樂은 禮의 부족한 곳을 보조하는 것으로 되어 있다. 예는 하나의 틀을 만들어 모든 사람을 그 속에 넣는 것인데 그것만으로는 사람이 지나치게 딱딱해질 우려가 있다. 그래서 이 폐단을 구제하기 위해 정서 쪽에 주의를 기울여 樂으로써 사람의 성정을 부드럽게 한다. 요컨대 예악은 성인이 사람을 도야하여 善으로 인도하게 하는 도구였으므로 고대에서 예악을 중시했던 것은 尙書 등에 의해 알 수 있으며, 공자가 예악을 중시했던 것도 고대로부터의 사상을 전한 것이다. 가노 나오키/오이환 역, 앞의 책, 77쪽.

대변인이며 신생봉건세력의 대표자였기 때문에 예치를 옹호하던 유가와 대립하였다. 그들은 제도적으로는 귀족의 세습 특권을 옹호하는 구래의 종법제와 분봉제를 반대하고 봉건전제중앙집권의 새로운 관료제와 군현제로 대체할 것을 요구했다. 또한 그들은 정치법률 사상의 견지에서 법치를 주장하고 예치를 반대하였을 뿐만 아니라 유가가 예치에서 도출해낸 덕치, 인정과 인치를 반대하였다.[29] 따라서 법치와 예치는 당시의 가장 중요한 대립이었다. 전국 말기의 荀子는 유가를 위주로 유가와 법가를 합병함으로써 예를 위주로 하는 예법통일을 주장하였고,[30] 秦 孝公(재위 B.C. 361~338) 때 商鞅[31]은 李悝[32]의 法經[33]을 기초로 당시 실정에 맞추어 보충하고 수정한 새 법령을 제정하고, 그 명칭을 '법'에서 '율'로 바꾸었다. 율의 명칭은 그 후 2천 년간 중국 전통법상 최고의 법 형식이 되었다.[34] 전통 중국은 자연경제를 기초로 성립된 폐쇄적인 국가였기 때문에 장기적인 쇄국정

---

29) 물론 역사상 秦이 법가사상의 혹독한 강제수단을 남용하여 천하를 크게 어지럽힌 사실이 법의 본질 속성을 편협하게 왜곡하고 오해하게 만들고, 나아가 법가사상을 부당하게 부정 일변도로 폄하시키는 중대한 계기가 되었음도 부인할 수는 없다. 위의 책, 58쪽.

30) 그 형성은 法 위주에서 儒 위주로의 변화과정을 거치게 된다. 張國華, 中國法律思想史(임대희 외 옮김, 아카넷, 2003), 10~12쪽 참조.

31) 상앙은 인간을 이해 타산적 존재로 규정했다 그의 이러한 인간 이해는 법가의 현실적이고두 공리적인 특성을 인간 이해의 방면에 철저히 조화시킨 것이라 볼 수 있는데 인간의 도덕성과는 완전히 동떨어진 이 같은 인간관은 천하대란의 혼란한 세상에서 인간이 이제 더 이상 도덕과 같은 가치를 통해서만 존재 의미나 목적을 확인할 수 있는 가치합리적 존재가 아니라, 이익과 같은 현실적인 목적을 통해서만 자신의 존재 의미나 삶의 목적을 확인할 수 있는 목적합리적 존재가 되어 버린 것을 의미하는 것이기도 했다. 조현규, 『동양윤리사상의 이해』, 새문사, 2003, 201~202쪽.

32) 李悝는 엄밀히 말하면 법가의 시조가 된다. 漢書 藝文志에는 李子 32편이 법가에서 최초로 열거되어 있다. 주석에서는 '名悝, 相魏文侯, 富國强兵'이라 했다. 이 32편의 서적은 이미 모두 흩어져 없어졌고, 다만 刑律과 農政의 두 항목에 관해서만 다른 문헌 속에 그 개요가 보존되어 있다. 晉書 刑法志에도 그 이름이 보인다. 郭沫若, 十批判書(조성을 옮김, 『중국고대사상사』, 도서출판 까지, 1991), 391~397쪽 참조.

33) 魏 文侯(재위, B.C. 445~396)가 李悝 등을 기용하여 개혁을 추진하는 가운데 편찬한 것으로, 이는 춘추 말기 鄭과 晉 등의 변법개혁을 계승하여 당시의 법제를 집대성한 법전이다. 6편을 제작했는데 첫째 盜法, 둘째 賊法, 셋째 囚法, 넷째 捕法, 다섯째 雜法, 여섯째 具法이다. 상앙이 이를 전수받아 법을 율로 개정하였다(명칭을 바꾸었다). 상실되어 전승되지는 않는다. 위 같은 곳.

34) 김지수, 앞의 책, 56~57쪽.

책을 유지했다. 따라서 전통 법체계는 독립성과 고립성을 동시에 가졌다. 19세기 말까지 중국은 어떠한 외래 법의 영향이나 자극을 받지 않고 있었다.[35]

이 같은 오랜 시간의 법 정립에서도 그 밑바탕에는 인간이 자리 잡고 있었다. 人理와 人情의 개념이 그것인데, 인리는 인간된 도리를 말하는 것이고, 인정은 인간의 감정을 일컫는다. 인리는 그 본질 성격상 자연스러운 존재의 법칙으로 天理나 事理, 物理 등과는 달리 인간사회의 당위 규범으로 요구되는 도덕적 명령이다. 즉 인간이 인간으로서 마땅히 하여야 할 도리이자 의무인 것이다. 인정에서는 특히 喜怒의 감정으로 말미암은 비화하는 好惡의 주관적 분별감정이 법의 공평통일성을 해치는 私情으로 전락하기 쉽기 때문에 법사상의 주요 관심대상으로 등장하기도 한다.[36]

이처럼 중국의 법적 사상에서 인권적 측면은 역설적으로 이를 담아내기 위한 그릇으로 적용되는 것이 아닌 이를 제어하기 위한 수단으로 상정되고 있다.[37] 그것은 법이 절대 군주체제하에서 통치의 도구로, 그리고 위에서 든 것처럼 인간은 내재적 본성에 따른 성정을 자유스럽게 펼쳐나가는 존재가 아니라 그것을 내면으로 침잠시켜 사회질서를 유지시키는 쓰임으로 삼는 데 더 큰 비중을 두었기 때문이기도 하다.

---

35) 張晋藩 主編, 李鐵 · 蒲堅 · 張希坡 共著, 中國法制史(한기종 외 공역, 소나무, 2006), 33쪽.

36) 김지수, 앞의 책, 65~71쪽 참조.

37) 헤겔조차도 중국법을 일컬어 인도의 경우처럼 독립적인 계급 또는 스스로 자기의 이익을 지킨다고 하는 것이 없고 모든 것은 위로부터 지휘와 감독을 받고 있었으며, 일체의 관계를 법적 규범에 의해 엄격히 정해저 있다고 말하지 않았는가! G. W. F. Hegel, Vorlesungen Uber die philosophie der Geschichte(김종호 역, 『역사철학강의』, 삼성출판사, 1995), 194쪽. 또한 헤겔은 동양의 백성들은 근대적 의미에서 자신의 어떠한 의지도 갖고 있지 않은 것이 사실이라고 말하며, 동양에서는 법뿐만 아니라 도덕성 자체도 외적 규제의 문제로 보았다. Peter Singer/연효숙 옮김, 앞의 책, 33~35쪽; 박인성, 앞의 논문, 67~74쪽 참조.

그럼에도 중국의 법을 윤리적인 것으로 규정하기도 하는데, 이는 禮를 법적 사고라 보고, 따라서 예와 법이 함께 하는 미덕에 의한 통치가 중국적 시스템이었다는 것이다. 따라서 예는 곧 예법이었고, 예법은 곧 법이었다는 주장이 그것이다.[38] 또한 중국 역사에서 成康之治, 文景之治, 貞觀之治, 康乾之治라고[39] 불리는 태평성대가 출현했다는 사실을 들어 중국의 고전적 법제를 태평성대의 출현을 추진하는 원동력이자 태평성대의 외부적인 표지로 보는 경우도 있다. 법제 없는 태평성대 없고, 태평성대이면서 법제가 쇠락한 경우도 없었다는 것이다.[40]

사실 중국의 가르침은 다른 모든 인간에게도 내가 누리고자 하는 욕구와 같은 욕구, 즉 공통된 권리가 있음을 공감할 줄 아는 태도를 강조했다. 작은 것에서 비롯되는 실천의 강조를 주안점에 둔 것이다. 유교의 인권사상이 가족관계에서 출발한다고 하는 것은 어쩌면 가장 작은 최소단위의 사회라는 점이 크게 작용했을 수도 있다. 조상과 가족에 대한 존경과 숭배는 유교의 기본사상 속에 포함되어 있다. 그리고 사회와 국가는 가족의 연장선 위에서 더 큰 가족으로 간주되었다. 사회가 이상적으로 존재하려면 그 사회는 인간의 선을 고양하고, 통치자와 나라들 사이에 선과 평화를 지키려는 의지가 있어야 한다.

이러한 사실을 관통하여 볼 때 아시아 원류의 인간존중 사상은 서구의 인권사상과 충분히 어깨를 나란히 할 수 있을 것이고, 더욱이

---

38) John P. Powelson/권기대 역, 앞의 책, 303~304쪽.

39) 成康之治는 주나라를 세운 무왕의 아들 성왕과 그의 아들 강왕이 이룩한 치세로 대략 기원전 11세기 초에서 말 사이의 시기를 말하며, 文景之治는 한나라를 세운 고조의 아들 문제와 그 아들 경제가 이룩한 치세로 두 황제의 재위 기간인 기원전 179년에서 141년 사이를 말하며, 貞觀之治는 당나라 태종이 이룩한 치세로 627년에서 649년 사이의 시기를 말하며, 康乾之治는 청나라 강희제(1662~1722)와 옹정제(1723~1735), 건륭제(1736~1795)에 이르는 140년간의 치세를 말한다.

40) 張晋藩 主編, 李鐵 · 蒲堅 · 張希坡 共著/한기종 외 공역, 앞의 책, 29쪽.

원시 유교사상가들이 활동하던 시대의 세계현실에서 공자나 맹자의
인간존중 사상은 훨씬 더 급진적이었다. 하지만 역시 문제는 그것의
실현이었다.

4. 한국의 인권사상

우리 민족은 어느 민족보다도 많은 고난을 겪었고,[41] 그 고난 속에서 인간의 소중함을 체험했다. 비록 그것이 외세에 의한 것이든 내부의 자생적 문제에 의한 것이든 크고 작은 고난은 우리의 심성에 유전화하고 있다. 물론 이러한 고난의 대응과는 별개로 우리 한국인은 고래로 권리가 있어도 양보하고 참고 견디는 여유를 미덕으로 생각하여 왔다. 그것이 겸손으로 표현될 때 하나의 덕목으로 제시되었고 한국인의 의무 관념은 근본적으로 이에 기초하고 있다고도 볼 수 있다.[42] 이렇듯 우리의 경우 고래로 인민의 권리보다는 의무에 더 사회적 초점이 맞추어져 있었다. 법이 의무본위를 채용하여 사람들이 모두 자기의 의무를 준수하여 나가도록 유도하면 안온적·애타적 사회

---

41) 이와 관련해볼 때 흥미로운 시각을 하나 들 수 있다. '한국인은 오랜 역사를 가졌기에 생각할 시간이 길었고, 역사의 시련이 힘겨웠기에 생각할 문제가 많았다. 생각은 또한 현실 속에서 느낌이 있을 때 일어난다. (……) 한국인이 살아오면서 얽혔던 그 많은 생각 속에 가장 공통된 요소를 추출한'다면 고요함, 어울림, 사람됨의 셋으로 꼬집어볼 수 있을 것이다. 금장태, 『한국현대의 유교문화』, 서울대학교출판부, 2002, 141~142쪽 참조. 여기서 어울림과 사람됨을 우리 인권사상의 측면에서 살필 수도 있으리라 본다.

42) 최종고, 『법철학』, 박영사, 2002, 366쪽.

를 이룰 수 있으며, 권리본위를 채용하여 많은 사람들이 각기 자기의 권리를 마음대로 행사하도록 허용하면 투쟁적·이기적 사회로 흘러가기 쉬운 것이라는 생각이 자리 잡고 있었다.[43]

그런데 이 같은 생각들이 법과 견련될 때 오히려 한국의 전통사회가 반법률주의적이고 심지어 법적 전통이 현대적 정치생활에 긍정적으로 기여할 만한 것이 거의 없다는 주장과도[44] 유비될 수 있을 것이다. 그리고 이는 서구사회가 18세기의 시민적 인권, 19세기의 정치적 인권, 그리고 20세기의 사회적 인권을 차례로 성립시켜 나아감으로써 인권의 자리를 확립해 나아갔음에 반해 우리의 경우 그들의 사상과 실천에 의해 받아들여지고 시행된 권리를 누리고 있었다는 주장과도 연계될 수 있을 것이다.

우리의 바로 앞선 조선조에서는 保民의 사상을 적극 구현하고자 하였다. ‘信者 人君之大寶 國保於民 民保於信’은 조선 정치의 최고목표로서 언제나 거론되고 강조되었다. 백성에게 믿음을 잃고 능히 나라를 통치한 예가 없으며, 군주가 백성에게 믿음을 보이는 것이 더욱 뚜렷해야 백성이 군주를 우러러 믿는 것이 더욱 깊어지는 것이기 때문에 군주는 한마디 말이라도 소홀히 해서는 안 된다고 했다. 따라서 백성을 다스리는 데 근간이 되는 법의 목적이나 운용에서도 믿음이 있어야 했고, 법의 제정과 개폐는 언제나 民信을 기본으로 했다. 백성이 만족하고 있음에도 법을 경솔히 개폐하는 것은 民에게 信을 보이는 것이 되지 못하며 良法美意[45]인 법이 있음에도 그대로 적용하지 않는

---

43) 이정규, 『한국법제사』, 국학자료원, 1996, 36쪽.

44) Hahm Pyong-Choon, The Korean Political Tradition and Law, Essay in Korean Law and Legal History, Hollym Coporation, 1967, p.6 · 83.

45) 良法은 선법, 즉 좋은 법이며, 美意는 아름다운 뜻이며 마음을 즐겁게 해주는 법, 즉 美法을 뜻한다. 조종

것은 실신이며, 군주뿐만 아니라 관리들이 양법미의를 준수하는 것도 신으로 하지 않으면 안 된다고 했다. 그러므로 양법은 선량한 민중의 의사에 기초를 두어야 했다.[46] 그리고 법의 시행에 신이 있어야 함은 군주를 비롯한 모든 관료와 민이 법에 대하여 항상성의 일정한 의식을 갖고 있음을 뜻하며, 그중에서도 법이 민의를 반영하고 있음을 뜻하는 것이다.[47]

물론 이러한 민의의 소재를 정확히 파악하기는 어려웠고, 그것이 적극적으로 자기주장을 관철할 수 있는 제도적 보장 장치가 시의에 맞게 갖추어지지도 않았음도 사실이다. 백성은 어디까지나 수동적이고 소극적인 위치에 있었다. 그럼에도 민신·민지는 공자의 덕치·예치 사상과 맹자의 민본사상의 범주 내에서 이해해야 하며, 결국 仁政으로서 파악할 수 있을 것이다. 수많은 교서와 상소 등을 통해 알 수 있듯이 인정을 위한 군주의 반성과 관료의 보필이 제반정책에 적중할 때에 민신·민지는 존중되는 것이었다.[48]

이러한 인권적 사상은 중국이나 한국 등지에서 근 3천 년 전부터 정치의 가장 근본원리로 주장되어 왔다. 이러한 우리의 사상은 조선왕조의 통치이데올로기인 유교의 통치사상에도 통치의 객체인 被治

성헌을 집대성한 『경국대전』에 대해 서거정은 그 서문에서 성인의 제작에 비유했는데, 성인의 제작은 만물이 즐겨 보지 아니함이 없으니 天地四時와 같이 조화를 이루고 있는 양법미의이며, 周의 關雎·麟趾와 같이 文과 質이 잘 조화되어 있는 양법미의라 자찬하고 있고, 최항 등도 전문에서 『경국대전』은 선왕의 뜻을 따른 것으로 시속에 알맞고 실용에 적합하게 함으로써 깊이 민심에 합치시킨 아름다운 법이라고 찬양하였다. 양법미의의 기준은 無弊, 즉 시행하여도 폐가 생기지 않아야 하며 특히 민심에 합치되는 것, 즉 민폐가 없이 上下相安하여야 하는 것으로 보았다. 민폐 없는 양법미의는 적극적으로 민심을 살필 수 있는 제도와도 상통하는 것이었다. 박병호, 『세종시대의 법률』, 세종대왕기념사업회, 1986, 30쪽 참조.

46) 최종고, 『법철학』, 362~363쪽.

47) 따라서 民意와 民信은 같은 뜻이 된다. 민의는 당시에 民志, 民情, 民生, 民欲, 人心, 人情 등으로 표현했으며, 왕이나 관료들도 爲民, 泰民, 安民, 仁民을 강조했다.

48) 박병호, 『세종시대의 법률』, 31~35쪽 참조.

著에 대한 아낌의 생각이 있는 것으로 확인할 수 있다. 다만 유교의 민본주의는 백성이 주체가 되는 대등한 인격을 인정하지 않고 아껴 주어야 할 객체로서 대하는 사람 아낌이었다. 가령 도덕과 인의의 원리에 철저히 입각했던 삼봉 정도전과 정암 조광조의 토지정책과 조세정책은 백성의 경제기반을 고려한 위민사상에 기초하고 있었고,[49] 栗谷 이이가 『聖學輯要』 「爲政」 章에서 "임금이 덕을 닦는 것이 정치의 본이다. 그리고 먼저 임금의 직책이 백성에게 부모 노릇하는 데 있다는 것을 안 연후에 中과 極을 세워 표준을 삼으면 정치적 효과가 하늘의 뭇 별들이 북극성으로 향하는 것과 같다. (……) 아아, 자기 아들딸에게 자애하는 부모는 많지만 백성에게 인자한 정치를 행하는 임금은 적으니, 이것은 하늘이 준 책임을 너무 생각하지 않음이다"라 이른 것도 이런 생각의 일단이라 할 것이다.[50]

위정의 편과는 뉘앙스를 달리하지만 우리의 전통적인 민속신앙 또한 가시적 측면에서 통상적인 충효의식, 비굴할 정도의 화평주의, 힘 있는 것에 대한 순종, 때로는 이것과의 흥정, 부정(不淨)에 대한 소박한 두려움 등으로 가족의 안녕과 부락의 협동을 기원했다.[51] 물론 이러한 의미의 맥락에는 더 많은 해석이 전제되어야 하고 필요하다. 하지만 그 이면에는 세상 모든 것에 대한 유무형의 배려가 표현된 것이라고 볼 수도 있지 않을까 싶다.

한편 서구의 그것과는 일치하지 않지만 평등사상도 엿볼 수 있다. 가령 이이는 신분층 사이의 불평등을 축소시키고, 하나의 신분층 안

---

49) 송호근, 『한국의 평등주의, 그 마음의 습관』, 삼성경제연구소, 2006, 94쪽.
50) 이준호 편역, 『율곡의 사상』, 현암사, 1984, 33~34쪽; 이동인, 앞의 논문, 235~237쪽 참조.
51) 이부영, 『한국의 샤머니즘과 분석심리학』, 한길사, 2012, 664~665쪽 참조.

에서도 기회와 고통의 균등화를 지향해야 하며 이를 위해 상위계층이 가진 것을 덜어 하위계층에게 보탤 것을 누차 주장했다. 그는 모든 사람의 생명과 권익을 존중했으며, 비록 온건하고 점진적이었을망정 신분제도의 개혁론을 펼쳤다.[52] 西厓 유성룡(1542~1607)도 당시 사회구조에서 하층민에 속한 私賤들도 국민으로 인정하여 그에 상응한 대우를 하자고 주장하였다.[53] 우리의 근세에 적어도 이와 같은 권리의식이라 부를 수 있는 것이 존재하였다는 주장[54]도 이런 맥락에서 추출할 수 있는 셈이다.

이후 신유학의 조류와 개화사상이 유입되면서 소외된 몰락양반이 주가 된 선각자들의 구상과 발상에서 참신한 진보성과 시대에 대한 자각이 등장한다. 개화의 물결을 타고 조선에 들어온 외국의 문물은 기존의 법문화에도 크나큰 영향을 미치게 된다. 그런데 이러한 사상은 근대적 사회계약설과 주권재민에 연동된, 곧 서구의 근대 자연법론의 핵심적 내용인 천부인권론에 대한 것이었다.[55] 여기에 조선조 말 천주교의 전래는 전통적 유교이념과 충돌을 일으켰고, 필연적으로 억압과 탄압을 초래한다. 천주교를 비롯한 개신교의 전래는 후에 개화 시민사상에 인적 및 물적 지원을 하는 작용을 한다.

이 시기에 이르러 군주를 정점으로 하는 왕조 지배체제의 제반모순을 개혁하고자 제기된 이론과 대책에서, 茶山 정약용은 백성 개개

---

52) 이동인, 『율곡의 사회개혁사상』, 백산서당, 2004, 42~60쪽 참조.

53) 서애는 기본적으로 인권을 존중하여 사회적 신분을 그렇게 강조하지 않았기 때문에 통치자 이외의 신분은 차이를 거의 두지 않고 개인의 능력에 따라 신분 상승을 가능하게 하고자 노력하였다. 그는 私賤을 비롯해 피지배층에 속하는 자들 중에서도 능력만 있으면 免賤과 許通을 시켜 實才를 구하고자 했다. 김호종, 「서애 유성룡의 인권사상 및 민주사상」, 『퇴계학』 제12집, 안동대학교, 2001, 56·60쪽 참조.

54) 박병호, 『근세의 법과 법사상』, 진원, 1996, 68~73쪽 참조.

55) 김형곤, 「자연법이론의 기본적 인권에의 수용에 관한 연구」, 경남대학교 대학원 박사학위논문, 1990, 103쪽.

인의 주체적 권리를 이론화시켜 실천으로 향하는 문제제기를 통해 백성이 나라의 주인이고 백성을 위해서 임금을 가려 뽑아 세웠으며, 그 백성이 잘 살게 되는 것이 治者의 천직이고 이를 다하지 못할 때에는 백성이 이를 갈 수 있다는 생각을 대담하게 제시했다.[56]

정약용의 『경세유표』와 『목민심서』, 『흠흠신서』를 관류하는 저술의식의 초점에 '민'의 문제가 있었다. 그가 '민'을 두려운 존재로 떠올린 것은 종래 보호 대상으로 바라보던 그것과는 분명히 다른 시선이다. 『흠흠신서』에 부친 정약용의 글에는 인권의식을 천권으로 표현하고, 법치를 부정하여 '예치'를 들고 나온다. 정약용이 문제 삼은 것은 법의 폭력성으로 『원목』에서 그는 인간의 생명은 천권에 달린 것으로 사고하면서 법의 존재 근거 또한 '천'에서 찾았고 이는 곧 그의 법 개념이 자연법적 성격을 띠고 있으며 이는 곧 자연법적 논리로 '민'의 문제에 접근한 것이라 할 수 있다.[57] 이 같은 사상은 그 뒤에 개화파·독립협회파 운동 등을 거쳐 정리된다.

---

56) 『原牧』과 『湯論』 등에서 이를 엿볼 수 있다. 한편, 이 같은 흐름의 한 축을 차지하고 있던 정유 박제가의 경우 그 방법과 수단은 차치하고라도 그가 쓴 『北學議』의 정신과 목적은 메마르고 가난 속에 있던 조선 후기 사회를 구제하는데 있었던 것이다. 박제가/이익성 역, 『북학의』, 을유문화사, 1994, 9쪽. 그래서 그는 임금은 인민이 가려 뽑은 자이고 그에 따라 제 구실을 다하지 못하면 바꿀 수도 있는데, 오히려 후세에 와서 권력자가 인민을 억압하고 학대하며 순종하지 않는다 하여 반역으로 몰아치는 것은 불합리하다고 본 것이다. 여기서 한 걸음 더 나아가면 백성이 주인인 나라와 백성의 권리의 천부인권성이 마무리된다.

57) 임형택, 『우리 고전을 찾아서』, 한길사, 2007, 507~514쪽 참조.

5. 평등주의의 추구

인권은 기본적 권리를 침해당한 개별적 존재들의 역사적 체험에서 비롯된다. 인권, 그 자체는 정치적·시민적·역사적 체험의 소산이지 결코 철학사상의 산물이 아닌 것임은 우리라고 예외가 아니다.

그럼에도 우리는 전래로 배태된 이상이 있었다. 특히 한국의 정신사에서 평등주의는 사상을 형성하는 중요 인자이자 함수였다. 조선시대에 평등은 지배층이 추구해야 할 정치적 이상으로 설정되었고, 개화기에는 구질서를 타파하는 논리체계로 발전하였으며, 식민시대에는 사회주의적 이데올로기의 중심적 요인이 되었다.[58] 알게 모르게 우리의 정신사에는 평등에 대한 갈망이 있었다. 여기에 민주주의와 상통한 사상의 뿌리가 접목된다.

하지만 이러한 의식들이 실천적인 모습으로 구체화한 것은 그리 오래 전의 일이 아니다. 그러한 사상운동과 관련된 사건으로 갑신정

---

58) 송호근, 앞의 책, 92~93쪽. 물론 여기서의 평등주의는 한국 사회의 평등 지향성 심성에 따른 인정 거부 rejection of recognition와 존경의 철회withdrawal of respect 등이 수반된다는 부정적 뉘앙스가 저장되어 있다.

변(1884)과 갑오농민전쟁, 갑오개혁을 들 수 있다. 갑신개혁 운동은 실학전개의 일환으로도 볼 수 있으나 위로부터의 일부지배층 선각자들에 의한 급진개혁의 시도로서 자체 역량의 미숙과 외세에 의존한 전술적 과오로 실패한다.

그런 면에서 1894년 두 차례에 걸친 갑오개혁과 이듬해의 을미개혁은 근대 인권을 제도화시키려는 시도로서 높이 평가될 수 있을 것이다. 갑오개혁에서는 만민평등의 선언과 문벌귀천을 초월한 인재등용, 문무 사이의 차별타파, 노비제도의 폐지와 인신매매의 금지, 조혼금지, 연좌제도의 폐지, 과부혼인의 자유공인, 인신구속절차의 신중조처와 관리의 횡포제한과 私人에 의한 인신구속의 금지, 형벌제도의 개혁과 고문 등의 폐지, 정치적 의사표명의 자유 등을 주장했는데, 그 내용이 한결같이 인권과 연관시켜 생각해볼 수 있는 것이다. 이는 우리의 근대화에도 기여한 것으로 평가할 수 있을 것이다.

한편 위로부터의 개혁과 차원을 달리하는 '밑으로부터'의 개혁과 인권문제는 1894년 갑오농민전쟁[59]에서 농민군 측이 제시한 개혁요구안을 들 수 있다. 갑오농민전쟁에서 농민들은 교리적 외피로 동학이 내세운 사람을 공격하고 존중하는[60] 정신을 바탕에 두었고, 밑으로부터의 자생적 변혁을 주장하였다.

실제 동학은 인간과 자연, 나아가 우주와의 기화 소통의 생명원리

---

59) 주지하다시피 조선 정부가 이를 진압하기 위해 청나라에 군사원조를 청하게 되는데 일본은 이를 기회삼아 군대를 파견하고 이어 청일전쟁을 도발한다. 이후 한반도의 역사는 한영우, 앞의 책; 강만길, 『20세기 우리 역사』, 창작과비평사, 2004 참조.

60) 이정희, 「동학의 생명철학에 관한 연구」, 충남대학교 대학원 박사학위논문, 2008, 65〜75쪽 참조. 흔히들 동학하면 人乃天思想을 떠올리는데, 여기서의 乃는 '곧'을 뜻하는 即이 아니다. 人乃天과 人即天은 구별되어야 하는 것이고, 即에 비해 乃는 과정을 강조하는 말로 이해하여야 한다. 이에 대해서는 이찬구, 「동학의 천도관 연구」, 대전대학교 대학원 박사학위논문, 2005, 126〜128쪽 참조.

로서 천지와 더불어 그 화육에 참여하는 주체적이고 자각적이며 창조적인 인간의 가능성을 발원하였다.[61] 또한 동학은 이러한 인간과 物의 관계를 마치 사람과 사람 사이의 존엄성과 평등의 관계처럼 확장하여[62] 해석한다. 사람을 공격하고 존중하며 모든 物과의 화생을 강조하는 동학의 사상을 통해 농민들은 반봉건·반제의 기치를 선명히 하여 이름 없는 백성, 곧 사람의 권리를 주장한 것이다.

이즈음에 근대 개혁론의 일환으로 상당히 체계적인 모습을 갖춘 인권에 대한 논의는 유길준의 『西遊見聞』(1889년 탈고, 1895년 출간)에 잘 나타난다. 유길준은 당시의 개화사상가들 가운데 온건노선에 섰던 인물로 자유·민주의 새로운 시대가 왔음을 인민에게 절규하고 계몽하려 문명개화사상을 도입하고자 했다. 그는 서방법제에 가장 다양하게 접하여 영향을 받은 인물이라 할 수 있다. 근대적 의미의 자유주의 사상을 폭넓게 대하고 도입한 사람 또한 그다.

미국에서 돌아와 집필한 『서유견문』[63]은 자유와 평등, 박애를 통치원리로 정착시킨 구미 각국의 풍습과 제도에 관한 상세한 묘사로 가득 차 있다. 특히 '인민의 권리'에 대한 부분을 제4편에 두어 상세히 진술하고 있다. 이 부분에는 생명과 자유, 재산 같은 고전적인 권리 외에 영업, 집회, 종교, 언론, 명예의 권리도 다루고 있는데 이는 인권 범주의 확대에 대한 그의 의지를 읽게 해주는 데 도움이 된다. 이뿐만 아니라 유교적 전통과 서구적 인권 개념의 만남에서 비롯되

---

61) 김용휘, 『우리 학문으로서의 동학』, 책세상, 2007, 95쪽.

62) 박경환, 「동학의 신관」, 동학학회, 『동학과 동학경전의 재인식』, 신서원, 2001, 186쪽.

63) 귀로에 그는 런던, 파리, 베를린 등 유럽 각국의 대도시를 두루 시찰하고 1885년 가을에 수에즈 운하를 거쳐 일본에 도착해 같은 해 말에 귀국한다. 인천을 거쳐 한성부에 들어서자마자 그는 갑신정변의 개화파로 지목되어 남대문로에서 체포된다. 이후 약 5년여에 걸친 유폐생활에 들어가게 되는데, 西遊見聞은 그 시기 울분의 한 소산이다. 전봉덕, 『한국근대법사상사』, 박영사, 1984, 189~190쪽.

는 긴장과 갈등 그리고 수용을 둘러싼 고민의 과정, 나아가 양자의 포섭 가능성까지도 살펴볼 수 있다.[64] 그는 조선의 근대화를 위해 자유주의와 평등사상의 제도적 기초를 만드는 것이 절실함을 역설했던 것이다.[65]

그는 "자유와 通義의 권리는 천하에 살고 있는 모든 사람들이 다 같이 가지고 있으며, 다 같이 누리고 있다. 각 사람마다 제 한 몸에 가지고 있는 이러한 권리는 태어날 때부터 함께 생겨나 어디에도 얽매이지 않고 독립하는 정신으로 발전"한다고 말하며[66] "사람이 세상에 난 뒤에 점유한 지위는 사람이 만든 구별이요, 향유한 권리는 하늘에서 받은 公道이니, 사람이 사람 되는 이치는 천자로부터 필부에 이르기까지 조금도 차이가 없으므로…… 사람 위에 사람 없고 사람 밑에 사람 없으니……"(서유견문, 제4편)라고 하였다.[67]

이는 그가 개화파로서 실학의 유산을 이어받은 바탕 위에서 서방의 법제도에 접하면서 이를 받아들인 것을 엿볼 수 있게 해준다. 당시 그의 처지로 보면 일본의 문물이나 학자와의 내왕이 빈번하였고, 거기서 영향을 받고 있었는데[68] 그가 사용한 용어에서도 그 같은 흔

---

64) 정용화, 「유교와 인권(Ⅰ): 유길준의 '인민의 권리'론」, 『한국정치학회보』 제33집 제4호, 한국정치학회, 2000, 64쪽.

65) 송호근, 앞의 책, 94쪽.

66) 유길준/허경진 옮김, 『서유견문』, 서해문집, 2004, 132쪽에서 인용. 여기서 자유는 liberty, 통의는 right를 옮긴 말이다. 유길준은 통의의 개념을 justice의 개념으로 이해한 것으로 보인다. 정용화, 앞의 논문, 68~69쪽 참조.

67) 일본 근대화의 선각자인 후쿠자와(福澤諭吉)는 明治維新 초기에 『學問のすすめ』를 공간하면서 초편 첫 마디를 "하늘은 사람 위에 사람을 만들지 않았고, 사람 아래 사람을 만들지 않았다"로 시작하고 있다. 유길준은 게이오 재학시절에 이 말을 수도 없이 들었을 것이다. 전봉덕, 앞의 책, 207쪽.

68) 일본은 지정학적 위치와 여건을 이용해 한국과 중국이 아직 전통적 구사상에 깊이 잠들어 있는 동안에 서양의 제국주의를 빠르게 인식하고 천황을 중심으로 자주적인 부국강병책을 세워 스스로 유신이라 부르면서 널리 서양세계의 지식을 구하고 서양법률제도를 과감하게 도입하였다. 1868년 메이지 유신 이후 1872년에 이미 고위정치가들과 학자들이 구미에 직접 가서 견학하였고, 다수의 유학생들을 서양에 파견하였으며 많은 서양 법률가들을 초빙하여 법전과 법률제도를 개선하고 법학을 수립하는 데 참여시켰다.

적이 나타난다.

또한 이즈음의 개화기에는 ≪독립신문≫이 서구의 인권사상 수용에 큰 역할을 한다. 신문이라는 대중매체로서 인권사상을 전파하고, 아울러 최초의 순 한글신문이라는 지위에 걸맞은 문자의 평등을 실현하여 그 자체 인권의 실천에 앞장을 선 것이다.[69]

그러나 역사는 우리에게 전대미문의 시련을 눈앞에 두게 하고 있었다. 일본제국주의에 의한 조선강점이 이루어지고, 그리하여 근대법제는 식민지 체제의 일환으로 이식되었다. 이후 이러한 식민지 법제는 우리에게 수많은 부정적 유산을 남겼다. 사회통제와 사회구조의 강압적 변화에 법이 소용되었고, 적법절차는 무시되었으며 불법적인 관행이 횡행하게 된다. 당연히 우리의 인권은 침잠하게 되는 것이다. 그럼에도 일반 백성들의 의식은 한국의 고유 종교이며 민중사상으로서 인간해방의 기치를 내세워 근세에 민중해방의 투쟁에 계기를 마련한 동학운동에 이르게 되면서 한 전환점을 맞이한다.

이러한 흐름 속에서 볼 수 있는 우리 고유의 사상은 사실, 우리 역사의 많은 부분이 그러하듯이 아시아라는 지역적 특성에 기초하고 있는 점이 적지 않다. 조선조는 물론 그 이전의 시대에서도 우리는 아시아의 많은 지역들과 활발한 교류를 통해서 그들의 사상을 받아들이기도 했으며 전래의 우리 사상을 다듬어 나가기도 했다. 특히 이웃 나라인 중국의 영향은 지대하였다. 따라서 서양의 사상과 견주는 것이 아닌, 아시아에서 탄생한 사상에서 근대적 서방사회에서 발달한

최종고, 『한국의 서양법수용사』, 박영사, 1983, 38~39쪽.

69) 이에 대해서는 정용화, 「서구 인권사상의 수용과 전개: 〈독립신문〉을 중심으로」, 『한국정치학회보』 제37집 제2호, 2003 참조.

인권의 사상과 제도의 활성화에 이바지할 수 있는 것은 무엇인가를 찾는 일은 결코 의미 없는 일이 아니다. 인간의 존중을 사회관계 속에서 정착시키고자 하는 이념과 제도의 문제이기 때문에 아시아의 문화풍토에서 전개된 인간존중과 그를 위한 사고방식의 모습은 충분히 존중받아야 한다.

6. 제도 속의 모습

1945년 일본제국주의가 패망한 뒤 우리나라에는 미·소 양군이 38도선을 경계로 남북으로 각기 진주하였다. 이는 결과적으로 남북의 분단으로 이어진다. 남한에 진주한 미군은 군정을 선포하면서 일제의 식민지법령을 전면적으로 폐지하지 않고 정치적 악법 일부만을 폐지한 채 효력을 지속시켰다. 1948년 대한민국 정부가 수립될 때에도 구법령이 헌법에 위반되지 않는 한 효력을 지속시켰다.

물론 헌법제정은 우리 역사상 인권에 관한 획기적 전기를 맞이하는 의의가 있었다. 미군정 당시에 英美法의 적부심사제도를 도입하고 경찰관에 대한 고문금지를 조처하는 등 인권상황의 개선을 시도하기도 하였으나, 기본권 관련 문서가 체계적으로 정비되는 것은 헌법제정을 계기로 하는 것이었다.

그러나 인권이 헌법에 성문화되었다고 인권보장이 충족되는 것을 뜻하는 것은 아니었다. 그것은 인권보장의 법률적 조건이 마련되었다는 것이고, 인권이 실제로 보장되려면 통치과정에서 법집행을 통해서 이뤄져야 하는 것이었다.

여기에는 현존하는 국민의 인권의식이 있어야 하고, 이를 실현하려는 의지와 여러 정치적·경제적 조건도 갖추어져야 한다. 건국 초에 우리의 사정은 이를 살필 여력이 많지 않았다. 특히 한국전쟁으로 말미암은 전시하의 계엄통치는 법치주의의 정착에 많은 차질을 빚게 하였다.

제헌(1948)[70] 이후 지금까지 9차에 이르는 개헌이 주로 권력구조의 문제를 둘러싼 정치변동이었기 때문에 인권상황의 획기적 개선을 기대하기는 어려웠고,[71] 현행헌법의 행복추구권, 평등권, 자유권, 사회권, 청구권, 참정권 등에 대한 규정은 그나마 비록 그것이 법에 의해 확인된 국민의 권리이기는 하지만 인권 진전에서의 하나의 규준이 될 수는 있을 것이다.

덧붙여 우리의 인권상황에서는 초국가적 법의 형성과 연계된 인권보장이 문제로 제기될 수 있다. 탈국가화의 다른 측면에서 이 같은 양상은 우리의 법이 시급히 대처해야 할 하나의 법 현상이다.[72] 그렇다고 현대사회의 산업화에 따른 모순에서 문제되는 구체적인 사회권이 도외시될 수도 없다. 거기에다가 분단상황은 인권상황을 더욱 악

---

70) 1948년 헌법과 관련한 헌법 논의와 제정 배경, 내용에 대해서는 김수용, 「해방 후 헌법논의와 1948년 헌법제정에 관한 연구」, 서울대학교 박사학위논문, 2007 참조.

71) 다만 1980년 봄 이른바 '서울의 봄' 당시에 있었던 헌법 논의는 만개한 꽃과 같아 이 과정에서 기본권의 성격이 자연권임이 공인되었고, 당시에 새로 개정된 헌법에서는 이러한 비판이 일부 수용되었다. 제9조에서 국가는 개인이 가지는 불가침의 기본적 권리를 확인하고 이를 보장할 의무를 지며, 제35조 제2항에서 국민의 자유와 권리를 국가안전보장·질서유지·공공복리를 위하여 제한하는 경우에도 자유와 권리의 본질적인 내용을 침해할 수 없다고 규정했다. '물론 그러한 규정은 그야말로 기본권을 천부인권으로 끌어올리겠다는 당시 정권의 결단이라기보다는, 헌법의 규범적 실효성이 전혀 관철될 수 없는 상황에서 하나의 장식에 불과한 의미를 지녔다.' 이를 통해 기본권의 자연권성 이론이 실정 헌법상의 근거를 찾게 되었고, 기본권이 실정권이라는 주장에도 큰 변화를 불러일으키게 된다. 한인섭, 「권위주의 체제하의 사법부와 형사재판」, 『대한민국 건국 50주년 기념 제1회 한국법학자대회 논문집 한국 법학 50년−과거·현재·미래』, 1998, 116∼117쪽.

72) 김도균, 「세계화와 법: 초국가적 법의 등장과 전 지구적 법치주의」, 성낙인·김재형 편, 『한국법과 세계화』, 법문사, 2006, 256∼258쪽 참조.

화시키는 요인이 되고 있다. 불과 10여 년 전만 해도 잔존하고 있었던 남과 아직도 여전한 북의 권위주의체제의 억압성은 서로 영향을 주고 있었을 뿐만 아니라, 현대의 인권문제는 국내문제에 그치는 것이 아니라 국제문제이다. 이에 따라 인권의 국제적 보장문제가 제기된다. 여성들, 노인들, 어린이들, 외국인들에 대해 국제적 문제제기의 수준에 맞추어 제반 인권상황을 정비하는 것이 시급한 상황이다.

한국 헌법은 인간의 존엄을 최고의 이념으로 삼는 현대 헌법의 정신에 따르고 있다. 하지만 역대 헌법은 그 내용과 의미를 달리하여 국민의 기본적 권리를 규정하고 있었다.

가. 1948년 헌법

1948년 제헌 헌법은 23개 조문으로 되어 있는 제2장 국민의 권리·의무에서 국민의 자유와 평등을 실현하기 위한 다양한 기본권[73] 규정을 두었다. 제8조에서 평등원칙을 명시하면서 성별·신앙·사회적 신분에 의한 차별을 금지했고, 사회적 특수계급을 부인했으며 영전일대의 원칙 등을 규정하였다. 신체의 자유(제9조), 거주·이전의 자유(제10조), 통신의 불가침(제11조), 신앙과 양심의 자유(제12조), 언론·출판·집회·결사의 자유(제13조), 학문과 예술의 자유(제14조), 재산권의 보장(제15조) 같은 전통적 자유권 조항을 비롯하여 교육을 받을

---

73) 우리 헌법사에서 '기본권'이라는 용어는 명시적으로 등장하지 않는다. 1948년 헌법에서도 제2장의 표제인 국민의 권리·의무라는 문언에서 '권리'라는 말이 등장하고, 제28조에서 자유와 권리라는 말이 등장할 뿐이다. 이어 1962년의 제5차 개정헌법 제8조에서 '(……) 국가는 국민의 기본적 인권을 최대한으로 보장할 의무를 진다'라는 규정을 두어 '기본적 인권'이라는 용어가 처음 등장한다. 이것은 현행 헌법에도 그대로 유지되고 있다. 참고로 '기본권'이라는 말은 헌법재판소법 제68조 제1항에 등장한다. 정종섭, 『헌법연구』 5, 박영사, 2005, 17~18쪽 참조.

권리(제16조), 근로의 권리(제17조), 근로자의 근로 3권과 근로자의 이익분배균점권(제18조), 생활무능력자에 대한 국가의 보호(제19조), 혼인의 순결과 가족의 건강을 보호받을 권리(제20조) 같은 사회적 기본권도 규정하였다. 여기에서 특기할 만한 것은 제18조 제2항의 근로자의 이익분배균점권인데 이 조항은 헌법기초위원회에서 작성한 원안에는 없었으나 국회본회의 심의과정에서[74] 신설된 것으로 당시 다른 나라의 헌법에서는 유례를 찾을 수 없는 독특한 규정이었다.[75]

이외에도 청구권적 기본권과 참정권 등에 관한 규정을 두었고, 제23조에서 죄형법정주의와 일사부재리의 원칙에 대해서도 규정하고 있었다.

나. 제1차 개정헌법과 제2차 개정헌법

1952년 7월 4일 밤 이른바 拔萃改憲案이 국회를 통과하여 제1차 헌법 개정이 있었지만 주로 제3장 국회와 제4장 정부에 대한 대폭적인 개정을 행했고, 특히 대통령의 직선제에 그 중점을 둔 개헌이었다. 이어 1954년 11월 29일(11월 27일에 부결 선포되었으나 29일에 이를 취소하고 개헌안의 가결을 선포한다)에 이른바 四捨五入 개헌에 따라 제2차 헌법 개정을 했지만, 이 헌법의 핵심 또한 정치질서에 대한 부분으로 특히 초대 대통령에 한해서 3선 제한을 철폐하고 무제한 입후보를 허용하는 데 있었다.

---

74) 이 국회 본회의 제2독회 심의과정에 대해서는 대한민국국회 편, 『제헌국회속기록 ① (영인본)』, 선인문화사, 1999, 406~426쪽; 이영록, 『우리 헌법의 탄생』, 도서출판 서해문집, 2006, 159~164쪽; 김수용, 앞의 논문, 224~227쪽 참조.

75) 김영수, 『한국헌법사』, 학문사, 2001, 426쪽.

다. 제3차 개정헌법과 제4차 개정헌법

1960년 6월 15일 헌정사상 처음으로 여야 합의에 의해[76] 국회를 통과한 제3차 개정헌법을 흔히 제2공화국 의원내각제 헌법이라고 부른다. 이 헌법에서는 개인의 기본적 권리를 전 국가적·초국가적 권리로 확인하고,[77] 거주이전의 자유와 통신의 자유권에 대한 유보조항을 삭제, 제28조 제2항을 신설하여 일반 유보조항을 두었으며 특히 1948년 헌법에서 기능하였던 언론 등에 대한 사전허가제를 제13조 제1항을 개정하여 금지하고 선거연령을 법률에 위임하지 않고 20세로 명시했다. 이 헌법상의 기본권 분야는 극히 일부만 개정되었지만 4·19의 이념이 헌법에 강하게 자리 잡고 있었고, 자유를 향한 국민의 의지와 신념이 어느 때보다 충만한 시기의 헌법 개정으로 인해 1948년 헌법에 비해 실질적인 인권보장이 가능하도록 하고 있었다.[78]

제4차 개정헌법은 헌법 부칙을 고친 것으로 국회는 반민주행위자들을 처벌하기 위한 소급입법의 근거를 마련한 개정안을 1960년 11월 29일 통과시켰다. 의정사상 처음으로 소급입법을 제정하는 선례를 남기게 된다.

라. 제5차 개정헌법과 제6차 개정헌법

1962년 12월 17일 헌정사상 처음으로 국민투표에 의해 확정된 제5

---

76) 양건, 『헌법강의(Ⅰ)』, 법문사, 2007, 78쪽.

77) 권영설, 『헌법이론과 헌법담론』, 법문사, 2006, 162~163쪽.

78) 김영수, 앞의 책, 488쪽.

차 개정헌법은 강력한 대통령제를 기반으로 하는 것이었지만, 국민의 기본권도 명백하게 규정하여 이를 최대한 보장토록 하였다. 제8조에 헌법의 핵심이라 할 수 있는 "모든 국민은 인간으로서의 존엄과 가치를 가지며, 이를 위하여 국가는 국민의 기본적 인권을 최대한으로 보장할 의무를 진다"는 규정을 두었고, 직업선택의 자유(제13조), 주거의 자유(제14조), 양심의 자유(제17조), 인간다운 생활을 할 권리(제30조 제1항) 등이 우리 헌법에 처음으로 신설되어 선을 보였고, 헌법 제10조에서 기본권의 기본이라 할 수 있는 신체의 자유에 대해서 상세하게 규정하였다.[79] 또한 제30조에서 생활권적 기본권을 적극적으로 규정해둠으로써 생활능력이 없는 자를 보호하고, 사회보장의 증진에 노력하여야 할 국가의 의무를 명시하였다.[80]

1969년 10월 17일 국민투표에 의해 확정된 제6차 개정헌법은 제69조 제3항에서 "대통령의 계속 재임은 3기에 한한다"는 규정을 두어 대통령의 3선개헌헌법이라는 이름을 부여받았고, 이는 1971년 12월 27일 국회를 통과한 「국가보위에관한특별조치법안」의 빌미가 되어 대한민국 민주주의에 심각한 시련을 갖게 해주는 단초를 제공하게 된다.

마. 제7차 개정헌법

1972년 11월 21일 국민투표에 의해 확정되고 같은 해 12월 27일에 공포된 제7차 개정헌법은 유신헌법으로 불리며 대한민국 헌정사상 가장 흠이 많은 헌법이었다. 헌법은 정권의 유지와 연장을 위한 도구

---

79) 이에 대해서는 한태연 외, 『한국헌법사(하)』, 한국정신문화연구원, 1991, 142~146쪽 참조.
80) 김영수, 앞의 책, 517쪽.

로 전락했고, 정권은 국가안보라는 허울 아래 헌법 질서는커녕 민주
와 법치를 외면하게 된다. 비록 헌법 前文에 "정치·경제·사회·문
화의 모든 영역에 있어서 각인의 기회를 균등히 하고 능력을 최고도
로 발휘하게 하며 책임과 의무를 완수하게 하여, 안으로는 국민생활
의 균등한 향상을 기하고 밖으로는 항구적인 세계평화에 이바지함으
로써 우리들과 우리들의 자손의 안전과 자유와 행복을 영원히 확보
할 것을 다짐하면서"라는 명문을 삽입했지만, 헌법에 의한 국민의 기
본권 보장은 축소되었다.

　헌법 제32조 제2항의 "본질적 내용의 침해금지" 문언을 삭제했으
며, 개별적 유보의 경우 과거 한정적 사용에 비하여 각 기본권에 대
하여 인정하였다.[81] 체포·구금 시의 법원에 대한 적부 심사권과 언
론의 자유에 관하여 검열제나 허가제의 금지조항 또한 삭제했다. 제
26조 제2항에서 군인과 경찰 등에 대한 국가배상청구를 금지했고, 제
29조 제3항을 통해 근로자의 단체행동권을 제한하고 금지시켰으며,
제20조 제3항에서는 재산권 수용의 보상기준을 하향하였다. 그리고
결정적으로 제53조 "대통령은 천재·지변 또는 중대한 재정·경제상
의 위기에 처하거나, 국가의 안전보장 또는 공공의 안녕질서가 중대
한 위협을 받거나 받을 우려가 있어, 신속한 조치를 할 필요가 있다
고 판단할 때에는 내정·외교·국방·경제·재정·사법 등 국정전
반에 걸쳐 필요한 긴급조치를 할 수 있다"는 제1항과 "대통령은 제1
항의 경우에 필요하다고 인정할 때에는 이 헌법에 규정되어 있는 국
민의 자유와 권리를 잠정적으로 정지하는 긴급조치를 할 수 있고, 정

---

81) 한태연 외, 위의 책, 216~217쪽 참조.

부나 법원의 권한에 관하여 긴급조치를 할 수 있다"는 제2항을 두어 국민의 기본권을 배제시키는 정치권력의 힘을 보여주었다. 그리고 이 헌법에 의해 들어선 정치체제는 급속한 경제 성장과정에서 소외된 근로자들과 도시빈민의 저항에 대한 억압적 대응의 성격도 지니는 것이었다.[82]

바. 제8차 개정헌법

1980년 10월 22일 국민투표를 통해 확정되고, 10월 27일 공포된 제8차 개정헌법은 제9조에 "모든 국민은 인간으로서의 존엄과 가치를 가지며, 행복을 추구할 권리를 가진다. 국가는 개인이 가지는 불가침의 기본적 인권을 확인하고 이를 보장할 의무를 진다"는 규정을 두어 기존의 인간으로서의 존엄과 가치 외에 행복을 추구할 권리, 기본적 인권의 불가침성에 대해 명시하였다. 제13조의 주거·이전의 자유, 제14조의 직업선택의 자유, 제17조의 통신의 불가침 규정을 통해 개별적 법률유보조항을 삭제하였고, 제16조 사생활의 비밀과 자유의 불가침, 제26조 제4항 형사피고인에 대한 무죄추정, 제29조 평생교육의 진흥, 제30조 제1항에서의 근로자의 적정임금의 보호, 제33조 환경권 조항 등을 신설하였다. 그리고 제12조 제3항에서는 연좌제 금지를 명문화하였다. 제32조 제2항에서는 "국가는 사회보장·사회복지의 증진에 노력할 의무를 진다"고 규정하여 인간다운 생활을 할 권리에 대한 실질적인 국가의 의무를 확인하였다.

---

82) 양건, 앞의 책, 84쪽.

이 같은 헌법 규정들은 확실히 이전 헌법에 비해 국민의 기본권을 강화하고자 한 측면이 있다. 그러나 국가권력은 이러한 국민의 기본적 인권을 보호하도록 강제할 정치적·법적 상황을 마련하지 못했다. 또한 국가권력을 통제할 기관과 수단도 충분치 못하였고 이는 헌법의 규범력을 확보하지 못하게 하였을 뿐만 아니라, 법치주의는 물론 국민의 기본권마저도 보호하지 못하게 한 국가의 단면을 보여주는 것이었다.[83]

사. 제9차 개정헌법

현행 헌법인 제9차 개정헌법은 1987년 10월 27일 국민투표에 의해 확정되고 10월 29일 공포되었다. 이 헌법안은 1987년 7월 31일부터 9월 16일까지 정당의 협상대표들의 논의 끝에 여야 합의에 의해 마련된 것이었다. 가장 중요한 내용은 대통령 직선제에 있었지만 국민의 기본권을 보장하는 데서도 괄목할 만한 전기를 이루었다.

제11조는 "모든 국민은 법 앞에 평등하다. 누구든지 성별·종교 또는 사회적 신분에 의하여 정치적·경제적·사회적·문화적 생활의 모든 영역에 있어서 차별을 받지 아니한다"고 규정하여 평등권을 보장하고 있다. 나아가 제36조 제1항을 통해 혼인과 가족생활에서의 양성평등과 개인의 존엄성을 규정하고 있다.

또한 자유권에 대한 부분을 확대·신장하여 신체적 자유, 사회적·경제적 자유, 정신적 자유, 표현의 자유 등 현대 자유민주체제하에서

---

83) 김영수, 앞의 책, 655쪽.

재현될 수 있는 국민의 자유를 보장하고 있다. 특히 신체의 자유에 관한 보장이 확대되었고, 적법절차제도를 도입하였으며, 형사피의자의 권리 등을 확장하였다. 재산권을 보장하되 그 내용과 한계는 법률로써 정하도록 하였으며(제23조 제1항), 공공필요에 의한 재산권의 수용·사용 또는 제한 시에는 법률로써 정당한 보상을 지급하도록 하고 있다(제23조 제3항).

제32조에서는 모든 국민에게 근로의 권리를 부여하였고, 국가는 고용증대와 적정임금을 받도록 배려할 것과 최저임금제를 실시할 것을 규정하였다. 제3항에서는 "근로조건의 기준은 인간의 존엄성을 보장하도록 법률로 정한다"고 명시하였다. 제34조는 개별 항에서 국가는 여자·노인·청소년의 복지향상을 위해 노력하고, 생활능력이 없는 자는 국가의 보호를 받도록 규정하고 있다. 또한 국민은 건강하고 쾌적한 환경에서 생활할 환경권(제35조 제1항)과 쾌적한 주거생활에의 권리를 가진다(동조 제3항).

그리고 제9차 개정헌법은 기본권을 보장하기 위한 기본권으로 청원권과 재판청구권, 형사보상청구권, 공무원의 불법행위로 인한 손해배상청구권, 범죄피해구조청구권, 헌법소원을 할 수 있는 권리 등을 규정하였다.

물론 헌법에 규정된 자유와 권리만이 인간의 권리는 아니다. "국민의 자유와 권리는 헌법에 열거되지 아니한 이유로 輕視되지 아니한다(헌법 제37조 제1항)."

7. 민주주의의 구현과 인권

　　우리나라의 경우 그 어떤 나라보다도 근대화의 과정 속에서 민주
주의와 인권의 발전이 함께 진행되고 있다. 사실, 신생민주주의가 자
유민주주의로 공고화하기 위해서는 상대적으로 양호한 인권보호가
있어야 한다. 인권은 민주적 헌정의 형식과 구조를 기능하게 하는 시
녀 같은 역할을 수행한다. 인권의 보호 없이는 진정한 민주주의는 존
재할 수 없거나 적절하게 기능할 수 없다.[84] 우리의 경우 비록 인권
사상의 큰 틀이라 할 수 있는 민주주의가 개화사상이 논의되던 조선
시대 말기부터 유입되기 시작하였다 하더라도 민주주의는 항일기 동
안의 내면적인 침잠과정을 거쳐 우리의 헌정질서에 고스란히 나타난다.
　　민주적 기본질서는 우리 헌정질서의 근본적 구성요소로서 자유민
주적 기본질서와 사회민주적 기본질서의 총합을 의미한다. 여기서 민
주적 기본질서의 주요 내용으로는 기본권 존중에 의한 자유, 평등, 복
지의 실현과 법치주의에 의한 법의 구속, 법의 지배, 권리의 사법적

보장, 그리고 사회정의의 원리에 의한 경제적·사회적 민주주의, 즉 시장경제와 생존권적 기본권을 들 수 있을 것이다.[85]

제2차 세계대전이 끝난 후 아시아·아프리카 등의 식민지가 독립하였으나, 선진제국과 이들 개발도상국과의 경제적 격차는 좁혀지지 않았고, 또한 종교적·경제적·이데올로기적 대립으로 국지전이나 분쟁이 일어나서 국제평화를 위협하였다. 당연히 인권은 국가에 의해 독점되었고 국가가 후견적으로 보장해주는 일정한 크기의 권리라는 근대사회의 미몽에서 한 걸음도 나아갈 수 없었다.[86] 그럼에도 대전 후 세계의 민주주의는 결정적으로 진전되었다.[87] 아무튼 이는 우리나라에서도 예외가 아니다.

8·15 이후 미군 진주로 본격적으로 수용되었으나,[88] 민주시민으로서의 의식이나 전통이 결여된 상황에서의 민주주의 제도의 도입은 오히려 신생국가의 정치적 혼란만 일으켰다. 결국 이런 상황에서의 인권이란 민주주의의 다른 이름일 뿐이었다. 우리 사회에서의 60여 년에 걸쳐 이루어지고 있는 자유주의와 민주주의 실험은 아직도 진행 중이다.

해방 공간에서 한국전쟁의 수습기까지 민주주의는 계몽적 과도체제의 성격을 보여주었다. 즉 민주주의 저항을 명분으로 삼으면서도

---

85) 김철수, 『헌법학개론』, 박영사, 2007, 198~200쪽 참조.

86) 이상돈, 앞의 책, 153~154쪽.

87) 주지하다시피 1948년 세계인권선언이 같은 해 12월 10일 제3차 국제연합 총회 결의 217 A(Ⅲ)에 따라 채택되었는데, 이 선언에서는 정치·경제·사회체제나 이데올로기를 뛰어넘어 세계의 거의 모든 나라가 자유권·참정권·사회권을 내용으로 하는 인권보장의 목록을 민주주의의 기본원칙으로 확인하고 있다.

88) 미 군정은 식민 악법의 철폐와 기본권 보장 장치, 정부조직의 민주화와 사법부 독립의 제도적 기반을 마련했다. 또한 신생 독립 국민들에게 보통·평등 선거권을 주었고, 농지를 개혁하고 보통교육을 실시했다. 어쩌면 광복 후 한국의 민주주의는 한국을 민주주의의 진열장으로 만들려는 미국의 선물이었는지도 모른다. 김영명, 『한국의 정치변동』, 을유문화사, 2006, 65쪽; 임혁백, 앞의 논문, 56쪽 참조.

정권은 오히려 자유를 제약하던 시기이다. 1960년대 초에서 1970년대를 거쳐 1980년대 말에 이르기까지 강력한 지도체제 구축으로 더 말할 나위 없는 권위주의적 성격을 띤 시기였다.

흔히 제3세계 국가들에서 권위주의체제가 붕괴되고 새롭게 형성된 민주주의체제가 오래도록 지속되지 못하는 것은 이들 국가들이 민주화와 민주주의 이행과정을 거쳐 제도적·절차적 민주주의를 추진하였음에도 실질적 민주주의의 차원에서 법·제도를 본원적 의미대로 구현하지 못하고 왜곡된 정치제제로 변형되기 때문이다.[89] 그 결과 민주주의가 지향하는 자유·평등의 기치는 제약될 수밖에 없다. 우리도 이러한 과정을 반복하고 있었던 것이다.

사실 이 시기의 사회 구성원들이 가지고 있는 인권의식 또한 지극히 낮았음을 부정할 수 없다. 이는 물론 우리의 역사적 상황에 기인하는 것으로 분단과 전쟁, 여전한 일제 침탈에 의한 상처, 여기에 권력의 자의적 강압이 보태져 있었던 것이다.[90]

1980년대에 들어와서 다시 한 번 지배세력 사이에서 정치권력 구조의 재조정이 전개됨으로써 민주주의 제도가 위축되었다. 1987년 6월 항쟁을 통해 도입되었던 민주적 기본질서의 회복은 한동안 우리 사회의 민주적 헌정 질서의 도약에 낙관적인 전망을 가능케 하였다.

그러나 헌정체제의 제도적 비효율에 대한 문제[91]는 물론 법제도와 법질서의 운영상의 미숙, 통치자와 국민들이 축적한 법철학과 법 이론의 미성숙이 우리 사회에서 민주주의의 제도화의 실패, 자유주의의 폐

---

89) 이동윤, 앞의 논문, 99쪽.

90) 홍세화, 「사회적 약자를 바라보는 시각 또는 인권의식에 관한 단상」, 『저널리즘 평론 사회적 약자』 통권 21호, 2005, 175쪽.

91) 김종철, 「헌법과 양극화에 대한 법적 대응」, 『법과 사회』 제31호, 법과사회이론학회, 2006, 9쪽 참조.

단을 야기하는 원인이 되었다. 개인과 집단들의 이기주의, 지역적 갈등, 빈부의 격차와 사회 양극화, 흉악범죄의 빈번한 발생, 자살률과 이혼율의 급증, 세대 간 갈등과 대립 등 원자적 개인들이 일으키는 사회문제는 사회윤리의 부재라는 비판을 불러일으키고 있는 실정이다.[92] 이렇게 보여주는 한국 현실만큼 민주주의를 만드는 것과 지키고 발전시키는 것이 서로 다른 문제라는 사실을 실감나게 하는 것도 없다.[93]

그런데 민주주의와 불가분의 관계에 있는 것이 법치국가의 원리임은 주지의 사실이다. 법치국가는 민주주의와 이념상 대립·갈등 관계에 있는 것이 아니고 오히려 밀접한 상호관계에 있다.[94] 즉 현대 헌법상의 실질적 법치주의는 인간의 존엄, 자유, 평등이 공동체의 전체질서 속에서 실현될 것을 요청하게 됨으로 인해 민주주의와 기본권의 밀접한 상호관련에 관한 인식이 높아졌고, 따라서 국민의 기본적 권리를 향한 민주적 기능이 강조되고 있는 것이다.[95]

이렇게 본다면 바야흐로 한국은 그 주제가 무엇이든, 또 그 주체가 누구이든 관념적·도덕적·독단적 진리의 정치라고 불리는 그것, 그것에서 벗어나야 할 때에 이르고 있는 셈이다.[96]

우리나라는 민주주의를 꽃피우기 위한 다채로운 수단과 도구를 제도화했다. 앞서 살핀 것처럼 수세기에 걸쳐 개별 인간이 제도로 획득하고자 한 생활의 권리를 우리는 훨씬 짧은 기간에 이루어낸 것이다.

---

92) 오병선, 「한국의 자유민주적 기본질서의 평가와 과제」, 『법과 사회』 제32호, 법과사회이론학회 편, 2007, 26~27쪽 참조.

93) 최장집, 『민주화 이후의 민주주의』, 도서출판 후마니타스, 2002, 6쪽.

94) 허영, 앞의 책, 302쪽.

95) 장영수, 앞의 책, 202쪽.

96) 윤평중, 「실용의 이념」, 계간 『비평』 19호, 생각의 나무, 2008, 83쪽 참조.

현대의 우리는 역설적으로 이러한 제도를 훼손하려는 권력에 맞선 역사를 보유하고 있다.

민주주의는 반대를 포함한다. 민주주의는 사회 속의 인간들 속성이 그런 것처럼 대립과 갈등을 극복하며 이루어나갈 수밖에 없는 모든 관계의 전제이다. 이제 국민들이 해야 할 일은 더욱 자명해진다. 결국 이 과정에서 국민들이 보여주는 순기능적 역할이 인권의 발전에 기여할 수 있다는 사실 또한 명백하다. 사회의 성장에 쓰였던 조건들이 이제 인권의 성장에 쓰일 수 있도록 단계를 밟아야 한다. 사회적 조건들은 마련되었고, 그것을 우리 현대사는 보여주고 있는 것이다. 물론 그것은 한반도의 남은 반쪽을 위해서도 그렇다.

8. 사회적 약자에 대한 논의

한국은 인권사회와 민주주의가 진전되는 동안 전 세계가 주목하는 경제성장을 이루었다. 최근 아시아개발은행(ADB)은 한국이 고소득 선진국(high-income developed economies) 그룹에 들어 과학과 기술 분야에 획기적인 발전을 통해 경제적 고성장뿐만 아니라 더 폭넓은 사회적 안녕을 증진시키기 위해 노력해야 한다고 보았다. 많은 이들이 사회적 안정과 경제성장이 선순환된다고 생각하지만 이제 삶의 질에 관한 비금전적 측면과 더불어 개인의 일상적인 경험(기쁨이나 자부심, 걱정 같은)이나 삶의 목적, 심리적 안정(자율성이나 회복력, 자기존중감, 자신감, 낙관주의 같은) 등에 대해서도 사회적 안녕의 지표로 삼아야 할 때가 되었다.[97] 우리 사회도 마찬가지다. 더욱 성숙된 사회로의 진전을 이루어야 하는 것은 두말할 나위가 없고, 그 방법도 다양한 대립 요소들조차 균형 속에 안정을 이룰 수 있도록 모색해야 할

---

97) 아시아개발은행(ADB), ASIA 2050: Realizing the asian Century(박신현 · 위선주 옮김, 『아시아 미래 대예측』, 위즈덤하우스, 2012, 19, 65~67쪽 참조.

것이다.

이러한 역정 속에서 사회문제는 급속한 사회구조의 변화를 통해 유발된다. 이를 해결하기 위해서는 대다수 사람이 동의하는 사회행동이 필요하다.[98] 우리 사회야말로 그러한 사회변동과 행동의 전시장이라 할 수 있다. 따라서 여기서 한 가지 제기될 수 있는 문제가 바로 사회적 약자를 바라보는 인권 차원의 시각이다. 그리고 그것은 한 사회가 사회적 약자[99]를 어떻게 바라보고 이해하여야 하는가에 관한 쟁점이 된다.

우선 들 수 있는 것은 빈곤과 관련한 가난한 이들이다. 사실 빈곤 담론에서 빈민의 목소리는 거의 들리지 않는데, 이 같은 모순에 대해 그들 빈민은 풍요의 시대에 보이지 않는 사람들이 아닐 뿐만 아니라 수동적인 희생양으로서가 아닌 그들 자신의 사회세계 속에서 행위자로서 그리고 창조자로서 보여야 하며, 그 시대의 원흉이 아닌 그 시대의 사회세계 내의 행위자, 사회세계를 만들어가는 사람으로 여겨져야 하는 것이다.[100]

부의 창출이 빈곤 타파의 조건이었다면 빈곤은 이미 사라져야 했다. 하지만 현실은 그렇지 못하다. 물론 복지의 의표에 전적으로 빈곤의 제거라는 의미만 담겨 있는 것은 아니다. 어느 면에서 빈곤은 비개인적 요인으로서 사회제도의 탓이자,[101] 경제적 박탈, 사회적 배제,

---

98) 박용순 · 문순영 · 임원선 · 임종호, 『사회문제론』, 학지사, 2008, 17쪽.

99) 이 또한 상식의 직관적 용례와 정치철학의 규범의 용례 모두에서 평등주의적 경향에 의해 인정되고 있는 용어라 할 것이다. 이에 대해서는 정혁인, 「사회적 약자란 누구인가」, 『저널리즘 평론 사회적 약자』 21호, 한국언론재단, 2005, 148~170쪽 참조.

100) 우아영, 「빈곤담론 연구」, 가톨릭대학교 대학원 박사학위논문, 2007, 18~20쪽 참조.

101) 김윤상 · 박창수, 『진보와 빈곤』, (주)살림출판사, 2007, 138~142쪽. 이 저작은 톨스토이와 쑨원에게도 영향을 미쳤고, 대한민국 임시정부의 강령에도 영향을 주었던 헨리 조지의 『진보와 빈곤』에 관한 책이다.

문화적 소외 등이 복합된 상황이라는 점에서 사회적 불평등의 함수라고 할 수 있다.[102]

복지국가에서는 평등성의 달성이 지고의 목표로 되어 있지만[103] 사회복지제도의 결과로 얻어지는 평등성은 때로 인간을 수동적 수혜자로 만들기도 한다. 따라서 평등의 개념적 차원에서 접근할 때 평등한 기회 속에 자기성취를 이루는 만족감이 훼손될 수도 있다. 이렇게 볼 때 심각한 복지결핍의 만연에[104] 결부된 한국 사회는 이제 새롭게 복지정책의 좌표를 설정해야 하는 시점을 맞이하게 되었다고 하겠다. 더불어 발전적 가치창출은 물질적 소득창출과 정신적 삶의 질의 생성을 동시에 추구하기 때문에 복지국가의 물량적 접근에서 삶의 질 향상을 위한 총량적 접근이 필요한 것도 현실이다.[105]

또한 장애인 정책과 관련해서도 복지는 그와 연계되어[106] 인권의식의 고양에 중요한 의미를 지니게 된다. 장애와 관련된 부정적 사회통념을 제거하여[107] 정상적 생활normal life의 개념으로 전통적 개념의 장애를 바라보는 시각을 되돌려 놓고, 여기에 가능성enabling 패러다임을 연계시켜 장애인 정책의 중심을 복지 또는 일방적 시혜에서

---

102) 장세훈, 「한국 사회에 '신빈곤'은 존재하는가?」, 한국도시연구소 엮음, 『한국사회의 신빈곤』, 한울아카데미, 2006, 17쪽.

103) 물론 이의 의미는 복지국가라는 개념이 시장원리에 따른 자원배분이 '평등'과 '사회정의'를 보장해주는 것은 아니라는 공유에서 출발한다는 전제를 반영한다. 고세훈, 『복지한국, 미래는 있는가』, 도서출판 후마니타스, 2007, 22~23쪽 참조.

104) 이는 분명 빈곤취약계층들의 성장과정에의 참여 배제가 중요한 원인으로 작용한 결과이기도 하다. 서병수, 앞의 논문, 97~98쪽 참조.

105) 정경배 외, 『균형적 복지국가』, 한국보건사회연구원, 2002, 22쪽.

106) 이와 관련하여 장애인 빈곤도 사회적 문제로 제기된다. 이제 소비자복지라는 측면에서의 접근도 이루어져야 할 것이다. 허경옥·최혜경·이성림, 『저소득, 노인, 장애인 가족의 소비자복지』, 파워북, 2008, 204~248쪽 참조.

107) 정재민·김호연, 「사회적 약자 보도를 위한 가이드라인」, 『저널리즘 평론 사회적 약자』 21호, 한국언론재단, 2005, 106~111쪽 참조.

인권의 틀로 옮겨가게 하는 것도 이를 뒷받침하는 변화라 할 수 있다.108) 이는 어린이와 청소년 문제에서도 마찬가지다. 자기결정과 참여의 주체로 사회적 배제에서 벗어날 수 있도록 해야 할 것이다.

이뿐만이 아니다. 모든 사회적 약자가 가지고 있는 미성숙의 이미지를 시급히 털어낼 수 있게끔 하는 노력도 필요하다. 사회적 약자는 관심과 보호를 요청받는 대상이 되지만 인권과 자기결정의 주체로서 호명되지는 못한다. '동의에 기반을 두지 않은 강제'는 인권보장의 적이다.109)

덧붙여 다인종사회와 다문화사회로 진행되고 있음 또한 우리 사회의 현실이다. 우리나라는 특히 1991년부터 많은 외국인 노동력을 받아들였다. 그러나 시간이 지남에 따라 이들과 관련한 여러 문제가 발생하기 시작하였다. 그중의 하나가 불법체류 문제인데, 20여 년 전에는 5,000여 명 남짓이던 불법체류자 수가 10여 년 전에는 10만 명에 가까워졌고, 지금은 무려 23만여 명에 이르고 있다. 이들 대부분은 추방의 두려움 속에서 살고 있으며, 그 가운데 상당수가 한국인과 결혼해 살면서 우리 사회의 또 다른 구성원이 되었다. 이들과 이들 2세들에 대한 문제, 그리고 농촌에 결혼해 와서 살고 있는 외국인 여성들에 대한 문제는 앞서 언급의 한 예증이 되고 있다.

이제는 다른 문화권의 사람들이 이주해 한국을 그들 삶의 터전으로 삼아 가는 것을 거부할 수 없다. 선택의 여지없이 그 방향이 우리의 현실이고, 앞으로 이러한 새 방향을 제대로 이해하고 더 나은 삶

---

108) 김두식, 「우리 법률상의 장애인식에 대한 비판적 검토」, 『인권과 정의』 제314호, 대한변호사협회, 2002, 60~64쪽 참조.

109) 배경내, 「배제된 목소리, 준비되지 않은 자리」, 『인권평론』 제2호, 한국인권재단, 2007, 199~207쪽 참조.

을 만들어가는 것이 우리 모두의 과제이다.[110] 이 같은 모습들을 한
국 사회에 내재화할 수 있도록 역량을 발휘해야 하는 일 또한 우리의
몫이다. 여기에 한 나라의 힘만으로는 해결할 수 없는 문제들에 부지
불식간에 깊숙이 개입되어 있는 사실에 대해서도 진지하고 적극적인
성찰이 있어야 할 것이다.

한편 여성이라는 이유로 당하는 소외와 차별에 대해서도 생각해보
아야 한다. 기본적 인권 일반의 발전을 위한 모델로서 여성 권리 발전
에 초점을 맞추는 한 가지 이유는 역사적으로 거의 모든 문화가 여성
을 차별하는 내재적 규범을 가지고 있었기 때문이다.[111] 우리도 그렇
다. 한국 사회는 남성위주의 사회였다. 그 상황과 정도는 지난 4반세기
에 걸쳐 점진적으로 개선되어 왔지만, 여전히 여성에 대한 차별은 존
재하고 또 그만큼 사회진출은 어렵고, 설령 진출하였다 해도 남성들에
견주어 상대적으로는 열악한 처지에 놓여 있다. 물론 여성들이 이의
타파를 위해 활발한 사회활동으로 자신들의 목소리를 찾을 수도 있지
만 복지가 그런 것처럼, 장애에 대한 생각의 변화가 그런 것처럼, 법을
통해 더욱 확실한 자유와 평등을 찾고 또 보장받을 수 있어야 할 것이
다.[112] 물론 법제도 안에서 나타나는 남성적 논법과 여성적 논법의 차
이에 대해서도 주의를 기울여야 한다. 여성들이 왜 남성들과 다른 목
소리를 발전시켜왔는지에 대해서 귀 기울여야 하는 것이다.[113]

2008년 6월 13일 개정된 「여성발전기본법」은 제1조에서 "이 법은

---

110) 은숙 리 자엘펠더(Eunsook Lee Zeilfelder), 『한국사회와 다문화가족』, 양서원, 2007, 47쪽.

111) William J. Talbott/은우근 옮김, 앞의 책, 185쪽.

112) 윤진숙, 「미국의 포스트모던 페미니즘 법 이론에 관한 연구」, 연세대학교 대학원 박사학위논문, 2005, 1쪽.

113) 힐러리 찰스워스, 「인권 개념의 여성주의적 재구성」, 『여성학논집』 제20집, 이화여자대학교 한국여성연
구원, 2003, 110쪽.

「대한민국헌법」의 남녀평등 이념을 실현하기 위한 국가와 지방자치단체의 책무(責務) 등에 관한 기본적인 사항을 규정하여 정치·경제·사회·문화의 모든 영역에서 남녀평등을 촉진하고 여성의 발전을 도모함을 목적으로 한다"고 밝히고 있다. 이어서 제2조는 "이 법은 개인의 존엄을 기초로 한 남녀평등의 촉진, 모성(母性)의 보호, 성차별적 의식의 해소 및 여성의 능력개발을 통하여 건강한 가정을 이루고 국가와 사회의 발전에 남녀가 공동으로 참여하며 책임을 분담할 수 있도록 함을 그 기본이념으로 한다"고 명시하고 있다(제1조, 제2조 모두 2008년 6월 13일 전문 개정).

법이 시대와 사회변화를 반영하고 있음은 주지의 사실이다. 그럼에도 우리 사회에서 법의 보호를 받아야 할 대상들에 대한 범위를 설정하는 일에 대해서는 그러한 변화를 충분히 반영하고 있지 못한 것도 현실이다. 특히 여성들에 대해서는 언제나 소극적인 자세로 일관해왔다. 그것이 역설적인 면에서 좋은 의미로 해석될 수도 있지만, 그렇다고 해서 우리 사회가 그만큼의 여성보호에 대한 관심과 노력을 기울이고 있는지는 의문이다.

여성의 고용 안정성이 떨어지는 열악한 처지는 임금의 큰 격차를 가져오고,[114] 지위가 뚜렷한 상하관계를 형성케 하며, 이는 직장 내 성희롱 문제 같은 여성인권 침해 사례의 원인이 되기도 한다. 이러한 문제에 대해 이제 더 이상 이론적으로만은 적절히 대응할 수 없게 되었다. 따라서 여성인권을 지키자는 움직임이 여성운동으로 표출된다.

---

114) 2008년 6월 30일 OECD와 통계청에 따르면 우리나라 남성 임금의 평균 임금을 100으로 봤을 때 여성의 평균 임금은 61에 그치는 것으로 나타났다. 이는 OECD 평균 임금 수준인 81에 크게 못 미치는 것이고, 조사 대상인 20여 개 국가 중 가장 낮은 것이다. 뉴질랜드가 91로 가장 높았다.

그리고 그 궁극의 목적은 여성의 인권이 아닌 '한 인간의 인권'을 지키자는 것이다.

우리 사회에서는 이미 1980년대 초부터 여성단체들을 중심으로 매매춘과 성폭력, 가장폭력, 성희롱, 기지촌 여성·성 노동 종사 여성·장애 여성·여성 동성애자, 일본군 위안부 문제와 같은 여성에 대한 폭력을 인권침해 문제로 부각시키기 위한 움직임이 있었다. 여성단체들은 인권 개념을 기지촌 여성이나 여성동성애자, 여성장애인 등 사회주류에서 밀려난 주변부까지로 확장하였고, 실제로 이들을 사회가 다 같은 사람으로 끌어안을 수 있도록 꾸준하고 지속적인 사회적 관심을 제고하기 위한 실천운동을 펴나가기 시작했던 것이다.[115] 그런데 시간이 지나면 지날수록 새로운 문제들 또한 꾸준히 발생하기 마련이다. 여성은 단지 '여성'이라는 이름으로 한정되는 것이 아니라 가난한 여성과 중산층 여성이 있을 수 있고, 백인 여성·아시아 여성·흑인 여성이 있을 수 있으며 이성애자인 여성과 동성애자인 여성이 있을 수 있다.[116] 더군다나 요즘과 같은 다문화가정에서의 해외 이주 여성들에 대한 문제는 우리 사회의 중요한 인권문제의 상징으로 떠오르고 있다. 하지만 새로운 여성인권 문제는 또 등장하게 될 것이다.

이미 앞에서 살펴본 것처럼 근대 인권의 개념은 서구의 근대 시민혁명의 결과물이었다. 하지만 당시의 인권은 실질적으로 남성만이 가져야 하는 것이었다.[117] 성 평등은 요원한 꿈일 뿐이었다.[118] 이러한

---

115) 한국 여성운동에 대한 전반적인 전개와 문제는 정현백, 『여성사 다시쓰기』, 도서출판 당대, 2007, 155~197쪽; 막달레나의집 엮음, 『용감한 여성들, 늑대를 타고 달리는』, 도서출판 삼인, 2005; 한국여성의전화연합 편, 『한국 여성인권운동사』, 한울아카데미, 2000 참조.

116) 윤진숙, 앞의 논문, 79~80쪽.

117) 프랑스대혁명 후에 나온 「인간과 시민의 권리선언」을 엄밀히 번역하면 「남성과 남성시민의 권리선언」이 될 것이다. 이 선언도 미국 헌법과 마찬가지로 여성의 정치참여를 배제했다. 프랑스의 팸플릿 작가이

사고에 조금의 의심도 가지지 않았던 시대를 변화시키는 데에는 수 세기라는 긴 시간과 수많은 여성들의 힘이 필요했다.

그리고 이러한 여성의 권리가 본격적으로 이슈화하기 시작한 것도 그리 오래전의 일은 아니다. 1945년 UN의 설립을 계기로 여성의 인권이 국제사회의 중요한 문제로 부각되기 시작하는데, 그 이후 각 국제기구에서 양성의 평등을 실현하기 위하여 채택된 협약, 권고, 행동강령 등은 우리나라를 비롯한 세계 각국의 여성의 인권과 남녀평등을 보장하기 위한 법제의 형성과 변화에 상당한 영향을 미치게 된다.[119]

1979년 UN 총회에서 채택된 「여성에 대한 모든 형태의 차별철폐에 관한 협약The Convention on the Elimination of All Forms of Discrimination against Women: CEDAW」은 흔히 '여성의 권리장전' 혹은 '국제 여성 인권선언'으로도 불리는 협약으로서 여성지위 보호를 위해 체결된 가장 중요한 협약이다.[120] 이 협약의 목적은 그 제명이 상징하듯이

자 희곡 작가였던 올랭프 드 구주는 마리 앙투아네트 왕비를 여성운동의 후원자로 만들 수 있으리라는 희망을 품고, 프랑스의 철학자 콩도르세와 네덜란드의 여성운동가 달레르의 견해를 반영한 『여성과 여성시민의 권리선언Declaration des droits de la femme et de la citoyenne』을 집필했다. "어머니들, 딸들, 자매들, 그리고 프랑스 인민의 대표자들이 모두 국민의회에 소속될 것을 요구한다"로 시작하는 이 선언에서 구주는 1789년 「인간과 시민의 권리선언」에서 선포한 남성시민의 권리와 똑같이 여성의 자연권을 보장하라고 촉구했다. 아직도 여자를 사회적으로나 경제적으로 남자에 의존하는 수동적 존재로 보던 그 시대에 구주는 선언 속에 여성이라는 성별에 고유한 고통에서 그들을 보호하기 위한 특별 규정을 포함시켰다. 선언에는 아이의 아버지에게서 자기 친자임을 인정받을 권리와 국가가 제공해야 할 여러 미혼여성 보호조항이 들어 있었다. Micheline Ishay/조효제 옮김, 앞의 책, 199～203쪽 참조.

118) 1765년 블랙스톤(William Blackstone, 1723～1780)은 그 유명한 『영국법주석』에서 "여성의 존재 혹은 법적 실체는 결혼기간 동안 유예되거나 적어도 남편의 존재 또는 법적 실체에 통합된다. 아내의 모든 일은 남편의 날개, 보호, 그리고 덮개 아래에서 수행된다"는 구절을 남긴다. 한인섭, 「성폭력에 대한 법적 대응」, 『공익과 인권』 제4권 제1호, 서울대학교 공익인권법센터, 2007, 68쪽 참조.

119) 어느 면에서 양성평등의 실현을 위한 실천전략은 크게 세 가지 범주로 나눌 수 있는데, 동등대우의 확보, 적극적 시정조치, 성 주류화가 그것이다. *See* Teresa Rees, Mainstreaming Equality in the European Union: Education, Training and Labour Market Policies, Routledge, 1998; 최희경, 「헌법상의 양성평등과 성 주류화정책」, 『공법연구』 제35집 제1호, 한국공법학회, 2006, 509～517쪽.

120) CEDAW는 1980년 7월 17일 덴마크 코펜하겐에게 개최된 'UN 여성의 10년 세계회의'에서 64개 나라가 서명을 하였고, 스무 번째 국가가 비준을 한 지 30일 후인 1981년 9월 3일 국제협약으로서 효력이 발생했다. 김기순, 「여성차별 철폐에 관한 협약」, 이석용 외, 앞의 책, 89～91쪽.

여성에 대한 모든 차별의 철폐다. 협약 당사국은 입법, 행정조치, 정부정책 등을 통해 여성에 대한 모든 차별을 철폐할 의무를 가지며, 정치·경제·사회·문화·교육 등 모든 분야에서 여성의 인권과 기본적 자유를 저해하거나 무효화하는 성에 근거한 모든 구별·배제 또는 억제를 없앰으로써 사실상의 성 평등을 이룩해야 한다.[121]

'여성인권'이라는 말이 국제무대에 등장한 것은 1993년 오스트리아 비엔나에서 개최된 세계인권회의World Conference on Human Rights 때부터이다.[122] 이 말 속에는 여성에 대한 차별철폐는 물론이고, 여성에 대한 폭력철폐까지 함유되어 인간이 가지는 기본적 자유와 권리를 여성과 남성이 평등하게 향유하고 행사하는 것이 내포되어 있다. 즉 여성인권의 내용으로 차별과 폭력을 중요한 기준으로 기술하여 그것이 은폐된 것이든 드러난 것이든 간에 이에 대한 철폐를 촉구하고 있는 것이다. 이를 위해 모든 국가가 여성차별철폐협약을 비준하고, 유보조항을 철폐할 것을 요구하고 있다.

따라서 여성이 차별과 폭력의 주된 대상이 되고 있는 현실을 중시하여 여성의 인권을 보장하는 것이 국제기구와 각 국가의 우선적 과제라는 것이 강조되게 된다. 이 컨퍼런스에서 채택된 비엔나선언은

---

121) 우리나라에서는 1984년 비준을 거쳐 1985년 1월 26일부터 발효되었다. 협약 당사국은 4년마다 보고서를 제출하고 협약 이행사항에 대하여 국제 심의를 받도록 규정되어 있다. 우리나라의 경우 지난해 7월 31일 유엔 본부에서 진행된 유엔 여성차별철폐협약 심의에 참가하였고, 이는 1998년 여성특별위원회의 제4차 보고서 심의 이후 9년 만의 심의였다. 이 협약은 제1조에서 '여성에 대한 차별'을 정치적·경제적·사회적·문화적·시민적 또는 기타 분야에서 결혼 여부에 관계없이 남녀동등의 기초 위에서 인권과 기본적 자유를 인식, 향유 또는 행사하는 것을 저해하거나 무효화하는 효과 또는 목적을 가지는, 성에 근거한 모든 구별, 배제 또는 제한을 의미한다고 규정하고 있다. 그리고 협약의 당사국은 여성에 대한 모든 형태의 차별을 규탄하고 여성에 대한 차별을 철폐하기 위한 정책을 모든 적절한 수단을 통해 지체 없이 추진하기로 합의(……)한다고 명시하고 있다(제2조).

122) UN헌장이 표방했듯 국제적으로 여성인권은 비엔나 세계인권회의 전에는 남녀평등의 원칙으로 다루어졌다. 이 책 229~230쪽 각주 9, 10 참조.

여성(과 여자어린이)의 인권을 '보편적인 인권 중 양도할 수 없으며 필수불가결한 불가분의 요소'로 명시하고 있다(The human rights of women and of the girl-child are an inalienable, integral and indivisible part of universal human rights., para. 18).

우리나라는 1948년 헌법이 제정(제8조, 제17조, 제20등의 규정을 통해)되면서 현대적 의미의 성 평등을 구현하고자 노력하기 시작했다. 특히 성차별금지 규정이라 일컬을 수 있는 제8조의 명문화는 헌법 제정 당시만 해도 법질서 전체가 가부장적 내용으로 형성되어 있었기 때문에 사실 획기적인 것이었다.[123] 하지만 당시 혼란했던 우리의 대내외적 상황은 실질적인 성 평등을 구현하기에는 무리가 있는 것이었다. 1958년 2월 22일 법률 제471호로 제정된 「민법」은 제4편 친족[124]과 제5편 상속 편에서 여전히 가부장적 가족제도를 유지시켰고, 이러한 상황은 상당히 오랜 시간 지속되었다. 그러다가 CEDAW 비준 이후 본격적으로 법제도를 통한 여성 지위향상과 권익보호의 틀이 마련되기 시작한다. 다른 분야와는 달리 유독 인권 분야에서는 국제적인 기준설정이 먼저 이루어진 후 국내의 법과 관행이 그것을 따라가는 경우가 많은데[125] 이는 여성의 인권 관련 법제에서도 예외가 아니었다.

1987년 헌법 개정은 여성인권 관련 법제의 서막을 여는 전주였고,[126] 1988년부터는 여성정책을 총괄하는 행정기구가 전담 운영되

---

123) 김주환, 「양성평등원칙의 구체화」, 『공법학연구』 제8권 제3호, 한국비교공법학회, 2007, 193쪽 참조. 현행헌법으로는 제11조 제1항이다.

124) 민법 제809조(동성혼 등의 금지)에 관련한 부분은 명순구, 「1958년 민법 제809조의 역정-소수자 인권에 관한 법정책적 담론을 겸하여-」, 『안암법학』 제26호, 안암법학회, 2008, 75~110쪽 참조.

125) 조효제, 앞의 책, 186쪽.

126) 1987년 헌법 개정을 통해 1980년 헌법에서의 제30조 제4항이 제32조 제4항으로 옮겨져 그 문구도

기 시작한다(그 사이 이름과 역할에 변화가 있었지만 2012년 현재 정부조직법상의 '여성가족부'로 이어지고 있다). 1987년 12월 4일 법률 제3989호로 「남녀고용평등법」이 '헌법의 평등이념에 따라 고용에 있어서 남녀의 평등한 기회 및 대우를 보장하는 한편 모성을 보호하고 직업능력을 개발하여 근로여성의 지위향상과 복지증진에 기여함을 목적으로' 제정된다(2007년 12월 21일 법률 제8781호로 개정, '일 중심'에서 '가정과의 균형'을 중시하는 근로자들의 의식변화에 대응하고, 저출산·고령화 시대에 여성인력의 경제활동 참여를 늘리기 위하여 일·가정의 양립을 위한 정책을 강화하고자 했고, 이에 따라 법제명도 「남녀고용평등법」에서 「남녀고용평등과 일·가정 양립 지원에 관한 법률」로 변경된다). 이어 1990년에 「민법」 가족 편이 개정되는 것을 시작으로 1990년대 중반부터는 국가적으로 일련의 성 평등을 지향하는 여성정책들이 수립되었으며, 이는 법제정에서도 획기적인 변화를 초래하는 전기가 되었다.

1995년 12월 30일 법률 제5136호로 「여성발전기본법」을 시작으로 호주제 폐지를 근간으로 한 2005년 3월 31일 개정된 법률 제7427호 「民法」(2005년 12월 29일 법률 제7765호로 「民法」에서 「민법」으로 법제명이 바뀐다)과 '헌법상의 양성평등원칙 구현을 위하여 남녀의 약혼연령 및 혼인적령을 일치시키는' 등의 조치를 취한 2007년 12월 21일 법률 제8720호로 개정된 「민법」 등에서 법적인 전환점을 마련한다.

"여자의 근로는 특별한 보호를 받으며, 고용·임금 및 근로조건에 있어서 부당한 차별을 받지 아니한다"라고 변경된다. 또한 제34조 제3항 "국가는 여자의 복지와 권익의 향상을 위하여 노력하여야 한다"는 규정이 신설된다. 특히 이 조항은 헌법 제11조 제1항에 더해 여성에 대한 법적 차별뿐만 아니라, 여성이 받는 사회에서의 사실적 차별 또한 없애야 하는 국가의 의무를 부여하는 근거라고 할 수 있을 것이다. 명재진, 「고용에 있어서 여성을 위한 적극적 평등실현조치」, 『공법학연구』 제7권 제3호, 한국비교공법학회, 2006, 298쪽.

이와 같은 법률들은 여성에 대한 차별해소와 인권보장에 기여하였
다. 그럼에도 여성의 현실을 변화시키기에는 아직 미흡하다. 특히 이
주여성, 성적 소수자 여성, 여성 장애인 등 여성 내부의 소수자의 인
권보장을 위한 법률적 검토와 법률 제정 등이 필요하다. 또한 여성의
정치참여와 고용을 포함한 여러 영역에서 실질적인 이행력을 발휘하
지 못하고 있는 것에[127] 대한 대응도 필요하다.

법의 영역에서 이루어져야 하는 여성인권에 대한 관심은 여성이
스스로 그 주장을 멈추는 그 순간을 넘어서까지도 지속적으로 이루
어져야 한다.

---

127) 박선영 · 윤덕경 · 박복순 · 이성은 · 한지영, 『성폭력 · 가정폭력 · 성매매 관련 법제 정비방안』, 2007연
　　구보고서 13-2, 한국여성정책연구원, 2007, 3쪽.

9. 촉진과 재생산

인권은 그 개념의 꾸준한 재생산으로 말미암아 세계적인 규범으로 확산되어 가고 있다. 그런데 그러면 그럴수록 사안에 따른 새로운 쟁점 또한 끊임없이 등장하고 있음도 현실이다. 쟁점을 피하지 않고 그에 맞서면서 인권보호와 증진을 이루어내기 위해서는 실천이 더욱 중요하다. 하지만 사회적 조건에 따라 인권의 의식수준과 내용이 크게 다르다는 점에서 인권실천은 한 사회의 상황과 무관하게 전개될 수는 없다. 당연히 여러 차원에서의 사회적 장치가 요구되고 있는 것이다.[128]

인권에 대한 바람직한 사상의 실천이 본격화하기 위해서는 사실 민주주의와 이미 현시되어 있는 권리로서 인권이 그 역할을 충분히 해야 할 필요가 있다. 민주주의가 형식화하느냐, 실질화하느냐 하는 것은 민주주의의 발달 정도를 보여준다. 초기 민주주의는 형식적이고 명목적인 데 머무르는 점이 많았고, 현대의 민주주의는 여러 방면에

---

128) 김중섭, 앞의 논문, 71쪽.

서 실질적인 내용을 가지게 되었음은 주지의 사실이다.[129] 이를 사회
적 수준과 조건에서 다룬다면 그 사회의 인권 전개의 한 척도로 삼을
수 있을 것이다. 물론 여기에는 법의 한 단면을 그려낼 수 있는 민주
의 사회가 요청된다. 다시 말하면 민주주의의 가치를 터득하는 일에
서부터 올바른 시각을 가질 것이 전제되며, 그러한 전제로 이미 앞에
서 논급한 자유의 사상을 한 기둥으로, 그리고 인간의 권리를 또 하
나의 기둥으로 세워 이를 법치의 테두리 안에서 자신과 타자를 함께
배려하고 고려하는 조화롭고 합목적적인 사회적 합의를 끌어내야 하
는 것이다. 개인과 사회들의 역학관계는 모름지기 모든 사회의 문제
를 집적한 경계에 드리운 그늘이자 한편으로는 그 경계의 질을 가늠
하는 잣대이다. 이를테면 우리가 맞이하고 있는 사회 양극화[130]의 심
화[131]와 富의 편중에 버금가는 빈곤의 편중을 어떻게 다루고 그 갈등
을 또 어떻게 해결해야 하는가 하는 문제가 그렇다. 비단 이뿐만이
아니다. 여성의 문제에서도 그렇다.

　여성이 압박을 받던 시절은 말할 나위도 없고 지금도 억압받고 사
는 여성들은 많다. 인간은 모두 인간답게 살 권리가 있다. 같은 인간
으로서 용납이 되지 않는 행동은 부지기수다.[132] 여성은 지금까지 여
러 면에서 차별을 받아왔다. 여성에게 참정권이 인정되고 주어진 것
은 100년 이내일 뿐이다.[133] 사회에서도 여성은 열등한 존재로 인식

---

129) 조병륜, 앞의 논문, 154쪽.

130) 물론 이 사회 양극화는 어느 면에서는 우리 내부만의 문제가 아닌 세계자본주의를 배경으로 진행되기
　　 때문에 이 또한 국내문제이면서 국제문제이기도 하다. 전광석, 「헌법과 국민통합」, 『법제연구』 제30호,
　　 2006, 9쪽.

131) 사회 양극화와 그것이 더욱 심해지는 것에 대해 세계화를 드는 견해가 있지만, 이에 대해 매우 조심스러
　　 운 해석을 내놓는 경우도 있다. Anthony Giddens/김미숙 외 옮김, 앞의 책, 288쪽 참조.

132) 평등의 개념을 기회의 균등, 조건의 평등, 결과의 평등에서 찾는다면 더욱 그렇다. 한상운·이창훈, 「성
　　 별에 따른 평등권의 문제」, 『헌법학연구』 제14권 제1호, 한국헌법학회, 2008, 139～141쪽 참조.

되었다. 이러한 차별은 가정에서도 이어져서 가족 간에도 여성들은 늘 수동적 지위에 머물러 있었다. 따라서 이러한 문제에서 도출된 여성의 지위는 성차별이라고 하는 문제에서 출발해, 양성평등의 실현을 거쳐, 같은 인간이라는 의식의 변화에 이르러서야 그 문제가 해결될 수 있을 것이다.

우리 사회는 1990년대 들어 「여성에 대한 모든 형태의 차별철폐에 관한 협약」의 본질에 부합되는 새로운 법률들이 속속 제정되고 개정되어[134] 여성의 지위 향상에 꾸준히 이바지하려는 모습을 보였다. 대

---

133) 2008년 12월 대통령 선거를 앞두고 진행되었던 미국 민주당 대통령 후보 경선의 종지부를 찍는 힐러리 클린턴 상원의원의 2008년 6월 7일 워싱턴의 국립빌딩박물관 연설에서 그 일단의 심정이 드러난다. 힐러리 클린턴은 경선 패배 승복 연설에서 "우리가 비록 가장 높고, 가장 단단한 유리천장을 깨지는 못했으나 그 천장엔 1,800만 개의 틈이 생겼다. 그 틈을 통해 들어온 빛이 반짝반짝 빛나고 있어 우리를 희망으로 가득 채우고 있다. 나는 여자이고, 여성에겐 아직도 사회적 장벽과 편견이 남아 있다. 나는 우리 모두를 존중하는 미국을 만들길 원한다"고 말하며, 특히 '여성에게 투표권이 주어지지 않았던 시대에 태어난 80~90대의 여성 지지자들'에게 깊은 감사를 표시했다. 동아일보 2008년 6월 9일자 A2 · A18면, 조선일보 같은 날짜 A16면, 중앙일보 같은 날짜 16면 참조.

134) 2007년 7월 31일 UN 본부에서 열렸던 여성차별철폐협약 심의에 당시 정부 대표로 참여한 장하진 여성가족부 장관은 국정브리핑의 글을 통해 다음과 같은 소회를 밝혔다. "이번 심의에서 정부는 우리나라 여성차별의 대표적 제도인 호주제가 철폐되기까지의 험난했던 과정, 성매매 관련 특별법을 제정하고 성매매 피해자를 보호하기 위해 도입한 제도가 정착되기까지의 어려움을 알렸다. 또 국회의원 비례대표 후보 할당제와 공공부문의 여성채용 목표제로 대표되는 여성을 위한 특별조치들, 그리고 여성부 설립으로 이룬 공보육의 실현, 다시 여성가족부로 거듭나면서 가족정책의 기초를 다지기까지의 과정 등을 각국을 대표하는 심의위원들과 함께 나눴다. 이 시간은 지난 9년간 우리가 이룬 여성인권의 결실을 당당히 국제무대에 밝히는 자랑스러운 시간이었다. 우리 정부의 여성정책에 대하여 질의하는 11명의 심의위원들이 질의 서두에 지난 9년간의 성과에 대한 축하를 잊지 않은 것은 대한민국이 이룬 여성인권 증진의 결실이 국제적으로도 찾아보기 쉽지 않은 사례이기 때문이다. 위원들은 대한민국이 짧은 시간에 세계 11위의 경제성장을 이루면서 동시에 여성인권도 놀라운 속도로 발전시킨 점은 국제적 귀감이라고 평가했다. 특히 대부분의 협약 비준국가들이 국내법과의 상충으로 협약의 일부를 유보하고 있는데 비해 대한민국은 지난 20년간 국내법을 개정해 협약 유보조항 대부분을 철회한 점, 그리고 여성차별 피해자가 자국의 모든 국내법적 사법절차를 거친 다음에도 구제받지 못한 경우 유엔 여성차별철폐위원회에 진정할 수 있도록 만든 인권보호 장치인 선택의정서(Optional Protocol to the Convention on the Elimination of All Forms of Discrimination against Women)에도 가입해 협약 존중에 솔선수범한 점을 높이 평가했다. 동시에 위원들은 쓴 소리도 잊지 않았다. 많은 성과에도 불구하고 국가 경제력에 비하여 정치 분야에서 여성의 대표성이 납득할 수 없이 낮은 수준이라는 점, 간혹 국제뉴스의 일면을 장식하는 여성 비정규직 문제, 국제결혼 이주자의 인권보호를 위해 관련 국가와 정책 공조를 이루고 있는지 여부에 대해 속사포와 같은 질의를 쏟아냈다. 정부는 아직도 가야 할 길이 먼 정치 분야에서의 여성의 한계상황은 솔직히 인정하는 한편, 비정규직 여성의 처우개선 노력, 가정과 직장의 양립을 목표로 한 모성보호제도 도입 과정을 자세히 소개하고, 현재 국제결혼 이주 여성문제에도 법제정 노력이 진행되고 있는 점을 설명했다."

개 그 내용은 정치, 경제, 사회, 문화, 생활의 모든 영역에서 발생되고 있는 남녀차별 사항에 대하여 여성권익의 향상을 위한 것들이었다.

이는 한국에서의 여성인권의 고양을 위한 인권사상적 뒷받침이 그 실천의 방안을 마련하기 위해서는 물론이고, 앞에서 논급한 민주주의의 속성이 보여준 그런 것처럼, 그만큼의 제 역할에 충실하기 위한 본질적 자기 충족이자 중요성의 반증이라고 하겠다. 국제사회가 한국의 여성운동에 대해 빛나는 성과를 거둔 성공적인 사례로 평가하는 것[135]도 바로 그런 함의의 일례라 할 것이다.

생각은 다를 수 있다. 그러나 어울린 생각의 결과는 같아야 한다. 전반적인 인권문제에 대해서도 마찬가지다. 인권사상에서 자유, 그리고 그 자유란 것이 그 어떤 사상의 근거로서 단조로움보다 단조로울 수도 있으며 그 어떤 사상의 근거로서 심오함보다 심오할 수 있다면, 자유는 무한정한 사상의 에너지이다.

자유로운 존재로서 인간의 존엄성을 함부로 해할 수 없다는 사상은 우리들 가슴 속에서 면면히 이어져왔다. 이는 우리 역사 속에도 엄연히 존재한다. 하물며 감추어지고 닫힌 세상이 아닌 눈부시고 투명한 현대사회일진대 그 속에서야 더 말할 필요도 없는 것이다.

---

135) 정현백, 앞의 책, 155쪽.

V. 인권의 성장

1. 현대사회와 인권문제

인간이 삶을 향유하는 그 시대는 언제나 인간에게 현재적이다. 인권을 보장받지 못하는 인간의 삶은 세계사의 흐름을 관통하며 어느 시대에나 있었다. 불과 한 세기 전만 하더라도 인권은커녕 최소한의 사회적 보호 장치 없이 피폐한 삶을 살아간 많은 여성들과 농민들, 노동자들의 생활을 찾아볼 수 있다.[1] 문제는 그것이 다른 모습으로 이어지고 있다는 데 있다.

끝 모를 기술문명의 발전과 눈부신 정보화의 탄력, 그리고 범지구적·탈지역적 흐름을 맞이하매 인권문제는 개인의 사생활과 자기결정권, 정보의 접근, 노동자의 기본적 생존과 실업에서 새롭게 변화한

---

1) 미국의 인류학자 헬렌 피셔는 20세기가 저물어가는 즈음에 펴낸 『제1의 성THE FIRST SEX』에서 '감히 건방진 제안' 하나를 내놓는다. 피셔는 전 세계적으로 여성들은 수십만 년 전, 아니 수백만 년 전에 그들이 누렸던 경제적 영향력을 점진적으로 다시 얻고 있다며, 특히 경제 분야에 타고난 재능들을 듬뿍 쏟고 있어 모든 문화권에서 여성들이 유급 노동력으로 지속적으로 파고듦에 따라 그들이 사회의 많은 영역에서 타고난 소질을 발휘, 결과적으로 21세기 비즈니스나 성, 가족생활에 극적인 영향을 미치리라는 예측을 하고 있는 것이다. 일부 중요한 경제 부문에서는 여성들이 '제1의 성'으로 부각될 것이라 한다. Helen Fisher, The first sex: The natural talents of women and how they are changing the world(정명진 옮김, 『제1의 성』, (주)생각의나무, 2005), 12쪽.

모습으로 등장한다. 또한 그것은 여전한 소외의 외형 속에서 빈곤과 관련해, 아동과 청소년과 관련해, 여성과 관련해, 고령화와 노인과 관련해, 외국인과 관련해 등장한다. 여기에 생명의 문제도 빼놓을 수 없다.

'이상적인 사회'는 '이상적인 국가'의 다른 이름이다. 이제 인권은 새로운 길에 들어서고 있다. 카스트 같은 특정제도는 물론이거니와 여전히 형편없이 낮은 임금과 가혹한 노동에 시달리고 있는 제3세계 아동들의 초콜릿과 축구공은 결코 인권의 확장된 개념 속에 존재하는 그것이 아니다.

원래 인권문제란 특정한 시대와 사회적 조건에서 인간으로서 인간답게 살 자유와 권리의 문제이기 때문에 사회가 변천함에 따라 새로운 과제가 제기된다. 21세기를 맞은 현재 환경, 인구, 전쟁과 분쟁 등 문제는 더욱 어렵게 되고 있다. 그중에도 제3세계와 선진국 간의 정치·경제·문화상의 격차는 오히려 심화되어 가고 있다. 특히 제3세계 국가 내에서 종족적·종교적 등의 이유로 국지적으로 벌어지고 있는 인권유린은 거듭된 변화의 양상을 띤 채 더욱 정교하게 자행되고 있다.[2] 여기에 동성애자, 지적 장애인, 여성장애인, 양심에 따른 병역거부자, 외국인 이주노동자, 학교폭력의 피해자들과 같은 소수자의 인권도 결코 무시되어서는 안 된다.

인간의 역사를 만들어 나아가기 위한 과정 속에는 '인간다움'을 보장받기 위해 특권에 도전했던 수많은 사람들의 용기와 희생, 피눈물이 담겨 있다. 군주의 군대가 나타나면 겁에 질려 황급히 몸을 숨기는 백성들이 있었고, 화려한 관복을 입은 관리들이 나타날 때면 그

---

2) 이동윤, 앞의 논문, 102~108쪽 참조.

그림자처럼 검게 그을린 얼굴이 더 검게 변하는 이들도 있었다.

인간으로서 마땅히 누려야 할 자유와 권리를 인권이라고 한다면 지금의 우리는 우리의 의식 안에서 그러한 관념을 아무런 의심 없이 자연스럽게 인정한다. 하지만 이러한 생각은 오랜 세월에 걸쳐 형성된 인간사회의 제도에 의하여 인정되었을 뿐이다. 이제 제도는 스스로 사상이 되었다. 온당하지 못했던 역사의 고리를 차단하기 위해 금도를 넘어서면서 법으로 보장한 천부인권은 누구에게나 공평하게 주어져야 하는 것이었다. 그러나 현실은 이를 인식하게 하는 데 더 많은 요소가 고려되어야 했다.

인간이 살아가는 목적은 다양하지만 인간이 느낄 수 있는 가치관에 따라 살아가고 현실에 적응하여 그것을 세상에 밝혀 스스로가 속한 세상을 그렇게 만드는 것이 그 하나의 목적이 될 수 있을 것이다. 오랜 역사 속에서 인권은 언제나 '특권'이었다. 인간이 경제적 강자이거나 약자이거나에 관계없이 정치, 사회, 문화적으로 자유롭고 평등하게 살 수 있었던 시기는 극단적으로 말해 아직 도래하지 않았다고 말할 수 있다.

양의 동서와 시대의 고금을 막론하고 '인권'에 대한 문제가 현실의 눈앞에서 부각되고 있는 것은 실체적으로 인간에게 보장되어야 할 인권이라는 개념이 제대로 설정되지 못한 데 가장 큰 문제가 있다. 그만큼 인권이란 낱말은 다의적이며 풍부한 맥락을 담고 있다.

그런데 인권의 역사도 마찬가지다. 파란만장한 그 역사에 따라 해석 또한 다양할 수밖에 없다. 인권의 역사는 인권에 대한 인간의 인식이 어떻게 변화하였는지를 보여주면서 오늘날의 우리가 인권을 어떻게 지켜야 하는가를 일깨워준다.

신분이나 권력, 부, 신앙, 사상 등 갖가지 이유로 차별받고 불평등한 대우를 받았던 인간의 역사는 곧 평등을 실현하기 위한 노력과 투쟁의 역사라고 말할 수 있는 것이다.[3] 굳이 헌법적 이념의 소산에 한정하지 않더라도 평등사상은 인권의 그것과 맥락을 같이하는 온갖 불평등과 차별의 철폐를 위한 전제에서 돌출되는 것이었다.

급진적 사회변동을 바탕으로 근대적 인권이 국가통치에서 국민의 자유로 그 중심이 옮아오면서 인류는 봉건체제와 서서히 결별할 수 있었고, 자본주의가 꽃을 피울 수 있었으며 문학, 예술, 과학에서의 비약적 발전에 기여하게 된다. 물론 여기에는 이성적인 면에 의존하는 인간 사유의 근원 이전에 감상적인 문제가 자리 잡고 있을 수도 있다. 따라서 어느 면에서 인권은 인간 내면의 감성과 공감이 주요소로 개입되어 있다. 따라서 인권은 인간의 이성만큼이나 감정에 의존한다는 점 때문에 인권이 존재할 수도 있다는 것이다.[4]

물론 인류 발전의 토대를 구축한 급진적 사상 속에서도 미처 혁명의 주역들이 예견하지 못했던 어두운 면이 함께 나타나기 시작한 점도 인권의 역사는 보여준다. 혁명의 전개가 가져온 노동계약의 자유는 노동자들의 기본적인 권리를 약화시켰고, 경제활동의 자유는 사회적 약자의 사회경제적 조건을 악화시켰다. 그래서 노동자계급은 근대 시민혁명 이후에도 끊임없이 인권의 '실질적 보장'을 위해 행동했고, 이러한 행동의 성과는 20세기에 들어서면서 법의 변화로 나타나게 되었다. 사회복지국가가 새로운 국가의 지도이념이 되었고, 사회적 약자의

---

3) 물론 앞의 언급처럼 이러한 평등의 문제는 자유와 분리하여 생각할 수 없으며 둘의 관계를 올바르게 이해하는 것이 중요하다. 계희열, 『헌법학(중)』, 박영사, 2000, 199~200쪽; 계희열, 「우리 헌법상의 평등권」, 『고려대 법학논집』 제33집, 1997, 2쪽 참조.

4) *See* Lynn Hunt, Inventing Human Rights: A History, W. W. Norton, 2007.

권리를 실질적으로 보장하고자 '사회권'이 대두되게 되는 것이다.

자본주의 시장논리의 무한한 확장에 따른 저임금·장시간 노동이라는 비인간적 노동조건, 실업과 저임금으로 인한 빈곤, 아동노동·빈곤·질병·열악한 노동조건에 따른 평균수명의 저하, 문맹, 범죄의 증가 등 심각한 사회문제가 대두되었으나 정부는 철저한 자유방임적 자세를 고수하면서 이러한 현실을 외면하였다. 이러한 사회문제에 대해 너나 할 것 없이 불만이 쌓여가고 시장의 가혹한 착취가 자본주의 체제가 필요로 하는 노동력의 안정적 재생산까지도 위협하는 사태에 이르게 되면서 시장에 대한 일정한 개입을 통해 사회적 약자를 보호하기 위한 사회입법이 요청되었던 것이다.

인권은 원칙이다. 그런데 원칙은 현실 속에서 비롯된다. 가령 가장 높은 수준으로 추상화한 법적 개념은 겉으로는 사회적 특정성이 아무리 현저하게 결여되었어도 사회생활부터 생겨난다. 즉 구체적인 집단들의 교류 속에 결정권을 쥔 계급들이 안락하게 보이는 가운데, 특정한 잔학행위의 상흔을 통해 침묵하며 소외된 사람들의 희생의 대가로 힘없는 사람들을 위한 일종의 승리로 태어나는 것이다.[5] 하지만 이제 인권은 새로운 디딤돌 위에 올라서 있다.

따라서 이론을 위한 이론, 사상을 위한 사상이 아니라 더 보편적인 실천을 위한 이론을 만들어내려고 노력해야 한다. 모든 인간의 자유와 평등을 위한 도도한 물결의 흐름 속으로 여러 인권의 주체들이 젖어드는 것, 그것은 인권사상의 동시성을 확보하는 데 중요한 자산이 된다.

---

5) 캐더린 맥키넌/조시현 역, 「전쟁 시의 범죄, 평화 시의 범죄」, 스티븐 슈트·수잔 헐리 엮음/민주주의법학연구회 옮김, 『현대사상과 인권』, 도서출판 사람생각, 2000, 109쪽.

2. 실천적 틀

인권에 배태된 인권사상은 다원화한 국제사회와 다양하고 내면화한 사상의 진동으로 인하여 새로운 전기를 맞이하고 있으며, 비록 진자에 의해 자극받고는 있으나, 인간에 내재된 성격에 변화를 요구하지 않는 자연적이어야 한다.

한 개인은 공동의 선을 위해서나 또는 종교적 목적을 위해 희생될 수 없는 존재이다. 오히려 모두를 위해 더 바람직한 것은 좋은 인간 자질의 경험을 통한 옳음에의 지향과 선의 배양이다. 인간은 누구나 이 세상에 태어나서 즐겁고 행복하며 안전한 생활을 하기 원한다. 하지만 한 개인의 힘으로는 외부로부터의 집단에 의하여 야기되는 주도면밀한 위협과 위험을 스스로 대응하기가 어렵다.[6] 더욱이 복잡한 사회일수록 구조적·기능적 판단 절차에 호소하고 의존하려는 경향이 우세함으로 인해[7] 그것을 동의에 기반을 둔 보편적 절차의 차원

---

6) 김평섭, 『인권과 국가안전보장』, 한국학술정보(주), 2005, 228쪽.

7) 박은정, 『현대의 사회문제와 법철학』, 교육과학사, 1993, 82~83쪽 참조.

으로 엮어내 사상을 매개시켜야 한다.

　인권, 그 생각과 개념이 구유되고 구현된 사적·사회적 배경을 추적하면 인간의 권리는 시간과 장소와는 무관하게 인간이 바로 인간이기 때문에 인간이 가지는 보편적인 권리로 이해된다. 이러한 것은 특정의 약속이나 계약 또는 특정한 사회적 지위 등과 같은 특정관계나 거래에 의해 주어지는 것이 아니라 오로지 인간이라는 단순한 이유 하나만으로 인정되는 것이다. 따라서 이러한 의미의 인권은 법 이전에 주어진 개념인 것이다.

　전통적 인권의 개념은 '자연법사상'과 그 산물인 '사회계약설'에서 유래하는 것으로 본다. '생명권, 자유권, 재산권, 신체의 자유라는 자연적 권리는 영원한 것이며 양도하고 나눌 수 없는 권리로 사회계약에 의해 세워진 국가권력은 이런 권리를 옹호·유지하기 위해 존재한다'는 설정은 분명 인권 개념의 등장에 중요한 단초가 되었지만, 그 자체가 곧 인권을 뜻하는 것은 아니었다.

　주지하다시피 인권이 인류역사에서 본격적으로 등장하게 된 것은 18세기 이후 서유럽 사회에서였다. 이전까지 인류의 역사에서 인권 관념의 싹을 틔우게 되는 사건이나 사상들이 없었던 것은 아니지만 당시 사회의 보편적인 가치관으로 인정된 것은 근대 이후의 일이다. 인권의 신장이 바로 국가의 체제를 위협하거나 저해할 수 있다는 부정적 시각이 있었던 시대에서 이제 그것이 곧 개인의 행복, 국가의 발전, 세계의 평화와 화합을 위한 밑거름이 된다는 인식이 서서히 자리 잡게 된 것이다.

　인권에 대한 의식이 더욱 신장되고 활성화되기 위해서는 무엇보다도 인권에 대한 인식의 변화, 곧 인권에 다다르기 위한 사고의 전환이 필요하다. 그리고 인권이라는 문제를 지속적으로 이슈화하여 그것이 이끌어내고자 하는 바람직한 사회를 구성하기 위해서는 지난 시대를 되돌아 살펴, 그러한 과정이 현재를 비춰보고, 미래를 그려보는 거울이 되게끔 해야 한다. 인권사상이 실천과 결부되었을 때 그리고 인권이 구호로만 그쳤을 때를 아울러 짚어보아야 한다. 그렇게 된다면 생활 속에서 발견할 수 있는 반인권적 요소를 소거하는 데 도움이 될 수 있을 것이다.

이러함에 제 아무리 동시적 가치를 지녔다 해도 시대적 상황은 지난 시대의 교훈이었던 인권의 존중이라는 기본적 가치를 되돌아보게 한다는 점을 염두에 두고 사회제도의 전체적인 안정성의 문제 자체가 실천적인 문제로서 제기되어야 할 것이다. 노인과 여성에 대한 차별, 자유방임 체제에서 오는 착취관계 성립은 진보인 동시에 퇴보였으며, 인간 해방인 동시에 인간 소외였다. 분명 현재의 인권 상황은 사상의 빈곤을 용납하지 않는다.

의도적이지는 않았지만 때때로 사상의 전도는 실천의 이름으로 미화되는 수가 있다. 더군다나 그 내용이 명확하지 않다면 양자가 혼재하며 동시에 진행되는 수도 있을 것이다. 그 한 예로 실천적인 모습으로서 인권운동은 그 한 면이 정치적인 성격을 띠게 된다. 실제 부당한 권력과 특권의 존재에 맞서는 인권운동은 정치운동의 경계와 불분명해진다.

그리고 그것이 때로는 인권문제에 변수가 되기도 하며, 성찰의 계기로도 작용한다. 물론 법제도의 변화에서도 그 영향이 나타난다. 따라서 제정자든, 수용자든 법 자체의 중요성을 깨닫게 하는 것도 이러한 문제를 해결하는 일환이 될 수 있을 것이다. 그뿐만 아니라 단지 제도 내적인 문제이거나 단일 제도적인 성격만이 아니라 이와 경쟁적인 성격을 지니고 있는 여타 갈등들과의 논쟁도 수반되어야 한다.[8] 제도의 현실적 필요성은 언제나 또 다른 제도의 탄생을 필요로 하기 마련이다.

종래 국가 권력기관에 의해 자행되었던 인권유린 행위는 인간의 존엄성을 주저 없이 말살하는 것이었고, 현재에도 이름 없는 국가의 구성원들, 여성들, 장애인들, 외국인 노동자들 등등에게 제각기 다른 이름을 가진 채 영향을 끼치고 있다. 한편으로 이는 곧 인권활동의 국제적인 면이 부각될 수 있는 중요한 단서가 되기도 한다. 인권사상의 실천은 인간의 존엄성이라는 보편성에 기초한 것으로 국제적 협력이 불가결하다. 따라서 이제 인권사상 또한 국제적인 보편성을 갖추어야 한다. 우리나라를 포함한 세계의 여러 나라에 의해 합의된 법적 의무를 우리의 법 체제 안으로 편입시키는 것은 애오라지 우리의 몫이다.

인권보장과 침해의 사회적·정치적 조건들을 분석하고 인권의 보편성과 문화적 차이에 대해 신중하게 접근하는 것 또한 필요하다. 권리를 제한하고 또 보장하는 구조적 작동의 영역과 이를 배부하는 규범과 제도의 문제를 인권이 옹호되는 맥락에서 해석하려는 시도도 전개되어야 한다.

이러한 긴 여정은 그리 오래전이 아니어도 우리에게 빚으로 남아 있다. 1948년 세계인권선언이 선포되었을 때, 그리고 1993년 비엔나선언[9]이 발표될 때에도 인권사상과 연동된 이론적 보편성에 대한 노

---

8) Jacques Derrida, Force de loi(진태원 역, 『법의 힘』, 문학과지성사, 2004), 32쪽.

9) 1972년 테헤란 세계인권회의에 이어 1993년 6월 비엔나에서 열린 세계인권회의World Conference on

력이 있었고,[10] 아프리카 일부 나라에서 빚어지는 인권유린, 이라크 전쟁, 중국과 북한의 인권 등 최근의 인권문제에 관련해서도 실천의 전제로서 이론의 전개가 진행 중이다. 또한 제3세계 아동인권문제라든지, 신자유주의화에 따른 사회권의 약화문제, 문화제국주의와 연계된 문화연대의 문제 등에서도 마찬가지다.

무릇 인권의 실천이 그에 방해되는 문제를 직접 찾아 나서 이를 해결할 수 있는 방향으로 전개되도록 하기 위해서라도 인권사상은 더욱 정교해져야 한다. 그렇게 된다면 인권운동의 지평은 한결 넓혀질 수 있을 것이다.

인권 개념의 확장을 위해 시대정신을 빌려 그것을 천착할 때처럼, 그리고 그 속에 철학적 정당성을 부여하려 할 때 빚어질 수 있는 도덕적 영향력에 대한 논쟁이 인권이론을 한층 더 풍부하게 만든 것처럼 말이다. 특히 법학에서의 인권론에 대한 관심은 그것이 긍정적이든 부정이든 주목을 끌만 했다. 법실증주의가 인권을 실정법이라는 새장 안에 가두어버렸고, 자연법론은 증명이 어려운 새장 너머의 형이상학으로 인권을 탈출시키기도 했지만 그러한 논의 자체가 시대를 뒷받침하는 하나의 사상으로 전환되기도 했다.

Human Right는 인권의 보편성과 특수성, 이슬람 대 서구, 인권고등판무관제와 국제형사재판소, 국제관계 등을 주요 의제로 하여 탈냉전시대의 새로운 국제질서에 대응하여 인권의 보편성과 불가분성, 인권·평화·민주주의의 상호의존성을 명확히 개념화하고 구체적인 행동계획을 설정함으로써 이후 본격적인 국제인권운동의 발전 기반을 마련한 회의였다. 이 회의의 성과는 '비엔나선언과 행동계획Vienna Declaration and Programme of Action'에 옮겨진다. 이에 따라 여기서 각 국가에 인권NAP(국가인권정책기본계획National Action Plan for the Promotion and Protection of Human Rights)를 수립하라고 권고했고, 이후 UN은 인권고등판무관High Commissioner for Human Right의 직위를 만든다. 이 회의를 준비하기 위하여 지역적 모임이 개최되었는데, 아시아 국가들은 비엔나 회의 1년 전에 방콕에서 모임을 열고 방콕정부선언을 채택한다.

10) 비엔나선언에서는 인권의 보편성을 확인했지만, 비엔나회의를 준비하던 당시 아시아의 정부와 지식인들은 보편적 인권사상에 문제를 제기하면서 논쟁을 불러일으켰다. Michael Freeman/김철효 옮김, 앞의 책, 142쪽.

인권에 대한 문제는 늘 실천의 현장에서 먼저 제기되었고, 현장의 희생에 수반되어 조금씩 그 의미를 인정받을 수 있었다. 그런 실천의 과정을 겪으면서 비로소 '인권'을 조금씩 쟁취해온 사람들에게 인권사상의 발견은 이 세상 저편의 것이었는지도 모른다. 하지만 역설적으로 그렇기 때문에 더욱 치밀한 인권이론의 필요를 가중시킨다.

약탈에 대한 열망은 쉽게 가라앉지 않는다. 인간은 끊임없는 노동, 즉 끊임없는 생산과 이용을 통해서만 생존할 수 있고, 욕구를 충족할 수 있다. 그것이 바로 재산의 기원이다.

하지만 실제적으로는 타인의 노동의 결과를 차지함으로써 자신의 생존을 유지하고 삶을 즐기는 것 또한 가능하다. 그것이 바로 약탈의 기원이다. 노동은 고통스럽다. 그리고 인간은 고통을 피하려 하기 때문에 약탈이 노동보다 쉬운 한 누구나 약탈을 택하려 한다. 역사가 그것을 증명하고 있다. 종교도 도덕도 인간의 그런 성향을 막지는 못했다. 그렇다면 인간은 언제 약탈을 멈출까? 약탈이 노동보다 어려울 때에야 비로소 인간은 약탈을 멈춘다.[11] 아직 때는 무르익지 않았다.

인권이라는 말이 갖는 상징성은 두말할 나위 없이 그 공간과 시간을 불문하고 항상 사람들의 정신 속에 박혀 있는 화두였다. 때로는 그 개념조차 분명하지 않았지만 그렇다고 해서 그것이 회피된 적도 없었고, 도외시된 적도 없었다. 따라서 비록 인권이라는 개념이 근대화로 진전되는 과정에서의 역사적 산물이었다 할지라도 시대를 초월한 보편적인 의미를 가져야 한다는 설정에서 그 개념을 저작해보았다.

억압받는 사람의 말과 글에서 인권사상은 태어나고 성숙된다. 인

---

11) C. Frederic Bastiat/김정호 역, 앞의 책, 94쪽. 물론 바스티아는 이러한 약탈로부터 재산을 보호하는 것이 법의 정당한 목적임을 말하려 하고 있는 것이다.

권사상은 인간의 존재와 그 존재의 무한한 긍정을 입증한다. 하지만 인간은 언제나 그러한 존재의 부정에 맞서야만 했다. 그리고 그 존재가치의 필연성을 확인하고 확보하고자 여전히 희생을 감수하고 있다.

모든 권리와 마찬가지로 인간의 권리로 고양된 인간의 존엄은 고전적인 자연법론이 생각하듯이 인간의 자연적 결정의 산물이 아니라, 인간의 자기결정 표현이다. 이미 헤겔이 말한 것처럼 모든 권리와 그 권리에 따른 결정은 오로지 인간의 자유로운 인격성, 즉 인간의 자기결정에 기초한 것이며 인간의 자기결정은 자연적 결정과는 반대되는 것으로 인간의 존엄에 대한 권리 역시 바로 인간의 자기결정에 근거를 둔다.[12)

우리 인간의 삶은 친절함과 잔인함, 동정과 소외, 상호존중과 비인간화 그리고 민주주의와 폭력이 씨실과 날실처럼 얽힌 가운데 펼쳐져 왔다.[13) 이는 어느 시대에나 마찬가지였다. 여기에 친절함 속에서도 잔인함이, 동정 속에서도 소외가, 상호존중 속에서도 비인간화가, 민주주의 속에서도 폭력이 인간의 역사에 함께했다. 비록 보편적 선함의 존재를 입증했다고 해서 사람들이 자동적으로 옳은 행동을 하게 되는 것은 아니었던[14) 것이다.

이러한 인간을 상정한 인권의식은 그렇게 제2차 세계대전을 겪으면서 현실에 대한 엄숙하고 진지한 반성을 통해 급속히 고양되고 신장된다. 1948년 '세계인권선언'의 등장은 물론이고 그 이후의 인권발달 과정은 어쩌면 그러한 성찰의 과정이었는지도 모른다.[15) '세계의

---

12) Werner Maihofer, Rechtsstaat und Menschliche Würde(심재우 역, 『법치국가와 인간의 존엄』), 39쪽.

13) Michael N. Nagler, The Search for a Nonviolent Future(이창희 옮김, 『폭력 없는 미래』, 도서출판 두레, 2008), 15쪽.

14) Micheline Ishay/조효제 옮김, 앞의 책, 65쪽.

인권'이 선언된 지 불과 60여 년밖에 흐르지 않은 지금에 이르기까지
수도 없이 세상에 나온 국제적 인권 관련 선언과 문서화한 약속들은
인권의 공고화에 크나큰 기여를 했고, 인권문화를 재생시켰으며, 그
자체가 인권혁명이었다.[16] 이렇듯 인권발달을 촉구한 중요한 국제문
서는 때로 실천적 인권사상으로서, 또 때로는 이론적 인권사상으로서
많은 이들로 하여금 인권에 대한 관심, 이해, 안목을 넓히고 실천에
대한 동기를 부여할 수 있게 해주었다.

---

15) Universal Declaration of Human Rights를 정확하게 옮기면 '인권에 관한 전 인류의 선언'이 된다. 세계인
   권 또는 보편인권이라는 개념을 전세로 하시 않고 전 인류가 뜻을 보아 인권을 손숭하사는 선언늘 했다는
   의미가 될 것이다. 이렇게 이해한다면 이 세계인권선언은 어떤 선험적이고 일방적인 인권관을 우리에게
   강요하는 것이 아니라 제정 당시 인류의 지혜와 총의를 모은 합의적인 모색의 문헌으로 다가오게 된다
   (Micheline Ishay/조효제 옮김, 앞의 책, 684쪽 '부록 4 의미로 옮긴 세계인권선언' 부분 참조). 세계인권
   선언은 법적 구속력을 갖지 못하는 규범적인 국제문서에 불과하다는 점, 권리에 대응하는 국가의 의무를
   명기하지 않았다는 점, 경제적 · 사회적 · 문화적 권리에 대한 충분한 고려를 하고 있지 않다는 점 등 많은
   한계를 지니고 있기도 하다. 이에 선언의 내용을 강제력을 갖는 국제조약으로서 격상시켜야 할 필요성이
   절실하게 요청되었으며, 18년이 지난 1966년에 이르러서야 두 개의 규약으로 채택될 수 있었다. 이것이
   바로 '경제적 · 사회적 · 문화적 권리에 관한 국제규약International Covenant on Economic, Social and
   Cultural Rights'과 '시민적 · 정치적 권리에 관한 국제규약International Covenant on Civil and Political
   Rights'이다. 이후 유엔은 보편적인 인권기준을 제시하는 선언이나 구속력 있는 조약의 제정을 통해 국제
   인권기준을 확립하고, 이를 이행하기 위한 국제적 인권보장기구와 제도를 발전시키는 것을 핵심적인 임무
   로 삼아 여성, 아동, 소수민족, 이주노동자 등 사회적 약자들의 인권을 보장하기 위한 국제인권법의 발전
   을 주도하고 있다. 물론 시간은 아직 모든 인간의 편이 아니다.

16) *See* Michael Ignatief, The Rights Revolution, Anansi(Canada), 2000.

3. 다시 인권으로

인권은 인간이 인간이라는 종에 속한다는 이유만으로 가지는 '권리'[17]를 뜻한다. 인권은 인종, 국적, 性 그리고 그에 부여된 경제적 배경을 가리지 않고 누구나 평등하게 가지는 권리다. 그럼에도 오늘날의 인권은 여러 겹의 의미를 가진다. 이는 현재의 인권실태를 형성한 역사적 연속성과 변화의 과정을 반영하는 것이기도 하다.[18] 사람이 사람답게 살아가기 위해 인권은 보장되어야 한다. 권력의 횡포를 막고, 부유함의 편중을 완화하며, 사회적 약자의 올바른 자리를 찾아주는 노력이 인권의 의미에 내포된다. 그래서 인권문제의 제기는 어느 시대, 어느 사회에서나 기득권 세력의 이해와 맞물리게 된다.

이러한 관계가 우리 사회에서는 지나치게 경도되어 나타났다. 이는 우리 사회의 급속한 변동에 말미암은 측면이 없지 않지만 한편으로는 서구의 사상이나 제도를 수용함에 그 준별의 적절한 잣대가 마

---

17) 여기서의 '권리'는 복잡한 성질을 가지면서 실제로는 존재하지도 않는 신비한 사물이 아니라, 도덕적 · 법적 규칙에 근거한 정당한 요구 혹은 정당한 자격이다. Michael Freeman/김철효 옮김, 앞의 책, 20쪽.

18) Micheline Ishay/조효제 옮김, 앞의 책, 36쪽.

련되지 못했음을 반증하는 것이기도 하다. 가령, 소수자minority의 문제에서 이를 지나치게 경시하여 일방적인 희생을 요구하는 경우가 그 같은 예가 될 수 있을 것이다. 이제 소수자의 권리도 인권의 영역에 포함되는 것으로 간주되는데, 이는 UN에서 처음부터 의도했던 소수민의 보호 내지 소수민의 권리 개념과는 약간 다른 시각에서[19] 현대사회의 문제로, 즉 개인의 정체성이나 신념, 처지 등으로 발생하는 문제와 연관된 '소수자의 문제'로 옮겨 이해할 때 더욱 확연히 드러나는 현상이 될 수 있다. 한 세대 전에 발생했던 노동자들의 빈약했던 권리와 그나마 그 같은 권리 사용과정에서의 충돌, 도시의 빈곤층에 대한 무차별적 폭거, 여성들에 대한 차별과 은연중의 자발적 희생 강요, 장애인들에 대한 의도적인 무관심 등등의 문제에서 우리 사회는 너무나 관대했던 것이다. 그렇다고 본격적인 민주의식의 발로로 이들의 요구가 봇물처럼 쏟아졌던 한 세대 전에 견주어 지금의 실정이 썩 나아진 것도 아니다. 앞으로 이들 문제에 더해 해외의 이주노동자들, 입양아들, 성적 소수자들 그리고 이들이 속한 소수자 집단 같은 수많은 소수자들을 향해 나타날 수 있는 차별의 가능성조차도 인간의 존중에서 일탈하려 하는 그 부조리한 측면을 제거할 수 있어야 한다. 이제 사회(국가)가 모든 소수자들에게 더욱 세밀하고 따뜻한 관심을 가질 때다.

---

19) minority는 시민적 및 정치적 권리에 관한 국제규약 제27조에 의할 때 종족적·종교적 또는 언어적인 면에서의 소수민족에 대한 국가의 보호와 연관되어 논의되었다. 즉 동 조항에서는 "소수민족에 속하는 사람들에게 그 집단의 다른 구성원들과 함께 그들 자신의 문화를 향유하고, 그들 자신의 종교를 표명하고 실행하거나 또는 그들 자신의 언어를 사용할 권리가 부인되지 아니한다"고 밝혔고, 이어 UN은 1992년 민족적 혹은 종교적 및 언어적 소수자에 속하는 사람들의 권리에 관한 선언을 채택하였다. 이 선언 제1조에서 "각 영토 내에서 소수자의 존재와 민족적 혹은 종족적, 문화적, 종교적 및 언어적 정체성을 보호하여야 하며, 그 정체성의 증진을 위한 여건을 조성하여야 한다"고 규정하고 있는 것이다. 이 선언은 세계인권선언 제27조를 따라 소수자 집단이 아닌 개인에게 권리를 부여한 것처럼 보인다. Michael Freeman/김철효 옮김. 앞의 책. 157~158쪽. 하지만 이를 조금 다른 방향에서 헤아리자는 것이다.

이는 의식의 문제이다. 다시 말하면 사상의 보편성에 대한 문제로 접근해야 하는 것이다. 굳이 인권의 차원에서 접근하지 않더라도 한 사람 한 사람의 생각이 배제와 인정의 갈림길에서 어느 한쪽을 택해야 하는 것이다.

비록 역사적으로 볼 때 자유민주주의 이론이 문화적 소수자 문제를 해결하기 위해 고안된 것은 아닐지라도 그 전개 과정에서는 소수자의 이익에 우선하는 인민의 주권을 강조했고, 소수에 속하는 사람들도 다른 모든 사람들과 동등하다는 맥락에서 그들의 지위를 누릴 수 있는 것으로 진전되었다. 나아가 자유민주주의가 가장 발전되었다는 사회마저 소수자의 요구와 또 그들에 대한 대규모 인권침해가 이루어지고 있는 현실에 비추어 이제는 정치와 문화, 다수자와 소수자의 관계까지도 고려한 '다문화주의'라는 개념이 자유민주주의 이론의 중요한 분석과제로 자리 잡아야 할 것이다.[20]

우리 사회도 다양한 변화를 겪어오면서 민주주의에 대한 국민의 의식에서나 가치체계에서는 수준 높은 일면을 보여주었고, 민주주의가 국민들 속에서 구체적인 삶의 방법으로서 정착되어가고 있다. 그러므로 민주주의에 대한 국민적인 지지나 그것의 정착을 이룩하려는 국민적인 공감대가 이루어져가고 있음은-그것이 사상의 보편적 적용의 과정에서 나타난다고 할 때- 어느 면에서 인권의 실현에 기여하는 것이라고 할 수 있다.[21]

---

20) 앞의 책, 158~166쪽 참조.

21) 여기에 2001년 11월 25일에 발족한 국가인권위원회의 활약도 빼놓을 수 없다. 비록 국가인권위원회가 그 결정을 내림에 실효성을 확보할 수 있는 장치인 강제수사권이나 시정명령권과 같은 강제적 권한은 부여받지 못하고 있고, 아직 충분히 만족할 만한 시간이 확보된 것은 아니지만 개인과 집단의 인권신장과 관련해 한국 사회의 변화를 주도적으로 이끈 것은 충분히 가치 있고 의미 있는 사실이다. 임지봉, 「한국 사회와 국가인권위원회」, 『국가인권위원회 설립 5주년 기념 국가인권위원회 5년, 성과와 과제』, 2006, 29쪽.

  '인간이 인간답게 살아갈 수 있는 세상'의 구현, 이것이야말로 인권의 처음이자 끝이다. 인권사상의 전개는 그러한 피조체에 숨을 불어넣는 일이다.

  굳이 사회의 어느 한 단면만을 확대해서 보지는 않더라도 사상들의 정제되지 않고 질서가 없는 모습은 우리 사회를 인간다움이라고는 찾아볼 수 없는 거대한 구조물로 격하시키는 데 일조하게 될 것이다. 이는 제도의 미비를 떠나 제도의 소용에도 그 영향을 미친다. 사상이 선용의 제도를 마련하는 결정적인 근거가 되고, 제도는 그러한 사상이 좋고 옳았음을 입증하는 그 자체의 현상이 되어야 할 것이다. '진정으로 윤리적인 것은 개개인의 마음속에 있다. 윤리적 인간, 윤리적 행위란 그것이 정신 내면 깊숙한 곳에서 우러나온 윤리성의 요청일 경우, 때로는 그 시대 그 사회의 도덕적 규범에 저촉될 수 있다. 아니면 훨씬 후대에 가서 비로소 그의 행위가 덕목으로 인정될 수 있다.'[22] 모든 일을 결정하는 인간이 개별적 주체로서 그 인간들 속의 억압받고 가난한 사람에 대한 바람직한 사고를 지니고 또 전개할 수 있게끔 지속적인 실천의 장을 스스로 펼쳐나가야 한다.

---

22) 이부영, 앞의 책, 643쪽.

에필로그

　그럼에도 힘없고, 약하고, 어린 사람이 스스로 힘이 없다고, 약하다고, 어리다고 느끼지 않게끔 해주는 것이 인권이라고 생각한다. 한없이 차가운 공기를 폐부에 깊숙이 찔러 넣어도 그것을 차갑게 느끼지 않는 것, 그것 또한 인권이 될 수 있다고 생각한다.

　엄밀히 말해 고대의 노예제사회에서나 중세사회의 엄격한 신분적 질서에 인간들이 묶여 있었을 때 인권은 존재하지 않았다. 인간에 대한 관념이 새롭게 조명받았던 근대에 다다르면서 비로소 인간의 권리인 인권 개념이 서서히 등장한다.

　인류의 역사에서는 인권 관념의 단초가 되는 몇몇 사건이나 사상들이 돌출적으로 등장한 적은 있었지만, 시회의 보편적인 가치권으로 인정된 것은 역설적이게도 근대의 자본주의가 발현되면서부터였다. 인권은 이 보편적인 인간해방의 요구가 근대 시민혁명을 거쳐 나타난 '한 역사적 시점에서의 특수한 표현'인 것이다. 즉 '근대'라는 한 역사적 사회에서 국가권력과 개인의 자유와의 관계를 지배하는 원칙을 표현하는 이념이 인권이다. 따라서 우리가 현재 말하고 있는 인권은 근대 자본주의시대 이후의 인간해방의 요구를 전제로 해서 인간에게 의식되고 이론화되고 꺾이고 꺾여가는 투쟁을 통해 형성된 것이라 할 수 있다.

한편 아시아의 인권사상은 모든 생명의 소중함을 강조하는 불교, 민심은 천심이라는 유교의 사상 등으로 접목될 수 있다. 그리고 이러한 배경 속에 한국의 상황과 실정이 놓여 있다. 모든 사람이 평등하다는 현대적 사고에 이르는 우리의 역사적 도정은 결코 간단치가 않았지만 이를 통해 우리나라 인권은 결국 우리 책임이자 지켜야 할 몫이다. 인권사상이 보편적인 사회사상으로 받아들여지기 위해서는 사회적 기반이 필요하며, 인권이 인류보편의 언어로 불리기 위해서는 자유와 민주가 요청된다. 인권이 부침 없이 꾸준히 발전하기 위하여 인권의 보편성이 비록 완전히 확보된 것은 아니라 할지라도 그것을 실현하기 위하여 노력할 필요가 있다. 이는 우리나라도 예외가 아니다.

인권은 늘 현재의 문제가 될 것이다. 그것을 도덕이라 부르든, 선이라 부르든 인간이라는 이름으로 치환하여 그에게 부여된 권리를 이상적 실재로서 공허하지 않게 하려면 그것을 시대가, 인류가, 법이 보호해야 한다. 인권은 실천이다.

우리가 사는 세상 속에서 지금까지 인권의 역사는 봉건체제의 붕괴를 상정한 역사이자, 자본주의의 성장을 촉진한 역사이며 자본주의의 파괴적 결과를 극복하고 민주주의를 확장하고자 한 역사이기도 하다. 따라서 인권의 역사는 기술되는 역사가 아니라 스스로 기술해가는 역사이기도 하다. 역사는 유행과 진보를 혼동하지 않는다.

사상적 의미에서의 내향적이고 반성적인 모습, 법학적 의미에서의 엄격성과 실천성이 조화를 이룬 인권은 '모든 이가 소유하거나 혹은 그 누구도 소유할 수 없는 것'이라는 말과 마찬가지의 주저와 용기의 경계에 현전한다. 사람이라도 다 같은 사람이 아니었던 시대에서 모두 다 평등한 시대로의 전환은 아직도 요원한 인간의 꿈인지도 모른다. 뭔가 '나'와는 다른 사람이 존재한다는 인식은 어느 시대에나 있기 마련이다.

자, '어디'에서 보편적인 인권이 비롯되는가?[23] 모름지기 사소하고 작은 문제에서 거대 담론은 양성되기 마련이다. 더군다나 그것이 사람의 일에서임에랴!

---

23) Anna Eleanor Roosevelt의 대답은 이랬다. "바로 우리 주변의 작은 장소, 집에서 가까운 그곳, 너무나도 가깝고 보잘것없어 어떤 세계지도에서도 보이지 않는 그런 곳들에서 시작한다. 작은 개인들로 구성된 그런 세계 말이다." She was born on October 11, 1884, at 56 West 37th Street in New York City, New York. Anna Eleanor Roosevelt died at her Manhattan apartment on November 7, 1962 at 6:15 p.m., at the age of 78.

참고문헌

◎ 국내문헌

1. 단행본

강만길, 『20세기 우리 역사』, 창작과비평사, 2004.
강영계, 『헤겔 절대정신과 변증법 비판』, 철학과현실사, 2004.
강희갑, 『사회복지법제론』, 양서원, 2006.
계희열, 『헌법학(중)』, 박영사, 2000.
고세훈, 『복지한국, 미래는 있는가』, 도서출판 후마니타스, 2007.
곽상경, 『경제로 본 한국역사』, 아름다움앎, 2007.
권영설, 『헌법이론과 헌법담론』, 법문사, 2006.
권영성, 『비교헌법학』, 법문사, 1981.
_____, 『헌법학원론』, 법문사, 2008.
권육상 외, 『최신 사회복지법제론』, 나무의집, 2007.
김경일 외, 『한국사회사상사연구』, 나남출판, 2003.
김광명, 『칸트 판단력 비판 연구』, 철학과현실사, 2006.
김동춘, 『전쟁과 사회』, 돌베개, 2006.
김만두 외, 『현대사회복지개론』, 홍익재, 2000.
김병곤, 『인간의 존엄-헌법이론적 연구-』, 교육과학사, 1996.
김비환, 『자유지상주의자들 자유주의자들 그리고 민주주의자들』, 성균관대학
　　　교출판부, 2005.
김비환 · 유홍림 · 김범수 외, 『인권의 정치사상』, 이학사, 2010.
김상용, 『법사와 법정책』, 한국법제연구원, 2005.
김성우, 『로크의 지성과 윤리』, 한국학술정보(주), 2006.

김영국,『마키아벨리와 군주론』, 서울대학교출판부, 1995.

김영명,『한국의 정치변동』, 을유문화사, 2006.

김영수,『한국헌법사』, 학문사, 2001.

김용선,『코란의 이해』, 민음사, 1990.

김용환,『홉스의 사회·정치철학』, 철학과현실사, 1999.

김용휘,『우리 학문으로서의 동학』, 책세상, 2007.

김윤상·박창수,『진보와 빈곤』, (주)살림출판사, 2007.

김정오,『현대 사회사상과 법』, 나남출판, 2007.

김지수(金池洙),『전통 중국법의 정신』, 전남대학교출판부, 2005.

김철수,『헌법학개론』, 박영사, 2007.

김평섭,『인권과 국가안전보장』, 한국학술정보(주), 2005.

김효명,『영국경험론』, 아카넷, 2002.

노명식,『프랑스혁명에서 파리꼬뮨까지』, 도서출판 까치, 1994.

대한민국국회 편,『제헌국회속기록 ① (영인본)』, 선인문화사, 1999.

동아시아공동체연구회,『동아시아공동체와 한국의 미래』, 이매진, 2008.

류상열,『사회복지역사』, 학지사, 2003.

은숙 리 자엘펠더(Eunsook Lee Zeilfelder),『한국사회와 다문화가족』, 양서원, 2007.

막달레나의 집 엮음,『용감한 여성들, 늑대를 타고 달리는』, 도서출판 삼인, 2005.

문성학,『칸트 윤리학과 형식주의』, 경북대학교출판부, 2007.

박경숙 외,『빈곤의 순환고리들』, 동아대학교출판부, 2005.

박기갑,『21세기 국제인권법의 과제와 전망』, 삼우사, 1999.

박병호,『근세의 법과 법사상』, 진원, 1996.

＿＿＿,『세종시대의 법률』, 세종대왕기념사업회, 1986.

박선영·윤덕경·박복순·이성은·한지영,『성폭력·가정폭력·성매매 관련
    법제 정비방안』, 2007 연구보고서 13-2, 한국여성정책연구원, 2007.

박용순·문순영·임원선·임종호,『사회문제론』, 학지사, 2008.

박은정,『생명공학 시대의 법과 윤리』, 이화여자대학교출판부, 2000.

＿＿＿,『자연법사상』, 민음사, 1987.

＿＿＿,『현대의 사회문제와 법철학』, 교육과학사, 1993.

박제가·이익성 역,『북학의』, 을유문화사, 1994.

박지향,『영국사』, (주)까치글방, 1997.

박찬운,『국제인권법』, 도서출판 한울, 1999.

박찬표,『한국의 국가 형성과 민주주의』, 후마니타스, 2007.

백종현,『존재와 진리-칸트 ＜순수이성비판＞의 근본문제』, 철학과현실사, 2000.

성낙인,『프랑스헌법학』, 법문사, 1995.

_____,『헌법학』, 법문사, 2008.

송석윤,『위기시대의 헌법학』, 정우사, 2002.

송호근,『한국의 평등주의, 그 마음의 습관』, 삼성경제연구소, 2006.

심희기,『한국법사연구』, 영남대학교출판부, 1992.

안옥선,『불교와 인권』, 불교시대사, 2008.

양건,『헌법강의Ⅰ』, 법문사, 2007.

오세혁,『법철학사, 세창출판사』, 2004.

왕현종,『한국 근대국가의 형성과 갑오개혁』, 역사비평사, 2003.

유길준·허경진 옮김,『서유견문』, 서해문집, 2004.

유네스코한국위원회 엮음,『인권이란 무엇인가-유네스코와 세계인권선언의
        발전과 역사』, 도서출판 오름, 1995.

윤무학,『순자』, 성균관대학교출판부, 2005.

윤병태,『삶의 논리-헤겔 <대논리학>의 객체성과 이념론 분석』, 용의숲, 2007.

이민호,『근대독일사연구』, 서울대학교출판부, 1981.

이봉철,『현대인권사상』, 아카넷, 2003.

이부영,『한국의 샤머니즘과 분석심리학』, 한길사, 2012.

이상돈,『인권법』, 세창출판사, 2005.

이상영·이재승,『법사상사』, 한국방송통신대학교출판부, 2005.

이석용 외,『국제인권법』, 세창출판사, 2005.

이영록,『우리 헌법의 탄생』, 도서출판 서해문집, 2006.

이영희,『한국사회복지법규개설』, 홍익출판사, 2000.

이정규,『한국법제사』, 국학자료원, 1996.

이준호 편역,『율곡의 사상』, 현암사, 1984.

인경석,『한국 복지국가의 이상과 현실』, 나남출판, 2000.

인권운동사랑방사회권규약해설팀 편,『사회권규약해설서』, 사람생각, 2003.

임형택,『우리 고전을 찾아서』, 한길사, 2007.

장호순,『미국헌법과 인권의 역사』, 개마고원, 1998.

전봉덕,『한국근대법사상사』, 박영사, 1984.

정경배 외,『균형적 복지국가』, 한국보건사회연구원, 2002.

정수일,『고대문명교류사』, (주)사계절출판사, 2002.

정종섭,『헌법연구 3』, 박영사, 2004.

_____,『헌법연구 5』, 박영사, 2005.

_____,『헌법학원론』, 박영사, 2006.

정현백, 『여성사 다시쓰기』, 도서출판 당대, 2007.

조흥식, 『민주주의와 시장주의』, 박영사, 2007.

조효제, 『인권의 문법』, 도서출판 후마니타스, 2007.

차병직, 『인권』, 살림출판사, 2008.

______, 『인권의 역사적 맥락과 오늘의 의미』, 도서출판 지산, 2003.

최대권 외, 『법사회학의 이론과 방법』, 일신사, 1995.

최무열, 『사회복지의 뿌리를 찾아서』, 나눔의집출판사, 2008.

최병조, 『로마법연구(Ⅰ)』, 서울대학교출판부, 1995.

최봉철, 『현대법철학』, 법문사, 2007.

최장집, 『민주화 이후의 민주주의』, 도서출판 후마니타스, 2002.

최종고, 『법과 윤리』, 경세원, 1992.

______, 『법사상사』, 박영사, 2003.

______, 『법철학』, 박영사, 2007.

______, 『한국근대법사상사』, 박영사, 1981.

KBS인사이트아시아 유교 제작팀, 『유교 아시아의 힘』, (주)위즈덤하우스, 2007.

한국법철학회 편, 『법치국가와 시민불복종』, 법문사, 2001.

한국여성의전화연합 편, 『한국 여성인권운동사』, 한울아카데미, 2000.

한국철학회 편, 『한국철학사』, 동명사, 1987.

한상범, 『기본적 인권』, 정음사, 1985.

______, 『현대인권론』, 동국대학교 출판부, 1988.

한영우, 『다시 찾는 우리 역사』, 경세원, 2008.

한정숙, 『여성은 이렇게 말했다』, 도서출판 길, 2008.

한태연 · 갈봉근 · 김효전 · 김범주 · 문광삼, 『한국헌법사(상)』, 한국정신문화연구원, 1988.

한태연 · 구병삭 · 이강혁 · 갈봉근, 『한국헌법사(하)』, 한국정신문화연구원, 1991.

Hahm Pyong-Choon, The Korean Political Tradition and Law, Essay in Korean Law and Legal History, Hollym Coporation, 1967.

함세남 외, 『선진국사회복지발달사』, 홍익재, 2000.

허경옥 · 최혜경 · 이성림, 『저소득, 노인, 장애인 가족의 소비자복지』, 파워북, 2008.

허구생, 『빈곤의 역사, 복지의 역사』, 한울아카데미, 2006.

허영, 『헌법이론과 헌법』, 박영사, 2007.

황승흠, 『분쟁과 질서의 법사회학』, 성신여자대학교출판부, 2005.

황인옥 외, 『사회복지법제론』, 학현사, 2005.

황치연, 『한국헌법사와 생명권 인식』, 한국학술정보(주), 2005.

2. 논문

교황 바오로 6세, 「자연법의 개념」, 『경향잡지』 1970년 5월호, 한국천주교중앙
　　　협의회, 1970.
김석수, 「자율성과 인권」, 『사회와 철학』 제15호, 사회와철학연구회, 2008.
김세진, 「헌법과 제도-기본권과 제도보장에 관한 해석론을 중심으로-」, 숙명여
　　　자대학교 박사학위논문, 2005.
김수용, 「해방 후 헌법논의와 1948년 헌법제정에 관한 연구」, 서울대학교 박사
　　　학위논문, 2007.
김연미, 「인간의 존엄성과 권리의 관계-칸트와 호펠트의 권리론을 중심으로-」,
　　　『법철학연구』 제9권 제2호, 한국법철학회, 2006.
김용민, 「자연법이론과 루소의 정치사상」, 『한국정치연구』 7집, 서울대학교 한
　　　국정치연구소, 1997.
김인재 · 이발래, 「인권에 관한 법제 · 정책 개선의 성과와 과제」, 『공법연구』
　　　제35집 제2호 제2권, 한국공법학회, 2006.
김종철, 「헌법과 양극화에 대한 법적 대응」, 『법과 사회』 제31호, 법과사회이
　　　론학회, 2006.
김주환, 「양성평등원칙의 구체화」, 『공법학연구』 제8권 제3호, 한국비교공법
　　　학회, 2007.
김중섭, 「21세기의 민주주의와 인권사상」, 『민주주의와 인권』 제1권 2호, 전남
　　　대학교 5 · 18연구소, 2001.
＿＿＿, 「인권 실행의 사회적 장치」, 『현상과 인식』 제82호, 한국인문사회과학회,
　　　2000.
김지수(金智洙), 「인권의 법철학적 근거」, 『기독교사상』 1974년 2월호, 대한기
　　　독교서회, 1974.
김진, 「칸트에서의 최고선과 도덕적 진보」, 『칸트와 윤리학』, 한국칸트학회
　　　편, 민음사, 1996.
김현철, 「권리에 대한 법철학적 연구」, 서울대학교 박사학위논문, 2000.
김형곤, 「자연법이론의 기본적 인권에의 수용에 관한 연구」, 경남대학교 박사
　　　학위논문, 1990.
김호종, 「서애 유성룡의 인권사상 및 민주사상」, 『퇴계학』 제12집, 안동대학
　　　교, 2001.
김효전, 「헌법개념사의 경계 넘기」, 『공법연구』 제36집 제3호, 한국공법학회,

2008.

명순구, 「1958년 민법 제809조의 역정-소수자 인권에 관한 법정책적 담론을 겸하여-」, 『안암법학』 제26호, 안암법학회, 2008.

명재진, 「고용에 있어서 여성을 위한 적극적 평등실현조치」, 『공법학연구』 제7권 제3호, 한국비교공법학회, 2006.

문종욱, 「인권사상의 현대적 전개」, 『법학연구』 제16권 제1호, 충남대학교 법학연구소, 2005.

민준기, 「21세기 한국의 정치발전」, 민준기·신명순·이정복·윤성이, 『한국의 정치-제도·과정·발전』, 나남출판, 2008.

문지영, 「'자유'의 자유주의적 맥락-로크와 로크를 넘어」, 『정치사상연구』 제10집, 한국정치사상학회, 2004.

민경배, 「서구 인권사상의 역사적 발전과 현황에 대한 고찰」, 『공법학연구』 제3권 제1호, 한국비교공법학회, 2001.

박경서, 「인권에 관한 논의」, 강남식 외, 『NGO시대의 지식 키워드 21』, 아르케, 2003.

박구용, 「인권의 보편주의적 정당화와 해명」, 『사회와 철학』 제7호, 사회와철학연구회, 2004.

박문현, 「묵가(墨家)의 겸애(兼愛)와 비공(非攻)의 평화론」, 『통일전략』 제7권 제3호, 한국통일전략학회, 2007.

박병도, 「연대의 권리, 제3세대 인권」, 인권법교재발간위원회 편저, 『인권법』, 아카넷, 2006.

박상수, 「자유, 재산권 및 로크의 단서」, 『경제발전연구』 제12권 제1호, 한국경제발전학회, 2006.

박인성, 「Hegel의 정신현상학연구」, 고려대학교 박사학위논문, 1987.

박정순, 「인권 이념의 철학적 고찰」, 『철학과 현실』 2006년 봄호, 철학문화연구소, 2006.

박종보, 「미국헌법상 기본권의 체계와 이론적 특징」, 『미국헌법연구』 제17권 1호, 미국 헌법학회, 2006.

박종섭, 「헤겔의 국가론과 교육론 연구」, 한국교원대학교 박사학위논문, 2001.

서병수, 「한국의 빈곤에 대한 다차원적 분석」, 한림대학교 박사학위논문, 2007.

서윤환, 「홉스, 로크 및 흄의 정치적 의무론에 관한 연구」, 경북대학교 박사학위논문, 1995.

송규범, 「John Locke의 정치사상」, 서울대학교 박사학위논문, 1991.

송영현, 「프랑스와 바이마르 공화국의 대통령제」, 『법학연구』 제9권 제2호, 충남대학교 법학연구소, 1999.

송현정, 「현대 시민교육의 목표로서 인권에 관한 연구」, 서울대학교 박사학위
　　　논문, 2004.

심재우, 「칸트의 법철학」, 『법철학연구』 제8권 제2호, 한국법철학회, 2005.

양삼석, 「John Locke의 재산권론에 관한 연구」, 영남대학교 박사학위논문, 1994.

오병선, 「한국의 자유민주적 기본질서의 평가와 과제」, 『법과 사회』 제32호,
　　　법과사회이론학회 편, 2007.

오수웅, 「루소에 있어서 인권사상」, 『한국정치학회보』 제41집 제4호, 한국정치
　　　학회, 2007.

우아영, 「빈곤담론 연구」, 가톨릭대학교 박사학위논문, 2007.

유덕수, 「헤겔 법철학에 나타난 자유의지 개념에 대한 연구」, 건국대학교 박사
　　　학위논문, 2001.

육종수, 「현대 인권제도와 자연법사상」, 『헌법학연구』 제1집, 한국헌법학회,
　　　1995.

이경일, 「근대화의 일연구」, 계명대학교 박사학위논문, 1992.

이남주, 「중국 환경운동을 통해서 본 인권담론의 발전과 특징」, 『동향과 전망』
　　　70호, 한국사회과학연구소, 2007.

이동인, 「율곡의 사회개혁사상과 인권」, 『동양사회사상』 제13집, 동양사회사
　　　상학회, 2006.

이승환, 「'아시아적 가치' 논쟁과 유교문화의 미래」, 『퇴계학』 제11집, 안동대
　　　학교, 2000.

이유선, 「인권문제에 대한 로티의 실용주의적 관점」, 『사회와 철학』 제9호, 사
　　　회와철학연구회, 2005.

이재호, 「근대적 인권 이념의 기초와 한계」, 『정신문화연구』 제29권 제3호, 한
　　　국학중앙연구원, 2006.

이정희, 「동학의 생명철학에 관한 연구」, 충남대학교 박사학위논문, 2008.

이찬구, 「동학의 천도관 연구」, 대전대학교 박사학위논문, 2005.

이충진, 「인권에 관한 철학적 성찰-칸트의 경우-」, 『철학연구』 제92집, 철학연
　　　구회, 2011.

이화용, 「서양 중세후기 세속화의 이해」, 『한국정치학회보』 제39집 제3호, 한
　　　국정치학회, 2005.

임동근, 「국가와 통치성」, 『문화과학』 54호, 문화과학사, 2008.

임미원, 「도덕적 권리와 정치적 권리-칸트와 하버마스의 인권관념을 중심으로」,
　　　『법철학연구』 제7권 제2호, 한국법철학회, 2004.

______, 「칸트 법철학의 실천적 의의」, 『칸트연구』 제14집, 한국칸트학회, 2004.
임지봉, 「한국사회와 국가인권위원회」, 『국가인권위원회설립5주년기념 국가
    인권위원회5년, 성과와 과제』, 2006.
임혁백, 「한국 민주주의의 발달과 인권의 변화 발전」, 『인권평론』 창간호, 2006.
장세훈, 「한국 사회에 '신빈곤'은 존재하는가?」, 한국도시연구소 엮음, 『한국
    사회의 신빈곤』, 한울아카데미, 2006.
장은주, 「사회권의 이념과 인권의 정치」, 『사회와 철학』 제12호, 사회와철학연
    구회, 2006.
______, 「인권의 보편주의는 추상적 보편주의인가?: 비판에 대한 응답」, 『사회
    와 철학』 제5호, 사회와철학연구회, 2003.
전학선, 「국제인권법과 헌법재판」, 『미국헌법연구』 제19권 제1호, 미국헌법학
    회, 2008.
정달현, 「존 로크의 정치 철학의 자연법적 구조」, 영남대학교 박사학위논문, 1993.
정승교, 「롤즈와 마르크스의 정의론에 관한 비교분석」, 서울대학교 박사학위
    논문, 1989.
정용화, 「서구 인권사상의 수용과 전개-독립신문을 중심으로-」, 『한국정치학
    회보』 제37집 제2호, 한국정치학회, 2003.
______, 「유교와 인권(Ⅰ): 유길준의 '인민의 권리론'」, 『한국정치학회보』 제33
    집 제4호, 한국정치학회, 2000.
조병륜, 「프랑스인권제도의 발전의 근원과 실질적 민주주의 헌법철학 및 정치
    철학 사상」, 『헌법학연구』 제9집, 한국헌법학회, 2003.
조남진, 「스토아사상과 초기 크리스트교 노예해방에 관한 연구」, 고려대학교
    박사학위논문, 1988.
찰스워스, 힐러리, 「인권 개념의 여성주의적 재구성」, 『여성학논집』 제20집,
    이화여자대학교 한국여성연구원, 2003.
최우영, 「동아시아 담론에서의 공동체주의」, 『오늘의 동양사상』 제14호, 예문
    동양사상연구원, 2006.
최준호, 「홉스와 루소의 인간관: 심신관계에 대한 가치론적 고찰」, 『철학연구』
    제98집, 대한철학회, 2006.
최현아, 「존 로크의 자연법론의 전개과정과 통치론」, 경희대학교 석사학위논
    문, 2000.
최희경, 「헌법상의 양성평등과 성 주류화정책」, 『공법연구』 제35집 제1호, 한
    국공법학회, 2006.
한동원, 「헤겔 <정신현상학>의 구조에 관한 연구」, 고려대학교 박사학위논

문, 1987.

한상운 · 이창훈, 「성별에 따른 평등권의 문제」, 『헌법학연구』 제14권 제1호, 한국헌법학회, 2008.

한승헌, 「법정신과 인권사상」, 『기독교사상』 1977년 12월호, 한국기독교서회, 1977.

한인섭, 「권위주의 체제하의 사법부와 형사재판」, 『대한민국건국50주년기념 제1회 한국법학자대회 논문집 한국 법학 50년-과거 · 현재 · 미래』, 1998.

한인섭, 「성폭력에 대한 법적 대응」, 『공익과 인권』 제4권 제1호, 서울대학교 공익인권법센터, 2007.

한태연, 「세 개의 정부형태」, 『문송정종학박사화갑기념논문집』, 1993.

함재봉, 「유교 전통과 인권사상」, 『사상』 1996년 겨울호, 사회과학원, 1996.

홍성욱, 「과학과 인권」, 『인권평론』 창간호, 2006.

홍성표, 「13세기 영국 여성의 재산권 행사의 성격」, 『역사교육』 제51집, 역사교육연구회, 1992.

홍세화, 「사회적 약자를 바라보는 시각 또는 인권의식에 관한 단상」, 『저널리즘 평론 사회적 약자』, 통권21호, 2005.

홍영두, 「칸트의 공허한 형식주의적 도덕주관성에 대한 헤겔의 비판과 인륜적 자유의 이념-헤겔의 <자연법논문>과 <법철학강요>의 도덕성 편을 중심으로」, 성균관대학교 박사학위논문, 2002.

3. 번역물

※ 별도의 표기가 없으면 괄호 안의 한국인명이나 단체가 번역자고, 이어 우리말 책이름임

ADB(아시아개발은행), ASIA 2050: Realizing the Asian Century(박신현 · 위선주, 『아시아미래 대예측』, 위즈덤하우스), 2012.

Alexy, Robert, Theorie der Grundrechte(이준일, 『기본권이론』, 한길사), 2007.

Angela, Alberto, UNA GIORNATA NELL'ANTICA ROMA(주효숙, 『고대 로마인의 24시간』, 까치글방), 2012.

Arendt, Hannah, Lectures on Kant's political philosophy(김선욱, 『칸트 정치철학 강의』, (주)도서출판 푸른숲), 2004.

_______________, The Human condition(이진우 · 태정호, 『인간의 조건』, 한길사), 1997.

Attali, Jacques, Karl Marx ou l'esprit du monde(이효숙, 『마르크스 평전』, (주)위즈

덤하우스), 2006.

Ayers, Michael, Locke(강유원, 『로크』, 궁리출판), 2003.

Barry, Kathleen, The Prostitution of Sexuality(정금나 · 김은정, 『섹슈얼리티의 매춘화』, (주)도서출판 삼인), 2004.

Böckenförde, Ernst-Wolfgang, Staat, Verfassung, Demokratie: Studien zur Verfassungstheorie undzum Verfassungsrecht(김효전 · 정태호, 『헌법과 민주주의』, 법문사), 2003.

Butler, Judith, Antigone's Claim(조현순, 『안티고네의 주장』, 동문선), 2005.

Cicero, Marcus Tullius, Konrat Zigler ed., De Legibus(성염, 『법률론』, 한길사), 2007.

Cliff, Tony, Class Struggle and Women's Liberation 1640-Today(이나라 · 정진희, 『여성해방과 혁명』, 도서출판 책갈피), 2008.

De Bary, William Theodore, The liberal tradition in China(표정훈, 『중국의 '자유' 전통』, 도서출판 이산), 1998.

Derrida, Jacques, Force de loi(진태원, 『법의 힘』, 문학과지성사), 2004.

Driver, Stephanie Schwartz, The Declaration of Independence(안효상, 『세계를 뒤흔든 독립선언서』, 도서출판 그린비), 2005.

Dworkin, Ronald, Sovereign Virtue: the theory and practice of equality(염수균, 『자유주의적 평등』, 한길사), 2005.

Fisher, Helen E., The first sex: The natural talents of women and how they are changing the world(정명진, 『제1의 성』, (주)생각의나무), 2005.

Freeman, Michael, Human rights: An interdisciplinary approach(김철효, 『인권: 이론과 실천』, 아르케), 2005.

Giddens, Anthony, Sociology(김미숙 외, 『현대사회학』, 을유문화사), 2008.

Gill, Anton, IL GIGANTE(이명혜, 『미켈란젤로』, (주)생각의나무), 2005.

Gillingham, John · Danny Danziger, 1215: The Year of Magna Carta(황정하, 『1215 마그나카르타의 해』, (주)생각의나무), 2005.

Goff, Gacques Le, LE MOYEN ÂGE EXPLIQUÉ AUX ENFANTS(안수연, 『중세여행』, 에코리브르), 2008.

Grenier, Jean, Entretiens sur le bon usage de la liberté(장희숙, 『자유에 관하여』, 청하), 1992.

Guigue, Arnaud, Droit, Justice, État(민혜숙, 『법, 정의, 국가』, 동문선), 2003.

Habermas, Jürgen, Der philosophische Diskurs(이진우, 『현대성의 철학적 담론』, 문예출판사), 2002.

Hart, H. L. A., The Concept of Law(오병선, 『법의 개념』, 아카넷), 2001.

Hegel, G. W. F., Das Leben Jesu(정대성, 『신학론집』, 도서출판 인간사랑), 2005.

＿＿＿＿＿＿＿., Phänomenologie des Geistes(임석진, 『정신현상학 1 · 2』, 한길사), 2006.

＿＿＿＿＿＿＿., Philosophie des Rechts(임석진, 『법철학』, 한길사), 2008.

＿＿＿＿＿＿＿., Vorlesungen über die philosophie der Geschichte(김종호, 『역사철학강의』, 삼성출판사), 1995.

Heidegger, Martin, Kant und das problem der metaphysik(이선일, 『칸트와 형이상학의 문제』, 한길사), 2003.

Held, Klaus, Treffpunkt Platon(이강서, 『지중해 철학기행』, 효형출판), 2007.

Hobsbawm, Eric. J., On History(강성호, 『역사론』, 민음사), 2002.

Höffe, Otfried, Immanuel Kant(이상헌, 『임마누엘 칸트』, 문예출판사), 1997.

＿＿＿＿＿＿, Gerechtigkeit(박종대, 『정의』, 이제이북스), 2004.

Hoskins, William George, The Making of the English Landscape(이영석, 『잉글랜드 풍경의 형성』, 한길사), 2007.

Huizinga, Johan, Herfsttij der Middeleeuwen(최홍숙, 『중세의 가을』, 문학과지성사), 1997.

Hunt, Lynn, Inventing Human Rights(전진성, 『인권의 발명』, 돌베개), 2009.

Ishay, Micheline, The History of Human Rights: From Ancient to the Globalization Era(조효제, 『세계인권사상사』, 도서출판 길), 2005.

Jadhav, Narendra, Untouchables(강수정, 『신도 버린 사람들』, 김영사), 2008.

Jenkins, Keith, Re-Thinking History(최용찬, 『누구를 위한 역사인가』, 도서출판 혜안), 2002.

Jones, Colin, The Cambridge illustrated history of France(방문숙 · 이호영, 『케임브리지 프랑스사』, 시공사), 2001.

Jullien, Francois, Fonder la morale: dialogue de Mencius avec un philosophe des Lumieres(허경, 『맹자와 계몽철학자의 대화』, 한울아카데미), 2004.

Kainz, Howard P., Paradox, dialectic, and system: a contemporary reconstruction of the Hegelian problematic(이명준, 『헤겔 철학의 현대성』, 문학과지성사), 1998.

Kant, Immanuel, Kritik der Reinen Vernunft/Kritik der Praktischen Vernunft(정명오, 『순수이성비판/실천이성비판』, 동서문화사), 2007.

＿＿＿＿＿＿＿, Kritik der Praktischen Vernunft(백종현, 『실천이성비판』, 아카넷), 2002.

＿＿＿＿＿＿＿, Kritik der Reinen Vernunft(최재희, 『순수이성비판』, 박영사), 2002.

Kapstein, Ethan B., Sharing the Wealth(노혜숙, 『부의 분배』, 한길사), 2005.

Kaser, Max, Römische Rechtsgeschichte(윤철홍 역주, 『로마법제사』, 법원사), 1998.

Kaufmann, Arthur, Rechtsphilosophie(김영환, 『법철학』, 나남출판), 2007.

Kissinger, Henry, On China(권대기, 『중국 이야기』, 민음사), 2012.

Leoni, Bruno, Freedom and the Law(정순훈, 『자유와 법』, 자유기업원), 2000.

Locke, John, Essay on the Law of nature(이문조 · 정달현, 『자연법론』, 이문출판사), 1998.

__________, Two Tracts on Government(정달현, 『세속권력론』, 중문출판사), 1992.

__________, Two Treatises of Government(강정인 · 문지영, 『통치론』, 도서출판까치), 2005.

Luhmann, Niklas, Politische Theorie im Wohlfahrtsstaat(김종길, 『복지국가의 정치이론』, 일신사), 2001.

Machiavelli, Niccolo, IL PRINCIPE(신복룡 역주, 『군주론』, 을유문화사), 2007.

Macpherson, C. B., The Political Theory of Possessive Individualism: Hobbes to Locke(황경식 · 강유원, 『홉스와 로크의 사회철학』, 박영사), 2002.

Maihofer, Werner, Rechtsstaat und Menschliche Würde(심재우, 『법치국가와 인간의 존재』, 삼영사), 1994.

Marsh, George Perkins, Man and Nature(홍금수, 『인간과 자연』, 한길사), 2008.

Maurois, Andre, Histoire d'Angleterre(신용석, 『영국사』, 홍성사), 1986.

Menger, Christian-Friedrich, Deutsche verfassungsgeschichte der neuzeit(김효전 · 김태홍, 『근대독일헌법사』, 교육과학사), 1992.

Merryman, John Henry, The Civil Law Tradition: An Introduction to the Legal Systems of Western Europe and Latin America(윤대규, 『시민법전통』, 경남대학교출판부), 2004.

Meyer, Jean, Esclaves et Négriers(지현, 『흑인노예와 노예상인』, (주)시공사), 2005.

Mill, J. S., An Essay On Liberty(차하순, 『자유론』, 휘문출판사), 1979.

________., Autobiography of John Stuart Mill, H. Laski ed.,(배영원, 『존 스튜어트 밀 자서전』, 범우사), 2002.

Morgan, Kenneth O. 엮음, The Oxford history of Britain(영국사학회, 『옥스퍼드 영국사』, 한울아카데미), 1997.

Mornet, Daniel, Les origines intellectuelles de la revolution Francaise, 1715~1787(주명철, 『프랑스혁명의 지적 기원 1715~1787』, 민음사), 1993.

Moyn, Samuel, The Last Utopia(공민희, 『인권이란 무엇인가』, 21세기북스), 2011.

Nagler, Michael N., The Search for a Nonviolent Future(이창희, 『폭력 없는 미래』, 도서출판 두레), 2008.

Nickel, James W., Making Sense of Human Rights(조국, 『인권의 좌표』, 명인문화사), 2010.

Paine, Thomas, Rights of Man, Common Sense and Other Political Writings, Mark Philip ed.,(박홍규, 『상식, 인권』, 필맥), 2004.

Pipes, Richard, Property and Freedom(서은경, 『소유와 자유』, 나남출판), 2008.

Powelson, John P., Centuries of Economic Endeavor: Parallel Paths in Japan and Europe and Their Contrast with the Third World(권기대, 『부와 빈곤의 역사』, 나남출판), 2007.

Rawls, John, A Theory of Justice(황경식, 『사회정의론』, 이학사), 2003.

__________, The law of peoples: with The idea of public reason revisited(장동진 책임번역, 『만민법』, (주)이끌리오), 2000.

Reichert, Elisabeth, Social Work and Human Rights(국가인권위원회 사회복지연구회, 『사회복지와 인권』, 인간과 복지), 2008.

Ridolfi, Roberto, VITA DI NICCOLO MACHIAVELLIE(곽차섭, 『마키아벨리 평전』, 아카넷), 2000.

Riesenhuber, Klaus, CHUUSEI SHISOU SHI(이용주, 『중세사상사』, 열린책들), 2007.

Rousseau, Jean-Jacques, Du contrat social(이환, 『사회계약론』, 서울대학교출판부), 2000.

Sachs, Jeffrey D., THE END OF POVERTY: Economic Possibilities for Our Time(김현구, 『빈곤의 종말』, 21세기북스), 2006.

Scheler, Max, Die Stellung des Menschen im Kosmos(진교훈, 『우주에서 인간의 지위』, 아카넷), 2003.

Schwartz, Benjamin I., In the search of wealth and power(최효선, 『부와 권력을 찾아서』, 한길사), 2006.

Seabrook, Jeremy, THE NO-NONSENSE GUIDE TO WORLD POVERTY(황성원, 『세계의 빈곤, 누구의 책임인가?』, 도서출판 이후), 2007.

Seelmann, Kurt, Rechtsphilosophie(윤재왕, 『법철학』, 지산), 2000.

Sellars, Kirsten, The Rise and Rise of Human Rights(오승훈, 『인권, 그 위선의 역사』, 도서출판 은행나무), 2003.

Singer, Peter, HEGEL(연효숙, 『헤겔』, 시공사), 2000.

Sorel, Georges, Réflexions sur la violence(이용재, 『폭력에 대한 성찰』, 나남출판), 2007.

Strauss, Leo, Natural Right and History(홍원표, 『자연권과 역사』, 인간사랑), 2001.

Talbott, William J., Which Rights Should be Universal?(은우근,『인권의 발견』, 한길사), 2011.

Thurow, Lester C., Fortune favors the bold: what we must do to build a new and lasting global prosperity(현대경제연구원,『세계화 이후의 부의 지배』, 청림출판), 2005.

Tocqueville, Alexis de., De la démocratie en Amérique(임효선 · 박지동,『미국의 민주주의 II』, 한길사), 1997.

Unger, R., Law in Modern Society(김정오,『근대사회에서의 법』, 삼영사), 1994.

Urmson, J. O., Philosophical analysis: its development between the two world wars(이한구,『철학적 분석』, 철학과현실사), 2002.

Walker, Ralph, Kant(이상헌,『칸트』, 궁리출판), 2002.

White, Michael, Machiavelli: A man Misunderstood(김우열,『평전 마키아벨리』, 이룸), 2006.

Zaczyk, Rainer, "Freiheit und Recht-Immanuel Kant zum 200 Todesta"(손미숙,「자유와 법」,『법철학연구』제7권 제1호, 한국법철학회), 2004.

狩野直喜, 中國哲學史(오이환,『중국철학사』, 을유문화사), 1998.

河上肇, 貧乏物語(서석연,『가난 이야기』, 범우사), 1994.

郭沫若, 十批判書(조성을,『중국고대사상사』, 도서출판 까치), 1991.

李澤厚, 中國近代思想史論(임춘성,『중국근대사상사론』, 한길사), 2005.

丸山眞男, 現代政治の思想と行動(김석근,『현대정치의 사상과 행동』, 한길사), 1997.

杉原泰雄, 人權の歷史(석인선,『인권의 역사』, 한울), 1995.

______, 憲法の歷史(이경주,『헌법의 역사』, 이론과실천), 1999.

島田正郎, 東洋法史Touyou Houshi(임대희 외,『아시아법사』, 서경문화사), 2000.

阿部謹也, 甦える中世ヨ-ロッパ(양억관,『중세유럽산책』, 한길사), 2005.

張國華, 中國法律思想史(임대희 외,『중국법률사상사』, 아카넷), 2003.

張晉藩, 李鐵 · 蒲堅 · 張希坡 共著, 中國法制史(한기종 외,『중국법제사』, 소나무), 2006.

馮友蘭, 中國哲學小史(정인재,『간명한 중국철학사』, 형설출판사), 2008.

◎ 외국문헌

Brink, David O., *Perfectionism and the Common Good: Themes in the Philosophy of T. H.*

Green, Oxford University Press, 2003.

Clapham, Andrew, *Human Rights: A Very Short Introduction,* Oxford University Press, 2007.

Claude, Richard P., The classical model of human rights development, In R. P. Claude (ed.), *Comparative Human Rights,* Johns Hopkins University Press, 1976.

Cleveland, Harlan(statement), *Reconciling Human Rights and US Security Interests in Asia,* House Committee on Foreign Affairs, Subcommittees on Asian and Pacific Affairs & Human Rights and International Organization, 12.15.1982.

Donnelly, Jack, *The concept of Human Rights,* St. Martin's Press, 1985.

___________, *Universal Human Rights,* Manas Publications, 2005.

Dunn, John, *The Political Thought of John Locke; An Historical Account of the Argument of the Two Treatises of Government,* Cambridge University Press, 1986.

Falk, Richard A., *Revitalizing International Law,* Iowa State University Press, 1989.

Galtung, Johan, *Human Rights in Another Key,* Polity Press(Cambridge), 1994.

Golding, Martin P., *PHILOSOPHY OF LAW,* Prentice-Hall, Inc., 1975.

Gough, J. W., ed., *John Locke's Political Philosophy,* Clarendon Press, 1973.

Hartung, Fritz, *Deutsche Verfassungsgeschichte,* Stuttgart: K. F. Koehler Verlag, 1964.

Hobbes, Thomas, *Leviathan,* C. B. Macpherson, ed., Penguin Classics, 1982.

______, *Leviathan,* Karl Schuhmann · G. A. J. Rogers ed., Thoemmes Continuum, 2003.

______, *On the Citizen,* Trans., Richard Tuck & Michael Silverthorne, Cambridge University Press, 1998.

Huber, Ernst Rudolf, *Deutsche Verfassungsgeschichte seit 1789 Band VI,* Verlag W. Kohlhammer, 1981.

Hunt, Lynn, *Inventing Human Rights: A History,* W.W.Norton, 2008.

Ignatief, Michael, *The Rights Revolution,* Anansi, 2000.

Janis, Mark W., *An Introduction to International Law,* Aspen Publishers, 2003.

Kant, Immanuel, *Grundlegung zur Metaphysik der Sitten,* in: Immanuel Kant Werkausgabe VII, hrsg., W. Weischedel, Suhrkamp Taschenbuch Verlag, 1974.

Kleinig, John, *Valuing Life,* Princeton University Press, 1991.

Kühnhardt, Luger, Die Universalität der Menschenrecht, München, 1987.

Landman, Todd, *Studying Human Rights,* Routledge, 2006.

Leyden, W. von., *John Locke and Natural Law,* Philosophy, Vol.21, 1956.

___________., *Hobbes and Locke: The Politics of Freedom and Obligation,* St. Martins

Press, 1982.

Locke, John, *Essays on the Law of Nature,* W. von Leyden ed., Clarendon Press, 1965.

__________, *Second Treatise of Government,* C. B. Macpherson ed., Hackett Publishing Company, 1980.

__________, *Two Treaties of Government and A Letter Concerning Toleration,* Editor, Ian Shapiro, Contributors, John Dunn · Ruth W. Grant · Ian Shapiro, Yale University Press, 2003.

Mahoney, Jack, *The Challenge of Human Right: Origin, Development and Significance,* Wiley-Blackwell, 2007.

Marfording, Annette, *"Cultural Relativism and the Construction of Culture: An Examination of Japan",* Human Rights Quarterly 19, 1997.

Nedelsky, Jennifer, *Human Rights and Judgment: A Relational Approach,* Oxford University Press, 2006.

Nozick, Robert, *Anarchy, State and Utopia,* Basic Books, 1974.

Pagels, Elaine, *"Human Rights: Legitimizing a Recent Concept",* Annals of the American Academy of: political and Social Science, Vol.442, 1979.

Paine, Thomas, *"Rights of Man", in Common Sense and Other Political Writings,* The Bobbs-Merril Company Inc., 1953.

__________, Mark Philip ed., *Rights of Man, Common Sense and Other Political Writings,* Oxford University Press, 1995.

Parry, Geriant, John *Locke,* George Allen and Unwin, 1978.

Patterson, Orlando, Freedom in the Making of Western Culture, Basic Books, 1991.

Pennock, J. Roland, *"Rights, Natural Right, and Human Right-A General View", in Human Rights,* ed., J. Roland Pennock and John W. Chapman, New York University Press, 1981.

Richter, Melvin, *The Politics of Conscience: T. H. Green and His Age,* St. Augustine Press, 1997.

Rawls, John, *The Law of Peoples,* Havard University Press, 1999.

Rees, Teresa, *Mainstreaming Equality in the European Union: Education, Training and Labour Market Policies,* Routledge, 1998.

Rosenberg, Arthur, *Geschich te der Weimar Republik,*(hg. von Kurt Kersten), Frankfurt /Main, 1977.

Rousseau, Jean-Jacques, Trans., G. D. H. Cole, *The Social Contract,* bnpublishing, com, 2007.

Sabine, George H. & Thomas L. Thorson, *A History of Political Theory,* Holt Rinehart & Winston, 1973.

Schreiber, Fritz Loos Hans-Ludwig, *"Recht, Gerechtigkeit",* in Otto Brunner · Werner

Conze · Reinhart Koselleck(Hrsg.), *Geschichtliche Grundbegriffe* V, Kletta-Cotta, 1990.

Snyder, David C., *Locke on Natural Law and Property Rights,* Canadian Journal of Philosophy Vol.16, No.4, 1986.

Sparkes, A. W., *Trust and Teleology: Locke's Politics and His Doctrine of Creation,* Canadian Journal of Philosophy Vol.3, No.2, 1973.

Taylor, Charles, *Philosophical Arguments,* Harvard University Press, 1995.

TEBBIT, MARK, *PHILOSOPHY OF LAW,* Routledge, 2005.

Tuck, Richard, *Natural Rights Theories: their Origin and Development,* Cambridge University Press, 1982.

Welzel, Hans, *NATÜRRECHT UND MATERIALE GERECHTIGKEIT,* Vandenhoeck & Ruprecht, 1962.

Wolff, Jonathan, *Why Read Marx Today?,* Oxford University Press, 2002.

윤국일, 『<경국대전> 연구』, 과학백과사전출판사(평양), 1986.

Web

amnesty.or.kr

anc.org.za

dhcour.coe.fr

essex.ac.uk/human_rights_centre

halcyon.com

hrweb.org

humanrights.go.kr

hurights.or.jp

hurisearch.org

igc.org/igc/issues/hr

law.nd.edu/center-for-civil-and-human-rights

library.yale.edu/un/unhome.html

moge.go.kr

ohchr.org

//plato.stanford.edu/entries/rights-human

savethechildren.org

//shr.aaas.org

umn.edu/humanrts

un.org

unesco.or.kr

unicef.or.kr

yale.edu/lawweb/avalon/rightsof.htm

〈부록〉

세계인권선언

전문

인류가족 모두의 존엄성과 양도할 수 없는 권리를 인정하는 것이 세계의 자유, 정의, 평화의 기초다. 인권을 무시하고 경멸하는 만행이 과연 어떤 결과를 초래했던가를 기억해보라. 인류의 양심을 분노케 했던 야만적인 일들이 일어나지 않았던가?

그러므로 오늘날 보통사람들이 바라는 지고지순의 염원은 '이제 제발 모든 인간이 언론의 자유, 신념의 자유, 공포와 결핍으로부터의 자유를 누릴 수 있는 세상이 왔으면 좋겠다'는 것이리라.

유엔헌장은 이미 기본적 인권, 인간의 존엄과 가치, 남녀의 동등한 권리에 대한 신념을 재확인했고, 보다 폭넓은 자유 속에서 사회진보를 촉진하고 생활수준을 향상시키자고 다짐했었다.

그런데 이러한 약속을 제대로 실천하려면 도대체 인권이 무엇이고 자유가 무엇인지에 대해 모든 사람이 이해할 수 있도록 하는 것이 가장 중요하지 않겠는가?

유엔총회는 이제 모든 개인과 조직이 이 선언을 항상 마음속 깊이 간직하면서, 지속적인 국내적 국제적 조치를 통해 회원국 국민들의 보편적 자유와 권리신장을 위해 노력하도록, 모든 인류가 '다 함께 달성해야 할 하나의 공통기준'으로서 '세계인권선언'을 선포한다.

제1조

모든 사람은 태어날 때부터 자유롭고, 존엄하며, 평등하다. 모든 사람은 이성과 양심을 가지고 있으므로 서로에게 형제애의 정신으로 대해야 한다.

제2조

모든 사람은 인종, 피부색, 성, 언어, 종교 등 어떤 이유로도 차별받지 않으며, 이 선언에 나와 있는 모든 권리와 자유를 누릴 자격이 있다.

제3조

모든 사람은 자기 생명을 지킬 권리, 자유를 누릴 권리, 그리고 자신의 안전을 지킬 권리가 있다.

제4조

어느 누구도 노예가 되거나 타인에게 예속된 상태에 놓여서는 안 된다. 노예제도와 노예매매는 어떤 형태로든 일절 금지한다.

제5조

어느 누구도 고문이나 잔인하고 비인도적인 모욕, 형벌을 받아서
는 안 된다.

제6조

모든 사람은 법 앞에서 '한 사람의 인간'으로 인정받을 권리가 있다.

제7조

모든 사람은 법 앞에 평등하며, 차별 없이 법의 보호를 받을 수 있다.

제8조

모든 사람은 헌법과 법률이 보장하는 기본권을 침해당했을 때, 해
당 국가 법원에 의해 효과적으로 구제받을 권리가 있다.

제9조

어느 누구도 자의적으로 체포, 구금, 추방을 당하지 않는다.

제10조

모든 사람은 자신의 행위가 범죄인지 아닌지를 판별 받을 때, 독립
적이고 공평한 법정에서 공평하고 공개적인 심문을 받을 권리가 있다.

제11조

범죄의 소추를 받은 사람은 자신을 변호하는 데 필요한 모든 것을
보장받아야 하고, 누구든지 공개재판을 통해 유죄가 입증될 때까지

무죄로 추정될 권리가 있다.

제12조

개인의 프라이버시, 가족, 주택, 통신에 대해 타인이 함부로 간섭해
서는 안 되며, 어느 누구의 명예와 평판에 대해서도 타인이 침해해서
는 안 된다.

제13조

모든 사람은 자기 나라 영토 안에서 어디든 갈 수 있고, 어디서든
살 수 있다. 또한 그 나라를 떠날 권리가 있고, 다시 돌아올 권리도
있다.

제14조

모든 사람은 박해를 피해, 타국에 피난처를 구하고 그곳에 망명할
권리가 있다.

제15조

누구나 국적을 가질 권리가 있다. 누구든지 정당한 근거 없이 국적
을 빼앗기지 않으며, 자기 국적을 바꾸거나 다른 국적을 취득할 권리
가 있다.

제16조

성년이 된 남녀는 인종, 국적, 종교의 제한을 받지 않고 결혼할 수
있으며, 가정을 이룰 권리가 있다. 결혼에 관한 모든 문제에 있어서

남녀는 똑같은 권리를 가진다.

제17조

모든 사람은 혼자서 또는 타인과 공동으로 재산을 소유할 권리가 있다. 어느 누구도 자기 재산을 정당한 이유 없이 남에게 함부로 빼앗기지 않는다.

제18조

모든 사람은 사상, 양심, 종교의 자유를 누릴 권리가 있다.

제19조

모든 사람은 의사표현의 자유를 누릴 권리가 있다.

제20조

모든 사람은 평화적인 집회 및 결사의 자유를 누릴 권리가 있다.

제21조

모든 사람은 직접 또는 자유롭게 선출된 대표자를 통해, 자국의 정치에 참여할 권리가 있다. 모든 사람은 자기 나라의 공직을 맡을 권리가 있다.

제22조

모든 사람은 사회의 일원으로서 사회보장을 받을 권리가 있다.

제23조

모든 사람은 일할 권리, 자유롭게 직업을 선택할 권리, 공정하고 유리한 조건으로 일할 권리, 실업상태에서 보호받을 권리가 있다. 모든 사람은 차별 없이 동일한 노동에 대해 동일한 보수를 받을 권리가 있다.

제24조

모든 사람은 노동시간의 합리적인 제한과 정기적 유급휴가를 포함하여, 휴식할 권리와 여가를 즐길 권리가 있다.

제25조

모든 사람은 먹을거리, 입을 옷, 주택, 의료, 사회서비스 등을 포함해 가족의 건강과 행복에 적합한 생활수준을 누릴 권리가 있다.

제26조

모든 사람은 교육받을 권리가 있다. 초등교육과 기초교육은 무상이어야 하며, 특히 초등교육은 의무적으로 실시해야 한다. 부모는 자기 자녀가 어떤 교육을 받을지 '우선적으로 선택할 권리'가 있다.

제27조

모든 사람은 자기가 속한 사회의 문화생활에 자유롭게 참여하고, 예술을 즐기며, 학문적 진보와 혜택을 공유할 권리가 있다.

제28조

모든 사람은 이 선언의 권리와 자유가 온전히 실현될 수 있는 체제
에서 살아갈 자격이 있다.

제29조

모든 사람은 자신이 속한 공동체에 대해 한 인간으로서 의무를 진다.

제30조

이 선언에서 말한 어떤 권리와 자유도 다른 사람의 권리와 자유를
짓밟기 위해 사용될 수 없다. 어느 누구에게도 남의 권리를 파괴할
목적으로 자기 권리를 사용할 권리는 없다.

밝은 세계로 들어가는 길을 찾아
안내자와 나는 그 숨은 길을 따라왔네.
쉬어 갈 생각조차 못하고
우리는 앞서거니 뒤서거니 올라갔네.
마침내 동그랗게 트인 곳을 통해
아름다운 하늘이 품은 그것들을 보았네.
우리가 한 번 더 보기 위해 나왔던 그것,
바로 별들이었네.

LA COMEDIA DI DANTE ALIGHIERI,
INFERNO CANTO XXXIV

책 소개

　보잘것없는 사람이 없듯이 보잘것없는 권리도 없다. 인권이 그렇다. 누구나 자기 스스로를 아끼듯이 스스로 가지고 있는 권리를 소중히 해야 한다는 생각, 바로 그곳에서부터 인권은 시작한다. '시작'한다고 했으니 앞으로 더 나아가야 할 수없이 많은 길도, '끝'도 있을 것이다. 굽은 길도 있을 것이고 반듯한 길도 있을 것이다. 움푹 팬 길도 있을 것이고 평탄한 길도 있을 것이다. 인간과 권리의 합성어로서 인권은 역설적으로 그 모든 것을 대변한다. 인권은 인간적인 모습을 전제로 한 따뜻한 사회를 구현하고자 한다. '나'의 권리가 있으니 '남'의 권리도 있을 것이다. 그렇다. '나'와 '남'이 함께 어울려 인간스러운 모습의 사회를 만들기 위한 각자의 그리고 모두의 인권은 존재해야 한다. 그럼에도 말처럼 쉽지 않고, 왠지 '인권'이라고 발음할라치면 무겁고 어렵고 슬프다. 무척이나 귀중한 인권이라고 하면서도 현실은 너무나 다르다. 어쩌면 이 책은 그런 인권에 대한 생각거리를 끊임없이 만들어내는 무겁고 어려운 책인지도 모른다. 하지만 쉽게 읽을 수 있게끔 쓰려고 노력했다. 인권은 그림으로도, 음악으로도 표현될 수 있다. 당연히 글로도 표현될 수 있다. 그러나 누구나 표현할 수 있어야 한다. 인권에 대한 '남'의 생각을 이제 겨우 첫걸음을 내디딘 '나'의 글로 표현한 것이 바로 이 책이다.

송영현

대전에서 태어나 대학에서 법학을 공부했고,
대학원에서 인권사상을 연구해 박사학위를 받았다.
한 신문사의 신춘문예에 당선했고,
대학에서 법철학, 인권법, 공법 등을 강의하고 있다.

초판발행 2012년 4월 5일
초판 3쇄 2019년 1월 11일

지은이 송영현
펴낸이 채종준

펴낸곳 한국학술정보(주)
주소 경기도 파주시 회동길 230 (문발동)
전화 031 908 3181(대표)
팩스 031 908 3189
홈페이지 http://ebook.kstudy.com
E-mail 출판사업부 publish@kstudy.com
등록 제일산−115호(2000. 6. 19)

ISBN 978-89-268-3263-9 93360 (Paper Book)
        978-89-268-3264-6 98360 (e-Book)